[CHARLES ESTIENNE]

PARADOXES

TEXTES LITTÉRAIRES FRANÇAIS

[CHARLES ESTIENNE]

PARADOXES

Edition critique
par

TREVOR PEACH

LIBRAIRIE DROZ S.A.
11, rue Massot
GENÈVE
1998

T

ISBN: 2-600-00301-0
ISSN: 0257-4063

100146048

INTRODUCTION

Le genre du paradoxe connaît une longue histoire que nous ne pouvons retracer dans cette introduction[1]. Il se rattache à celui de l'éloge paradoxal[2], si l'on peut en effet parler de véritable genre en ce qui concerne l'énorme variété, le caractère protéiforme de la multitude d'ouvrages et opuscules que l'on a coutume de désigner par ce terme. Au XVIe siècle, son histoire est marquée par le nom d'Érasme de Rotterdam, dont le *Moriæ encomium* voit le jour en 1511. Le genre doit beaucoup, comme l'*Éloge de la Folie*, à Lucien de Samosate, mais le paradoxe et son influence paraissent un peu partout, que ce soit sous une forme brève (technique rhétorique, par exemple) ou en des développements plus amples chez Vivès ou Agrippa von Nettesheim; on le trouve en vers chez les poètes bernesques et leurs émules français[3], on le trouve en prose, et ici l'exemple le plus frappant par son importance et sa postérité est bien l'ouvrage du spirituel Ortensio Lando, qui connaîtra un succès

---

[1] Quelques études de base, toutes axées sur le XVIe siècle : A. E. Malloch, «The technique and function of the Renaissance paradox», *Studies in Philology*, III (1956), p. 191-203 ; R. Colie, *Paradoxia Epidemica*, Princeton, 1966 ; Sister G. Thompson, *Under Pretext of Praise. Satiric Mode in Erasmus' Fiction*, Toronto, 1973 ; le recueil édité par le Centre de Recherches sur la Renaissance, *Le Paradoxe au temps de la Renaissance*, Paris, Jean Touzot, 1982; A. M. Tomarken, *The Smile of Truth. The French Satirical Eulogy and its Antecedents*, Princeton, 1990. R. Colie remarque à propos du genre multiforme : «The rhetorical paradox as a literary form has duplicity built into it... [it] has no set style, no steady, reliable, fixed decorum» (p. 5).

[2] A. Tomarken parle de la «satirical eulogy's tendency to overlap with or be subsumed by other genres, such as the paradox, the allegory, and the blason» («The Lucianic blason : a study of an edition by Jean de Tournes», in *Literature and the Arts in the Reign of Francis I. Essays presented to C. A. Mayer*, éd. P. M. Smith et I. D. McFarlane, Lexington, Kentucky, French Forum Publishers, 1985, p. 207-236, à la p. 211). Dans une certaine mesure, le qualificatif attribué à tel ou tel exemple du genre paradoxo-encomiastique est une question de convention.

[3] Voir N. N. Condeescu, «Le paradoxe bernesque dans la littérature française de la Renaissance», *Beiträge zur romanischen Philologie*, II (1963), p. 27-51. À vrai dire, cette étude s'occupe surtout de l'œuvre de Lando et de sa descendance, et se poursuit jusque dans le XVIIe siècle.

européen surtout à travers le remaniement qu'en donne en
français Charles Estienne...

Disons tout de suite que nous n'avons pas affaire
effectivement ici à une «traduction». On pourrait en douter.
Après tout, les *Paradossi* avaient paru à Lyon, anonymement, en
1543, et connurent plusieurs autres éditions (à Venise, et à
nouveau à Lyon)[4] avant la première parution des *Paradoxes*,
édités également sans nom d'auteur, à Paris, dans la deuxième
moitié de 1553[5]. L'auteur de l'édition française aurait ainsi
profité du succès du texte italien (milanais, en l'occurrence, et
non pas toscan[6]) pour mettre dans le commerce une version dont
la réussite était garantie...

En fait, nos *Paradoxes*, qui verront trois éditions en
1553 même, quatre autres en 1554 (ceci sans compter les
éditions partielles), encore huit éditions avant la fin du siècle, et
deux autres au XVIIe siècle[7], sont tout au plus de libres adaptations du texte italien, ou appartiennent plus exactement au genre
des «paraphrases» étudié par Glyn P. Norton : on remarque en
effet ce mouvement incessant entre *brevitas* et *exornatio* qui

---

[4]   Voir la liste d'éditions ci-après, p. 35.
[5]   Cette datation est permise par l'allusion que fait Estienne, au cours du
paradoxe XXII, à «Henry, pere du dernier Roy d'Angleterre» (p. 185 du texte de
1561, ci-après p. 208). La remarque, présente dès la première édition des
Paradoxes, fait supposer la mort du jeune roi Édouard VI d'Angleterre,
survenue le 6 juillet 1553. Voir aussi la n. 141 de l'édition, qui concerne une
fille du roi (Marguerite de Valois, née le 14 mai 1553?). Ailleurs (p. 66 de la
même édition, ci-après, p. 109), allusion est faite au siège de Sienne de janvier-
juin 1553.
[6]   Lando s'explique ainsi sur son choix du milanais, d'abord dans l'épître
liminaire du premier livre des *Paradossi* : «gli ho scritti nella forma che solito
sono di parlare con é miei piu familiari amici» (ci-après, Appendice II, p. 273),
ensuite dans celle du second livre : «ricordandomi d'esser nato nellà [lingua] di
Milano, et fra Longobardi longamente vissuto mi vienne al cuora una certa
diffidenza laquale, di sorte m'impavri, che subito abandonai il pensiero di
scrivere toscanamente, et ricorsi a quella forma di parlare che già preso havea,
parte della mia nudrice, parte anchora da migliori scrittori...» (ci-après, p. 274).
[7]   Voir la liste d'éditions ci-après p. 35 ss.

caractérise, selon Quintilien, l'œuvre du paraphraste[8], et les *Paradossi*, comme l'a bien souligné une précieuse étude sur le genre paradoxal en France[9], servent de tremplin à une création française en grande partie originale. Le texte français, par les choix lexicaux adoptés par Estienne, ne trahit guère sa source italienne, qu'il francise donc jusque dans le détail[10].

Venons-en aux faits. Les *Paradossi cioè, sententie fuora del comun parere* — le titre comporte la définition même du genre du paradoxe[11] — sortirent donc à Lyon, édités par

---

[8]   G. P. Norton, *The Ideology and Language of Translation in Renaissance France and their Humanist Antecedents*, Genève, Droz, 1984 («T.H.R.», n° CCI), surtout la troisième partie. Aux p. 196 ss. (renvoyant aux *Institutiones*, X, v, 4). Norton cite dans ce contexte une phrase de Charles Estienne tirée de sa traduction de *L'Andrie* de Térence (1542) : le paraphraste est celui qui rend «le sens, la phrase, et l'esprit d'une matiere, sans contrainte du langaige» (p. 198), et signale que cette méthode est celle même qui se trouve recommandée par le frère de Charles, Robert Estienne, dans son *Dictionarium*.

[9]   A. Tomarken, *ouvr. cit.*, p. 140 : «Estienne habitually cut and adapted Lando's text, so that the resulting essays, although not original, are different enough from their source to be considered a separate force in arousing French interest in the genre. They were probably more important in this respect than the Italian originals». — L'étude de Mme Tomarken, fondée sur sa thèse de Ph.D (A. Porter, «The Satirical Eulogy in French Renaissance Literature», Université de Londres, 1966), nous a été d'une aide particulière. Une étude plus générale de l'apport italien dans la satire française se trouve dans l'ouvrage d'O. Trtnik-Rossettini, *Les Influences anciennes et italiennes sur la satire en France au XVI*e *siècle*, Publications de l'Institut français de Florence, sér. 1, n° 13, 1958.

[10]   Cette absence d'«italianisme linguistique» est d'autant plus frappante qu'Estienne a fait son travail à une époque marquée par l'invasion dont se plaignaient déjà certains contemporains. — La bibliographie à ce sujet est importante ; voir surtout E. Bourciez, *Les Mœurs polies et la littérature de cour sous Henri II*, Paris, Hachette, 1886, 3e partie, L. Sozzi, «La polémique anti-italienne en France au XVIe siècle», in *Atti dell'Accademia delle Scienze di Torino*, CVI (1972), p. 99-190, et P. M. Smith, *The Anti-Courtier Trend in Sixteenth-Century French Literature*, Genève, Droz, 1966, surtout le ch. IV. Sur la question linguistique proprement dite, voir T. E. Hope, *Lexical Borrowings in the Romance Languages : A Critical Study of Italianisms in French and Gallicisms in Italian from 1100-1900*, Oxford, 1970, 2 t., t. I, et pour un «anti-italien» contemporain, voir notre étude sur Tahureau, *Nature et Raison. Étude critique des «Dialogues» de Jacques Tahureau*, Genève-Paris, Slatkine, 1986 (= «La Renaissance française», n° 4), deuxième partie, ch. II.

[11]   Que R. L. Colie formule ainsi : «The subject of a rhetorical paradox is one officially disapproved in received opinion» (*ouvr. cit.*, p. 10).

Giovanni Pullon da Trino, en 1543[12]. Divisés en deux livres, ils
comprennent deux épîtres dédicatoires anonymes (mais venant
de la plume de l'auteur des *Paradossi*) adressées, pour le
premier livre, au prince-évêque de Trente Cristoforo Madruzzio,
et pour le second, à Nicola Maria Caracciolo, évêque de
Catania. C'est la postface, venant de la plume de Paulo
Mascranico, qui indique sous forme abrégée le nom de l'auteur :
«M. O. L. M. ... Il Tranq.», lettres par lesquelles il faut
comprendre «Monsignor Ortensio Lando Milanese. ... Il
Tranquillo»[13]. La fin du texte avait déjà présenté une ana-
gramme du prénom de l'auteur : «SVISNETROH TABEDVL»,
c'est-à-dire «Hortensius ludebat». Les éditions ultérieures des
Paradossi, qui toutes reprennent le texte (parfois expurgé) de la
première édition, ne nous renseignent pas davantage sur leur
auteur.

Qui était Ortensio Lando[14]? Une biographie de cet
auteur manque encore, alors que des études partielles ont déjà
dévoilé quelques facettes du personnage. Comme le dit Silvana
Seidel Menchi, Lando se trouve dans «un gruppo di personnagi
della cultura italiana del Cinquecento trascurati dai critici della
letteratura come 'minori'»[15]. P. F. Grendler nous a fourni un

---

[12]   Selon la postface des *Paradossi*, Lando n'aurait livré son texte à l'éditeur
que par respect pour le jeune poète et mécène Collatino di Collalto, qui l'y avait
encouragé (ci-après, Appendice II, p. 275).

[13]   Tous ces textes se trouvent dans l'Appendice II de notre édition.

[14]   Le nom de famille de l'auteur figure parfois sous la forme de «Landi»,
mais Conor Fahy (voir la note suivante) signale que notre auteur n'appartient pas
à la célèbre famille milanaise des Landi.

[15]   S. Seidel Menchi, «Sulla fortuna di Erasmo in Italia. Ortensio Lando e
altri eterodossi della prima metà del Cinquecento», *Rivista Storica Svizzera*,
XXIV (1974), p. 537-634, à la p. 538. Cet article a pour sujet principal le
dialogue «In Des. Erasmi Roterodami funus» (Bâle, 1540). Ce qui est aussi le
cas de l'article de Conor Fahy, «Landiana», paru dans *Italia medievale e
umanistica*, XIX (1976), p. 325-387 (qui nous signale que «clarity is not a
quality much in evidence in Lando's biography» [p. 381 de cet article]), et de
celui de Myron P. Gilmore, «Anti-Erasmianism in Italy : the dialogue of
Ortensio Lando on Erasmus' funeral», *Journal of Medieval and Renaissance
Studies*, IV (1974),   p. 1-14. On consultera également sur Lando l'étude de I.
Sanesi, *Il Cinquecentista O. Lando*, Pistoia, 1893, celle, assez vieille mais

résumé biographique de ce «chiarissimo intelletto»[16] dans son étude sur les critiques du monde italien des années 1530-1560[17]. Lando, né à Milan vers 1505, aurait d'abord été moine augustin, sous le nom de Hieremias Landus, jusqu'en 1529. En 1534-1535, il se serait lié d'amitié avec Étienne Dolet et Sébastien Gryphe à Lyon[18]. On le voit à Bâle en 1540. C'est certainement son installation dans l'Accademia degli Elevati de Ferrare, où il figure entre 1540 et 1546, qui lui aurait valu le surnom «Il Tranquillo». Il semble établi que Lando faisait partie, avec Anton Francesco Doni et Nicolò Franco, d'un goupe d'«érasmiens» italiens[19]. La publication de la première édition

---

substantielle, de Giovanni Sforza, «Ortensio Lando e gli usi ed i costumi d'Italia nella prima metà del Cinquecento», *Memorie della R. Accademia delle Scienze di Torino*, serie II, vol. LXIX (1914), n° 4, celle de P. La Cute, *Ortensio Lando e Napoli nella prima metà del '500*, Lucera, 1925, l'article déjà cité de N. N. Condeescu, une autre étude de S. Seidel, «Spiritualismo radicale nelle opere di Ortensio Lando attorno al 1550», *Archiv für Reformationsgeschichte*, LXV (1974), p. 210-276, de Conor Fahy encore une fois, «Per la vita di Ortensio Lando», *Giornale Storico della letteratura italiana*, CXLII (1965), p. 243-258, et finalement l'étude fondamentale mais un peu controversée de P. F. Grendler, *Critics of the Italian World 1530-1560. Anton Francesco Doni, Nicolò Franco and Ortensio Lando*, Madison, Milwaukee and London, U. Wisconsin Press, 1969. L'article figurant dans P. G. Bietenholz (éd.), *Contemporaries of Erasmus*, U. Toronto Press, 1986, vol. II, p. 286-287, est très utile, tandis que l'essai de G. H. Tucker, «Clément Marot, Ferrara, and the paradoxes of exile», in *Humanism and Letters in the Age of François Ier*, éd. P. Ford et G. Jondorf, Cambridge, 1996, p. 171-193, traite de Lando en tant qu'«exilé».

[16] C'est le terme utilisé par Doni à propos de l'auteur des *Paradossi* (Grendler, *ouvr. cit.*, p. 31, n. 47).

[17] P. F. Grendler, *ouvr. cit.*

[18] C'est Gryphe qui édite le dialogue paradoxal de Lando, le *Cicero relegatus, Cicero revocatus*, publié sous le pseudonyme «Philalethes Polytopiensis», en 1534. A ce sujet, voir Baudrier, VIII, p. 32-33 et 74-75.

[19] Mais l'influence d'Érasme en Italie est assez controversée ; voir par exemple S. Seidel Menchi, article «Sulla fortuna...», p. 537 : «Per lo studioso che si occupa dell'influsso che Erasmo ha esercitato sulla religiosità e sulla vita culturale italiana, la figura di Ortensio Lando costituisce uno dei capitoli più enigmatici». La question générale est traitée plus amplement par la même historienne dans son étude, également controversée, *Érasme hérétique*, Paris, Le Seuil et Gallimard, 1996 (trad. française de son *Erasmo in Italia 1520-1580*, Turin, 1987 ; voir le compte-rendu de J.-C. Margolin in *B.H.R.*, LIX (1997), p. 687-698).

des *Paradossi* à Lyon en 1543 aurait marqué, selon Conor Fahy, le grand tournant dans la vie de Lando, citoyen du monde humaniste latin basé à Milan, mais qui devint par la suite un auteur italien domicilié à Venise, ville religieusement plus tolérante. Il traduira, pour la première fois en italien, l'*Utopia* de Thomas Morus, en 1548. Il serait mort en 1555 environ.

Les *Paradossi*, publiés pour la première fois à Lyon pendant un des séjours de Lando en France[20], et revoyant le jour — à deux ou trois reprises, semble-t-il, et clandestinement — à Venise l'année suivante, et de nouveau à Venise en 1545[21], et puis à Lyon encore une fois en 1550[22], annoncent la belle époque de la littérature paradoxale[23]. On peut sans doute parler d'un succès de librairie, et même d'un succès dû au scandale, vu

---

[20]   Selon Conor Fahy, Lando, avec des amis italiens, participa en 1543 aux manœuvres se déroulant en Picardie ; Lando lui-même affirmait faire partie de la suite de François Ier au moment où il mettait la dernière main aux *Paradossi* (épître liminaire du livre II, ci-après, Appendice II, p. 273).

[21]   Cette édition vénitienne fut suivie par une *Confutazione del libro de' Paradossi* de la main de Lando lui-même (1544, probablement — voir Grendler, *ouvr. cit.*, p. 3, et ci-après, la liste d'éditions, n. 111).

[22]   Voir la liste d'éditions ci-après, p. 35 ss.

[23]   Et ce peut-être surtout à Lyon : voir à ce sujet l'étude d'A. Stegmann, «Un visage nouveau de l'humanisme lyonnais : paradoxe et humour dans la production des années 1550-1580», in *L'Humanisme lyonnais au XVIe siècle*, P. U. de Grenoble, 1974, p. 275-294. Pour les origines de cette vogue il faudrait sans doute remonter plutôt à la décennie précédente. De plus, il faut remarquer que Lando attribue la publication un peu précipitée de ses *Paradossi* à l'intérêt inquiétant qu'y portait Maurice Scève, lequel, selon l'épître-dédicace du second livre, en avait déjà traduit certains (voir notre Appendice II, p. 274, et à ce sujet précis, voir V.-L. Saulnier, *Maurice Scève (ca. 1500-1560)*, Paris, Klincksieck, 1948-49, 2 t., t. I, p. 117-119) ; la *Confutazione* (voir n. 21) proclame, avec une certaine exagération sans doute, le succès des *Paradossi*, et l'explique bizarrement par la publication d'éditions française et latine : «hanno del loro mortal veneno ammorbato tutta la Francia, anzi tutta l'Europa (colpa di chi li ridusse nella lingua francese, in poco appresso nella latina li tradusse» (cité par L. Zilli, «I *Paradossi* di Ortensio Lando rivisitati da Charles Estienne», in *Parcours et rencontres : mélanges de langue, d'histoire et de littérature françaises offerts à E.Balmas. - Tome 1: Moyen âge -XVIIe siècle*, Paris, Klincksieck, 1993, p. 665-674, à la p. 666). Aucune trace de ces versions françaises antérieures, si tant est qu'elles aient jamais existé, ne nous est parvenue.

la clandestinité des éditions vénitiennes[24]. C'est dire que, lorsque Charles Estienne les édita en français dans la seconde moitié de 1553, le marché semblait assuré, ce qui lui importait, vu sa précarité financière. Rien ne prouve qu'il les ait traduits lui-même, mais on a toujours admis qu'il est l'auteur des *Paradoxes*.

Charles Estienne (vers 1500-1564), second fils du grand Henri (Ier de ce nom), est moins connu que son frère aîné Robert et que son neveu Henri (IIe du nom), mais il participa au grand œuvre de sa famille : la diffusion du savoir antique par des outils lexicographiques ou encyclopédiques[25]. Il s'était pourtant déjà exercé, avant de traduire les *Paradossi* de Lando, à la «translation», d'abord de latin en français — on pense surtout à *L'Andrie* de Térence, 1542)[26] ; il se met par la suite à la traduction d'auteurs italiens : ainsi on lui doit la version française, publiée à Lyon en 1543[27], de la comédie *Gli Ingannati*[28], et ce sans parler de ses productions

---

[24] Selon P. F. Grendler, *ouvr. cit.*, p. 5, les éditions vénitiennes de 1544, imprimées par Bernardino Bindoni pour Andrea Arrivabene, furent condamnées au feu à cause de leur «mala qualità». L'ensemble de l'œuvre de Lando fut interdit dès l'*Index librorum prohibitorum* de 1564 (p. 180).

[25] Voir l'étude bio-bibliographique de base d'A.-A. Renouard, *Annales des Estienne...*, p. 102-113 (éditions publiées par Estienne), et p. 352-363 (biographie). F. Schreiber décrit une célèbre collection d'éditions des Estienne dans *The Hanes Collection of Estienne Publications, from book collecting to scholarly resource*, Chapel Hill, Hanes Foundation, Rare Book Collection, University Library, University of North Carolina at Chapel Hill, 1984. J.-C. Margolin présente un aperçu de l'œuvre de Charles Estienne (mais non des *Paradoxes*) dans son article «Science, humanisme et société : le cas de Charles Estienne», in *Parcours et rencontres, ouvr. cit.*, p. 423-441.

[26] Récemment rééditée par Luigia Zilli dans la collection *La Comédie à l'époque d'Henri II et Charles IX*, 1ère série, vol. 6, Florence, Leo S. Olschki (1994).

[27] La concordance des dates et lieux de publication des *Paradossi* et de cette traduction (Lyon, 1543) autorise l'hypothèse d'une rencontre des deux auteurs, mais aucun autre renseignement ne vient la confirmer. On notera d'ailleurs qu'Estienne ne semble pas s'être servi de la première édition lyonnaise des *Paradossi* — voir ci-dessous, n. 110.

[28] La *Commedia del Sacrificio degli Intronati* (1531, publiée en 1538 sous le titre *Gli Ingannati*). Cette première traduction française d'une pièce italienne,

lexicographiques «personnelles» — surtout le *Dictionarium historicum ac poeticum* de 1553 et ses diverses compilations[29] —, ni de son célèbre *Guide des chemins de France* (1552), ni de son ouvrage médical (Estienne était médecin de profession), le *De dissectione* (1545 en latin, 1546 en français). Charles Estienne est un des grands vulgarisateurs de la Renaissance française, et ses *Paradoxes* de 1553 témoignent de cet intérêt que l'on relève un peu partout dans son œuvre[30].

Les *Paradossi* furent publiés en 1543. Les *Paradoxes* en 1553. Pourquoi Charles Estienne aurait-il décidé d'entreprendre et d'éditer une adaptation de ce texte italien dix ans après sa première parution? Le succès de librairie y est certainement pour beaucoup : deux éditions en France, d'autres éditions en Italie entre 1543 et 1550, c'est déjà quelque chose. Mais si nous étudions l'histoire du genre paradoxal dans cette décennie, nous décelons les causes véritables de la mise en commerce et des rééditions des *Paradoxes* en 1553.

Que s'est-il passé entre-temps? Une année après la première parution des *Paradossi* à Lyon, c'est-à-dire en 1544, et

---

publiée d'abord sous le titre *La Comedie du Sacrifice*, sera rééditée à Paris en 1548 et 1556 sous le titre mieux connu *Les Abusez*. Elle a été récemment rééditée par Luigia Zilli encore une fois dans la collection citée à la n. 26, même volume. Voir H. W. Lawton, «Charles Estienne et le théâtre», *RSS*, XIV (1927), p. 336-347, id., *Handbook of French Renaissance Dramatic Theory*, M.U.P., 1949, p. 36-39, et B. Jeffery, *French Renaissance Comedy 1552-1630*, Oxford, 1969. Voir dans notre édition la p. 110.

[29]   Nous pensons au *De re vestiaria* (1526), au *De vasculis* (1531), au *De re navali* (1536), faits à partir de quelques traités techniques de Lazare de Baïf, au *De re hortensi libellus* (1536), au *Seminarium* (1536), et au célèbre *Praedium rusticum* (1554), qui deviendra la *Maison rustique* (1564, traduction par les soins du gendre d'Estienne, Jean Liébault). Tous ces ouvrages connurent un grand nombre d'éditions.

[30]   J.-C. Margolin caractérise ainsi l'œuvre foisonnante de Charles Estienne: «La personnalité et l'œuvre de Charles Estienne... nous paraissent caractéristiques d'une étape de la culture humaniste de la Renaissance... Un désir de bienfaisance ou d'utilité pratique parcourt toutes ses œuvres... Il figure avant la lettre ce médecin honnête homme, ce savant animé d'une volonté de progrès social et humain...» (p. 439 de son article cité à la n. 25).

de nouveau en 1548[31], Claude Colet fit paraître chez André
Wechel à Paris un des premiers éloges paradoxaux d'un vice,
L'Oraison de Mars aux dames de la court[32]. En 1545, Jean de
Tournes édita à Lyon un *Paradoxe contre les lettres*, visi-
blement inspiré des *Paradossi* de Lando[33]. En 1546, Rabelais,
dans son *Tiers Livre*, met dans la bouche de Panurge un célèbre
«éloge des dettes» qui, d'inspiration lucianique, appartient tout à
fait au genre de l'éloge paradoxal[34]. Mais le grand événement en
littérature paradoxale fut la publication, à Lyon et chez Jean de
Tournes encore une fois, du *Philosophe de Court*, de Philibert
de Vienne, en 1547[35]. 1547! *Annus mirabilis* du genre paradoxal! En effet, cette année-là voit aussi, à Lyon et chez le
même éditeur, la réédition de *L'Amye de Court*[36] et la publication des *Blasons de la goutte, de Honneur et de la Quarte*[37],

---

[31] Brunet, IV, 363, décrit sommairement un *Paradoxe sur ce que nul
labeur* [sic] *sans recompense, oultre l'opinion du vulgaire*, Paris, Louis
Grandin, 1543 ; nous ne l'avons pas retrouvé.

[32] A ce sujet, voir A. Tomarken, *ouvr. cit.*, p. 145-148.

[33] Voir à ce sujet Luigia Zilli, *art. cit.*, p. 666-667. Ce paradoxe porte le
nom d'auteur «Opsimathes». — P. F. Grendler signale que l'un des thèmes
majeurs de l'œuvre de Lando concerne la «rejection of learning» (*ouvr. cit.*,
p. 136 ss.).

[34] A ce sujet, voir C. A. Mayer, «Rabelais' satirical eulogy : the praise of
borrowing», in *François Rabelais. Ouvrage publié pour le quatrième centenaire
de sa mort 1553-1953*, Genève/Lille, Droz/Giard, 1953, p. 147-155 (repris dans
C.-A. Mayer, *Clément Marot et autres études sur la littérature française de la
Renaissance* [= «La Renaissance française», n° 6], Genève, Slatkine, 1993,
p. 271-282) ; voir aussi du même *Lucien de Samosate et la Renaissance
française*, Genève, Slatkine, 1984 (= «La Renaissance française», n° 3), p. 103-
123. Les critiques se sont complus à relever un peu partout dans le *Tiers Livre*
des exemples d'éloge satirique, mais il est permis de penser que des épisodes
tels l'«éloge du Pantagruélion» qui le termine, et les chapitres consacrés au juge
Bridoye (ch. XXXIX-XLIII), pour ambigus qu'ils soient, doivent être interprétés
«à plus hault sens».

[35] Ce texte sera réédité en 1548 par Étienne Groulleau à Paris.

[36] Dans le recueil *Opuscules d'amour*. Voir P. M. Smith, *ouvr. cit.*, p. 128-
134, A. Tomarken, *ouvr. cit.*, p. 107-111, et C.-A. Mayer, *Lucien de Samosate...*,
ouvr. cit., p. 201-205..

[37] Voir A. Tomarken, *art. cit.* sur «The Lucianic blason : a study of an
edition by Jean de Tournes».

lesquels, avec le célèbre «Hymne de la Surdité» de Du Bellay
(1556, publié dans les *Divers Jeux rustiques* de 1558),
témoignent de la parfaite floraison du genre[38]. Point n'est besoin
d'étudier plus longuement ces exemples du «blason»[39], bien
connu des seiziémistes, ni le *Philosophe de Court*, édité récemment dans cette collection même par Pauline Smith[40].

La littérature paradoxale avait donc déjà connu un
«succès de librairie» contemporain avant que Charles Estienne
ne se fût mis à l'œuvre en 1553[41]. Nous avons dit plus haut que
les *Paradossi* d'Ortensio Lando ne servirent que de point de
départ aux *Paradoxes* de 1553. En effet, Charles Estienne,
conformément à sa conception de la tâche du paraphraste[42], ne
se croit pas obligé d'offrir à son lecteur une version littérale du

---

[38] Dans ces poèmes, «we see the full flowering of the genre in French —
elusive and self-aware, forever playing with multiple perspectives and
challenging the reader's desire for a clear conclusion» (A. Tomarken, *ouvr. cit.*,
p. 197). Sur les éloges paradoxaux de Du Bellay, voir *ibid.*, p. 117-123. Ronsard
y versera lui-même : voir H. Weber, «Le paradoxe dans quelques poèmes de
Ronsard», in *Ronsard en son IVᵉ centenaire. L'Art de poésie. Actes du Colloque
... Ronsard*, Genève, Droz, 1989 («T.H.R.», CCXXXII), p. 111-119.

[39] On consultera la bibliographie dressée par A. Tomarken, «The Lucianic
blason...», *art. cit.* à la n. 1, p. 229-230. L'étude de base est celle du regretté
D. B. Wilson, *Descriptive Poetry in France from Blason to Baroque*,
Manchester U. P., 1967.

[40] Philibert de Vienne, *Le Philosophe de Court*, édition critique par P. M.
Smith, Genève, Droz, 1990 («Textes littéraires français», 389). Sur cet ouvrage
et son auteur, on consultera l'étude séminale de C.-A. Mayer, «'L'Honnête
homme' : Molière and Philibert de Vienne's *Philosophe de Court*», *Modern
Language Review*, XLVI (1951), p. 196-217 (repris dans C.-A. Mayer, *Clément
Marot et autres études...*, *ouvr. cit.*, p. 237-269), P. M. Smith, *ouvr. cit.*, passim
et son article «*Le Philosophe de Court* : Philibert de Vienne, Cicéron et
Castiglione. Les avatars d'un idéal», *Bibliothèque d'Humanisme et Renaissance*,
LIV (1992), p. 461-475, l'article d'Annette Porter, «Philibert de Vienne»,
Bibliothèque d'Humanisme et Renaissance, XXVII (1965), p. 702-708, et les
pages qu'y consacre A. Tomarken dans *The Smile of Truth..., ouvr. cit.*, p. 111-
117.

[41] «The diversity of French efforts in the domain cannot but have been
encouraged by the variety of contemporary [Italian] and classical examples
which were available by the second half of the sixteenth century» (Tomarken,
ouvr. cit., p. 98).

[42] Voir ci-dessus, p. 8-9 et la n. 8.

texte milanais, loin de là. D'abord, il n'hésite pas à éliminer certains *paradossi* qui le gênent : c'est le cas du *paradosso* XI, qui cherche à démontrer que «Non esser cosa detestabile ne odiosa la moglie dishonesta»[43], et des quatre derniers *paradossi* XXVII-XXX, à savoir «Che l'opre di Gioan Bocaccio non sieno degne d'esser lette (ispecialmente le dieci giornale)»[44], «Che l'opere quali al presente habbiamo sotto nome di Aristotele, non sieno di Aristotele»[45], «Che Aristotele fusse non solo un'ignorante, ma anche lo piu malvagi huomo di quella età»[46], et «Che M. Tullio sia non sol ignorante di Filosofia, ma di Retorica, di Cosmografia, et dell'Istoria»[47]. Michel Simonin a déjà proposé une explication de l'omission de ces paradoxes par Estienne[48] : des raisons morales et intellectuelles priment, mais surtout l'auteur français a d'autres intentions en tête. C'est ce qui ressort de son adaptation du texte de Lando, parce que, comme c'est très souvent le cas dans le domaine de la «translatio», ces nouvelles intentions obligent Estienne à une reformulation du texte-source à l'intention d'un nouveau lecteur[49], de sorte que les *Paradoxes* doivent être versés au dossier «réception» des œuvres italiennes à la Renaissance française.

---

[43] F. signés F5 r°-G1 r° du texte de 1543.

[44] F. signés M4 r°-M8 v°.

[45] F. signés N1 r°-N3 r°.

[46] F. signés N3 r°-N8 v°.

[47] F. signés O1 r°-O7 v°. Une fois les œuvres de Lando mises à l'Index (voir n. 24), ses *Paradossi* ne connaîtront en italien que des éditions expurgées et toujours anonymes — voir la liste des éditions ci-après, p. 35 ss.

[48] M. Simonin, «Autour du *Traicte paradoxique en dialogue* de Benigne Poissenot : dialogue, foi et paradoxe dans les années 1580», in *Le Paradoxe au temps de la Renaissance*, *ouvr. cit.*, p. 23-39, à la p. 25. — Certaines coquilles du texte italien retenues dans la version française donneraient à croire qu'Estienne a travaillé un peu à la hâte.

[49] Sur la problématique à laquelle est confronté tout paraphraste, voir G. P. Norton, *ouvr. cit.*, et T. Cave, *The Cornucopian Text. Problems of Writing in the French Renaissance*, Oxford, Clarendon Press, 1979, p. 38-39.

Comme nous le rappelle Luigia Zilli, «L'umanista francese, [...], attribuisce un valore euristico alla disquisizione paradossica landiana, concependola come esercizio dialettico capace di offrire a un giovane avvocato un strumento operativo che gli consenta di apprendere a 'debattre des causes que les plus exercitez refusent de soustenir'»[50]. Le titre de la première édition (repris dans l'édition de Poitiers de la même année) axe en effet ces paradoxes sur les besoins des jeunes avocats, mais les deux éditions dites «revues et corrigées», sorties de chez Estienne en 1553-1554, visent plus généralement les «jeunes esprits». L'édition rouennaise de 1554 souligne l'aspect rhétorique de ces propos et les adresse aux «amateurs de bonnes lettres», tandis que l'édition parue la même année à Paris chez la veuve Regnault met en valeur dans un sous-titre destiné à devenir à peu près définitif (*Traicté non moins plein de doctrine, que de recreation pour toutes gens*) les aspects pédagogiques et divertissants (c'est le *topos utile/dulce* d'Horace, repris dans la légère variante de 1583 : «livre non moins profitable que facetieux»)[51].

Les déclarations d'Estienne, dans la *captatio benevolentiæ* qu'il nous présente en guise de préface aux *Paradoxes*, confortent cette double interprétation. Elles concernent d'abord la preuve *a contrario* de «vérités» bien établies ; quoi qu'on y lise, ajoute-t-il, «je ne vouldrois, que tu fusses tant offensé, que pour mon dire ou conclusion, tu en croyes autre chose que le commun». Ensuite, Estienne fait observer à son lecteur que «la diversité des choses resjouit plus l'esprit des hommes, que ne fait tousjours et continuellement voir ce que leur est commun et accoustumé»[52].

Est-ce à dire que les préjugés qui sont souvent mis en question, voire minés, sapés, au cours de ces paradoxes, et qui

---

[50]   L. Zilli, *art. cit.*, p. 667-668 (citation tirée de l'avis «Au lecteur», ci-après, p. 59, variante).
[51]   Voir la liste des éditions des *Paradoxes*, ci-après, p. 35 ss.
[52]   «Au lecteur», ci-après, p. 59.

prêtent effectivement souvent à se gausser, doivent en sortir finalement indemnes? S'agirait-il uniquement là de la portée des *Paradoxes*, de leur «programme secret»? Il serait difficile de le croire. La critique a d'ailleurs pu faire du paradoxe l'élément de base de toute méthode heuristique[53]. On peut alors rire de certains des arguments ou exemples proposés, on peut ne pas se laisser persuader par les prémisses de telle ou telle de ces déclamations[54], mais il reste que très souvent le jugement est ébranlé, que les yeux, momentanément peut-être, sont dessillés devant les nouvelles perspectives qui nous sont offertes.

---

[53]   Nous pensons ici à l'étude stimulante de J.-C. Margolin, «Le paradoxe, pierre de touche des 'jocoseria' humanistes», in *Le Paradoxe au temps de la Renaissance, ouvr. cit.*, p. 59-84 (notons pourtant que cet article attribue à Lando telle notion qui appartient en réalité à Estienne, et lui décerne aussi la paternité du paradoxe «Louanges de la folie» figurant dans l'édition de 1583). On peut citer ici quelques remarques de M. T. Jones-Davies tirées de l'avant-propos du même recueil : «Au temps de la Renaissance, la perplexité, qui est au cœur de l'expérience humaine, explique la vogue du paradoxe... Figure du discours, mais aussi figure de pensée, le paradoxe provoque l'intelligence par les contradictions qu'il implique, l'ironie qu'il suggère ou l'ambiguïté et les énigmes qu'il favorise...» (p. 5). Auxquelles on ajoutera la conclusion judicieuse d'A. Stegmann, pour lequel la littérature paradoxale et humoristique lyonnaise des années 1550-1580 répond à un «triple souci de diffuser largement les connaissances nécessaires à la vie première, d'abandonner les systèmes philosophiques et de questionner librement la nature», et qui situe dans ce même sillage les *Paradoxes*, «d'un caractère plus sérieux» pourtant (*art. cit.* à la n. 23, p. 292-293).

[54]   Ce terme, utilisé en tête de chacun des paradoxes, renvoie au sous-titre des éditions parues chez Estienne (et à Poitiers), *Paradoxes... en forme de declamations forenses...*. Cela peut refléter une confusion des deux genres fréquente au XVIe siècle, et qui est peut-être surgie du célèbre ouvrage d'Agrippa von Nettesheim, *De Incertitudine et vanitate scientiarum et artium atque excellentia verbi Dei declamatio* (1530), traduite indifféremment, on le remarquera, par Louis de Mayerne Turquet sous le titre *Declamation sur l'incertitude...* (1582) et *Paradoxe sur l'incertitude...* (1608). A bien des égards, cet ouvrage est certainement paradoxique, comme l'indique ailleurs Agrippa lui-même («declamatio non judicat, non dogmatizat sed ... alia joco, alia serio, alia false, alia saevere dicit ... quaedam vera, quaedam falsa, quaedam dubia pronunciat ... multa invalida argumenta adducit»), mais il n'est pas certain que l'intention en fût tant soit peu comique. Voir B. C. Bowen, *The Age of Bluff. Paradox and Ambiguity in Rabelais and Montaigne*, U. Illinois Press, 1972, p. 11-12.

On exagérerait en voyant dans les *Paradoxes*, qui restent sans aucun doute des paradoxes, une leçon de relativisme, mais rappelons que Montaigne, entre autres, s'abreuvera à la source paradoxale pour nous contraindre à reculer, à nous distancer de la manière habituelle de voir les choses, afin que nous déchaussions, nous aussi, les œillères du quotidien et que nous cherchions à séparer le vrai d'avec le faux[55]. On en est amené à se poser toute une série de questions qui se présentent à l'esprit avec une acuité particulière, lorsqu'on se rend compte que les arguments proposés pour combattre la «commune opinion» sont eux-mêmes des arguments souvent banals, «communs», des τόποι, en fin de compte[56] : l'opinion n'est-elle «fausse» que dans la mesure où elle ne tient pas compte d'autres opinions... également fausses? La vérité, la «commune opinion», ne consisterait-elle précisément qu'en «opinion»? Dépendrait-elle purement de la bonne disposition des arguments avancés par la *persona* de l'auteur? Quelle valeur attribuer au juste à ces exemples et opinions qui s'acharnent pour prouver leur véracité supérieure? Quel statut le *consensus gentium*, sur lequel repose tant de déclarations venant de la plume des moralistes et des juristes[57],

---

[55]   Voir par exemple à ce sujet, Y. Bellenger, «Paradoxe et ironie dans les *Essais* de 1580», in *Le Paradoxe au temps de la Renaissance, ouvr. cit.*, p. 9-22.

[56]   Voir Tomarken, *ouvr. cit.*, p. 145, et Margolin, *art. cit.* sur «Le paradoxe...», p. 74. Il est hors de doute que les *Paradossi* se sont inspirés des compilateurs tel Polidoro Vergilio, et des florilèges ou autres recueils de lieux communs qui foisonnaient à l'époque, tels les *Lectionum antiquarum libri XVI* [etc.] de Cælius Rhodiginus (1516 etc.) que nous citons parfois dans les notes de l'édition, les *Officina* de Ravisius Textor, et l'anthologie de Stobée ; l'étude d'A. Moss, *Printed Commonplace Books and the Structuring of Renaissance Thought*, Oxford, The Clarendon Press, 1996, se penche brillamment sur toute cette tradition littéraire.

[57]   Il n'est pas sans intérêt de remarquer que cette notion, fondamentale en toute discussion, par exemple, du droit naturel, sera bientôt la cible des «nouveaux académiciens» dont les arguments sont présentés par Guy de Bruès dans ses *Dialogues... contre les nouveaux academiciens, que tout ne consiste point en opinion*, Paris, G. Cavellat, 1557 ; voir à ce sujet notre étude citée, *Nature et raison...*, p. 78-82.

garde-t-il dans ces circonstances? Comment garder son équilibre devant les incessantes contradictions que nous jette sous les pieds la réalité, quel parti prendre, finalement, lorsque celle-ci refuse de se laisser maîtriser?

Ces questions importantes posées d'emblée (et un siècle plus tard, La Bruyère ne s'en posera pas d'autres), il convient de noter que les *Paradoxes* n'abordent pas tous un sujet de suprême importance, et que c'est le côté ludique de l'ensemble qui frappe surtout le lecteur[58]. Il est pourtant permis de penser que cette dualité était voulue, et que la notion horatienne de mélange se répand sur l'ensemble du recueil aussi bien qu'elle caractérise les paradoxes individuels. Estienne comme Lando ne traitent d'ailleurs pas avec le même sérieux tous les paradoxes. En érigeant cette impression en prémisse, nous avons les éléments d'une typologie, un peu rudimentaire, des paradoxes : type I, ce sont les paradoxes qui traitent de questions de la plus haute portée (surtout existentielles, concernant le but et la nature de l'existence humaine) ; type II, ceux qui, à la suite des exemples proposés par Cicéron[59], représentent des tours de force rhétoriques, des exercices de virtuosité verbale, iconoclastes à volonté, mais en fin de compte vides de sens réel, ou du moins divorcés des faits de l'expérience[60].

---

[58] La postface définit les *Paradossi* comme «un Capriccio bizarro» et une «capricciosa bizzaria», et en souligne le côté ludique, tout en renvoyant aux «infiniti precetti morali, molte istorie, molte facete narrationi con stile dolce et facile» qu'ils contiennent (ci-après, p. 275), les situant ainsi dans le sillage de la *facetia* humaniste. A ce dernier sujet, voir H. Weber, «La facétie et le bon mot du Pogge à Des Périers», in Levi, A. H. T. (éd.), *Humanism in France*, Manchester U. P., 1970, p. 82-105 (repris dans H. Weber, *A travers le seizième siècle*, t. II, Paris, Nizet, 1986, p. 53-78).

[59] Cicéron avait en effet préfacé ses *Paradoxes des Stoïciens* ainsi : «nihil est tam incredibile quod non dicendo fiat probabile, nihil tam horridum tam incultum quod non splendescat oratione et tamquam excolatur» (3).

[60] La classification des *Paradoxes* peut facilement prêter à controverse, et on risque de tomber dans l'anachronisme ; notre typologie repose sur la notion de «noyau» philosophique, sa présence (I) ou son absence (II).

Les sujets traités dans nos *Paradoxes* s'appuient donc sur force exemples et arguments, accumulés à un rythme souvent vertigineux, délirant, entraînant — mais de valeur objective souvent ténue, car c'est le concept de la *varietas*, du bariolage, de la bigarrure qui les gouverne. On peut voir dans leur développement une certaine logique, et même rien que de la logique — spécieuse, mais qu'à cela ne tienne! — en ce que la validité morale des allusions n'y trouve pas de place, tout l'intérêt devant se porter sur la brillance, l'ingéniosité, l'invention, chacun des paradoxes évolue, pour ainsi dire, en un vase clos[61].

Voici sous une forme abrégée la teneur des paradoxes (nous indiquons entre crochets le «type» de chacun d'entre eux):

I. *Pour la pauvreté* : «Qu'il vault mieux estre pauvre que riche»: la richesse est toujours une affliction, *a contrario* la pauvreté est par conséquent une source de bonheur : «Mieulx vault ... la franche pauvreté que les tant asservies richesses, puis que de pauvreté sourdent infiniz profits et utilitez, et des biens temporels ne procedent que meschancetez». [I]

II. *Pour la laideur de visage* : «Qu'il vault mieux estre laid, que beau» : ou les inconvénients de la beauté corporelle, l'éloge de la beauté morale, la condamnation de la beauté cosmétique. [II]

---

[61] Ce qui explique, bien entendu, le manque de logique interne de l'ensemble des *Paradoxes*, où les qualités négatives deviennent presque *ad libitum* positives dans des circonstances différentes. Par exemple, une des vertus de l'infirmité, selon le paradoxe X, c'est qu'elle permet de vivre plus longtemps, tandis que le paradoxe XIII soutient la cause d'une mort prématurée... ; pour le paradoxe XX, la «femme morte est chose utile à l'homme», mais ailleurs «l'excellence de la femme est plus grande que celle de l'homme» (paradoxe XXIV)... Rappelons que les *Paradossi* avaient en plus soutenu que «non essere cosa detestabile ne odiosa la moglie dishonesta»! En principe pourtant, Lando se serait efforcé, selon la postface des *Paradossi*, d'éviter ces plaidoyers *pro* et *contra* chers aux humanistes pédagogues : «ne anche curato di lodare una cosa in un Paradosso e la medesima biasimare in un'altro...» (ci-après, p. 275).

III. *Pour l'ignorant* : «Qu'il vault mieux estre ignorant, que sçavant» : ou l'inutilité du savoir en toutes choses pratiques, les dangers qu'on court en l'acquérant, le peu de valeur qu'il apporte. [I]

IV. *Pour l'aveugle* : «Qu'il vault mieulx estre aveugle, que clair voyant» : les spectacles qu'on évite étant aveugle, les qualités que cet état permet de cultiver, les risques moraux que courent les voyants. [I]

V. *Pour le sot* : «Qu'il vault mieulx estre sot que sage» : se situant dans le sillage de l'*Éloge de la Folie*, le paradoxe met en valeur le bonheur du sot, réel ou contrefait, les vices auxquels il échappe, la sottise des gens les plus sérieux, de toutes les nations, et la «sottise» évangélique. [I]

VI. *Pour le desmis de ses estats* : «Que l'homme ne se doit ennuyer, si l'on le despouille de ses estats» : ou pourquoi préférer être «démis de ses états», les vices et corruption associés avec le pouvoir temporel. [I]

VII. *Pour les biberons* : «Que lubricité est meilleure que la sobrieté» : sur la noblesse du vin et de ceux qui s'y adonnent, l'inspiration qu'il engendre, les grands noms du passé qui lui furent fidèles. [II]

VIII. *Pour la sterilité* : «Que la femme sterile est plus heureuse que la fertile» : c'est-à-dire que la femme inféconde est modeste, le mari sans enfants ne risque pas les souffrances que ceux-ci apportent ; l'histoire est pleine de fils dénaturés, et plus généralement les enfants ne font que bouleverser un ménage. [II]

IX. *Pour l'exil* : «Qu'il vault mieux estre banny, qu'en liberté» : ou des privilèges de l'exil, tant loué par les Anciens. [I]

X. *Pour l'infirmité du corps* : «Qu'il vaut mieux estre maladif, que tousjours sain» : la maladie est génératrice de vertu, et habite d'ailleurs l'antichambre de la mort, que nous devons tous souhaiter, preuve en est du reste le peu de compte que l'on tient de la santé (cf. XVI). [I]

XI. *Pour les pleurs* : «Qu'il vaut mieulx souvent plorer, que rire» : les pleurs comme source de force et de bonheur. [I]

XII. *Pour la cherté* : «Que la cherté est meilleure, que l'abondance» : la rareté des vivres nous inculque une droite appréciation de leur valeur, les nations riches et les pays fertiles font preuve d'une grande immoralité, tandis que les contrées dépourvues sont plus fertiles en hommes courageux, plus productives en bons esprits (cf. XXIII). [I]

XIII. *Pour le desir de mourir* : «Qu'il vault mieux souhaiter tost mourir, que longuement vivre» : la mort nous permet d'échapper aux ennuis d'ici-bas, le dédain de la mort nous incite à des actes de courage. [II]

XIV. *Pour le villageois* : «Que le pauvre villageois est plus à son aise, que n'est le citoyen» : à partir du thème de l'âge d'or, c'est le développement de l'idée que les habitants des villages sont plus honnêtes et nobles que les citadins, suivi ici d'un répertoire des grands personnages tant anciens que modernes qui sont sortis de petit lieu. [I]

XV. *Pour l'estroictement logé* : «Que le petit logis est plus à priser, que ne sont les grans palais et maisons de plaisance» : la petite maison est d'un entretien plus facile, moins coûteux et plus sûr que la grande, susceptible de ruine, et lieu d'infamie. [I]

XVI. *Pour le blessé* : «Que celuy qui est blessé se doit plus resjouyr, que s'il estoit sain et entier» : les blessures corporelles nous rendent plus vertueux, mais ne sont en tout cas rien en comparaison des plaies spirituelles que nous nous infligeons à tout moment (cf. X). [II]

XVII. *Pour le bastard* : «Que le bastard est plus à priser, que le legitime» : les bâtards sont supérieurs aux enfants légitimes, de par leur conception et leurs qualités d'esprit, et l'histoire fourmille d'enfants naturels illustres. [II]

XVIII. *Pour la prison* : «Que la prison est chose salutaire et profitable» : parce qu'elle sert d'abri contre les périls du monde, et que souvent elle profite à l'individu, comme en témoignent tant de personnages de notre époque. [I]

XIX. *Pour la guerre* : «Que la guerre est plus à estimer, que la paix» : c'est que la paix éteint nos meilleures qualités et encourage nos vices, et nous devons remercier Dieu de nous avoir donné ce passe-temps incomparable. [II]

XX. *Contre celuy qui lamente la mort de sa femme* : «Que la femme morte est chose utile à l'homme» : quelle que soit sa nature, pour les dérangements qu'elle provoque dans un ménage il vaut mieux s'abstenir de la femme ou souhaiter sa disparition. [II]

XXI. *Contre celuy qui ne se veult passer de serviteurs* : «Qu'il vault mieux se servir, qu'estre servy» : avoir des serviteurs, c'est subvenir aux besoins de ses ennemis. L'état de serviteur, qui est du reste honorable, est bien plus facile que celui de maître. [I]

XXII. *Pour l'yssu de bas lieu* : «Que le bas lieu rend l'homme plus noble» : l'homme de petite naissance est libre des préjugés qui affligent les nobles, il cherchera d'autant plus à s'illustrer qu'il est sorti de bas lieu, et la véritable noblesse relève d'ailleurs de l'esprit et non du rang et des vides ambitions dont celui-ci est la source. [I]

XXIII. *Pour le chiche* : «Que la vie escharce est meilleure, que l'opulente» : développe un peu différemment le thème du paradoxe XII, concerne surtout les folies qu'entraîne le ventre. Morale : préférer la vie opulente, c'est se montrer ennemi de l'honneur. [I]

XXIV. *Pour les femmes* : «Que l'excellence de la femme est plus grande, que celle de l'homme» : les femmes font preuve de courage et d'humanité, sans parler de leur excellence intellectuelle, artistique et morale. [II]

XXV. *Pour la craincte* : «Qu'il vault mieux vivre en craincte, qu'en asseurance» : la peur rend prudent, la hardiesse amène la catastrophe. [II]

[XXVI. *Paradoxe pour le plaider*] : «Que le plaider est chose tresutile, et necessaire à la vie des hommes» : l'amélioration morale permise par le litige, l'importance de poursuivre en justice même pour les cas les plus triviaux, l'excitation que le

procès provoque est bon pour la santé, l'absolue nécessité du
jargon et des pratiques de la cour, de la procédure prolongée ; en
dernière analyse, le litige apporte un merveilleux secours à tous
ceux qui s'y immiscent. [II][62]

De façon générale, Estienne adapte le *paradosso* dans
le sens indiqué par le titre de la première édition, c'est-à-dire
qu'il en amplifie le caractère «épidictique» pour que le paradoxe
français ressemble effectivement à un discours d'avocat, d'où
ces présentations initiales et finales devant «messieurs de la
cour» et les apostrophes lancées à l'intention du même auditoire
(le paradoxe est d'ailleurs fait pour ce genre de modification[63]).
Ainsi s'explique l'ouverture du premier paradoxe, où cet aspect
est le plus longuement développé :

> Considerant pour qui, et contre qui me fauldra maintenant
> parler en voz presences, j'ay grande occasion de craindre, que
> le credit et la faveur n'ait plus de moyens d'offusquer et
> obscurcir la verité, en vostre endroit, que n'aura la simplicité et
> innocence, de la vous esclarcir et mettre en lumiere... Parquoy
> je ne m'esbahiray, si je treuve peu d'amis et protecteurs en la
> louange de chose tant bonne et honneste, et si mon adversaire
> en trouve beaucoup d'avantage, louant chose si mauvaise et
> pernicieuse...[64]

Le caractère oral des *Paradoxes* — qui n'est pas sans rappeler,
de loin pourtant, la manière des «causes grasses» de la

---

[62]   Voir aussi plus bas, p. 33-34.
[63]   Voir à ce sujet l'article de J.-C. Margolin sur «Le paradoxe...» : «En
prenant souvent un caractère encomiastique..., le discours paradoxique
s'apparente du même coup à l'éloquence judiciaire. Il se coule dans le moule
d'un plaidoyer (d'une *apologia*), visant à détruire les arguments de la partie adverse, de l'accusation (*katègoria*), représentée par l'opinion commune ou la
tradition...» (p. 62). Il faut signaler pourtant que certains des paradoxes
d'Estienne échappent dans une large mesure à cette règle générale, par exemple
les n°s III, VI, IX, X, XIII, XXI, XXII, XXIII.
[64]   *Paradoxes*, p. 5-6 de l'édition de 1561 (ci-après, p. 61). Bien sûr, le
paradoxe *pour le plaider* [XXVI] donne encore davantage dans cette méthode,
puisqu'il s'agit du discours d'un avocat qui défend la cause du litige.

Basoche[65] — est de ce fait beaucoup plus sensible, on croit entendre la voix de l'avocat, on s'étonne parfois que personne n'intervienne pour le reprendre sur l'emploi de tel ou tel argument ou exemple, mais le plus souvent on en arrive, entraîné par la verve de l'orateur, à devenir son complice.

Si le caractère général du texte subit ce changement important, le fond, lui, est sujet à des interventions et à des modifications incessantes. Dans une très large mesure, le modèle italien est francisé, c'est-à-dire qu'Estienne n'hésite pas à laisser de côté bon nombre des allusions, souvent développées, que Lando avait faites à des personnages italiens ou à ses propres expériences. Il localise ainsi en telle région de France une anecdote que Lando avait située en Italie, et introduit des exemples français pour remplacer ou soutenir les exemples tirés de la société et de l'histoire italiennes. De plus, Estienne explicite souvent telle allusion du texte italien, de sorte que le lecteur contemporain se retrouve en pays connu[66]. De cette façon, Estienne confère à son texte un aspect «journalistique», peu fréquent dans les commentaires plutôt banals du texte-source. Le style enjoué, pétillant, des *Paradossi* devient encore plus pittoresque et savoureux, *copieux*, chez l'auteur français. L'image qui se présente à l'esprit est celle de pétards qui fusent de partout au moment des fêtes, ou, pour cerner cette impression de plus près, celle des cierges étincelants tenus par des enfants :

---

[65] Les «causes grasses» furent des parodies juridiques destinées à égayer quelque fête basochienne, et furent donc écrites pour un public spécialisé ; elles ne contiennent pourtant aucune satire de la profession. Peut-être les plus célèbres exemples de ces parodies sont-ils les trois pièces conservées parmi les œuvres de Guillaume Coquillart, à savoir «Le Plaidoié», «L'Enqueste d'entre la Simple et la Rusée», et «Les Droitz nouveaulx», toutes datant des années 1478-1480 et éditées pour la dernière fois au XVIe siècle en 1532 — voir l'édition des *Œuvres* de Coquillart procurée par M. J. Freeman, Genève, Droz, 1975 (TLF). Une influence possible des parodies basochiennes a été relevée à propos de «l'éloge des dettes» du *Tiers Livre* — voir C.-A. Mayer, *art. cit.* à la n. 34, qui souligne pourtant l'importance de l'œuvre de Lucien dans ce dernier contexte.

[66] Voir notre édition, les n. 140, 153, 157 et 395 (allusions aux guerres italiennes franco-anglaises ou franco-impériales, à des événements d'une histoire contemporaine où ses lecteurs se reconnaîtraient).

c'est un style fait effectivement de crépitements aveuglants, de joie et de rires pour la durée de l'artifice[67]. Le brandon consumé, en reste-t-il pourtant quelque chose...?

Oui, parce que nous n'avons pas tout dit : en plus de cette métamorphose formelle et stylistique, toute la portée du paradoxe peut être déformée en un autre sens. Estienne se montre capable d'apercevoir derrière la feinte naïveté des *Paradossi* le noyau philosophique qui les informe, et de mettre ce dernier en relief. Il apporte à son adaptation des connaissances plus vastes, fruit de ses études médicales ou de ses labeurs humanistes[68], de plus il développe des notions qui lui sont personnelles, ou du moins qui ne figurent pas dans son texte de base (encore une raison pour ne pas classer les *Paradoxes* parmi les traductions). L. Zilli a montré à cet égard comment Estienne s'engage souvent dans une véritable critique sociale, à propos de la vie de cour et des courtisans par exemple, citant la conclusion du paradoxe IV, «Qu'il vault mieulx estre aveugle, que clair voyant» : là où Lando clôt son *paradosso* sur des considérations générales pour ne pas dire banales :

> Hai tropo curiosi occhi nostri, di quanti affanni ne siete voi cagione? quante cose mostrate voi al semplice animo per turbargli la grata sua quiete? quante lettere scritte, quanti sculpiti motti rappresentate al cuore per riempirlo d'amaritudine? quanti gesti, quanti movimenti vegono gli occhi, cagione che poscia mai ne lieti, ne contenti viviamo[69],

Estienne, tout en adaptant cette conclusion, ajoute :

---

[67]   J.-C. Margolin, lui, renvoie à l'image des bulles de savon... et des feux d'artifice (*art. cit.*).

[68]   On se reportera à ce sujet au paradoxe VII, sur «l'ébriété» prouvant la nécessité, selon les lumières médicales de l'époque, de l'usage du vin, au paradoxe XII, «pour la cherté», qui souligne l'importance d'un régime frugal (trait développé à nouveau dans le paradoxe XXIII, à propos de l'appétit), aux paradoxes XIV et XV sur la vertu de «vivre petitement» et nourris des connaissances qui seront à la place d'honneur dans la *Maison rustique*.

[69]   *Paradossi, éd. cit.*, f° signé D1 r°.

> Combien de dissimulations apercevez vous, tant en la court qu'ailleurs, souz un riz contrefait, un pied de veau, une reverence italique, un baiser et embrasser judaique, une voix se presentant à service? N'estimez vous pas alors bien heureux, ceux qui l'ont creu, et n'en ont riens veu?[70]

— remarques dont le pittoresque doit certainement quelque chose au *Philosophe de Court*, comme cette autre allusion à «noz mignons de la court et d'ailleurs, qui sont nourriz et entretenuz en toutes mignardises et choses friandes»[71]. Derrière ces traits-là se trouve bien entendu un certain anti-italianisme, de plus en plus fréquent à cette époque, et qui est parfois même explicite[72]. Parallèlement, Estienne développe un thème fréquent dans la littérature anti-aulique et chez certains poètes, c'est celui de la vertu-noblesse dans le paradoxe XXII, qui cherche à prouver «que le bas lieu rend l'homme plus noble»[73]. Estienne a d'ailleurs son mot à dire sur ceux qui se rendent indignes de leur statut social[74].

Soulignons, à la suite également de L. Zilli, l'opposition entre les biens du corps et ceux de l'esprit, biens terrestres et biens célestes. Il n'est pas douteux que l'esprit évangélique, «érasmien», parcoure les *Paradossi*, mais c'est un accent un peu dissimulé et dispersé. Estienne, à qui on n'attribue pas de tendances évangéliques, au contraire de son frère aîné[75], n'en

---

[70] *Paradoxes*, p. 53 de l'édition de 1561 (ci-après, p. 99-100).

[71] *Ibid.*, p. 118 (ci-après, p. 153).

[72] Voir par exemple la conclusion du paradoxe V (ci-après, p. 111), et la n. 74 ci-dessous.

[73] Voir à ce paradoxe.

[74] A propos des «mauvais seigneurs» (... italiens) qui malmènent leurs sujets, il ajoute au texte de Lando : «ce ne sont point pasteurs qui font telles insolences, ce sont loups ravissans, et destructeurs de toute humaine societé» (paradoxe VI, p. 72 de l'édition de 1561, ci-après, p. 114-115). Ou encore, à la fin du paradoxe X, il condamne la «santé de corps, puis qu'elle est cause de tant de maux, quand ce ne seroit que pour le regard des guerres, que l'on ne verroit jamais si cruelles, ny si enflambées, sans la confiance que les hommes mettent en leur santé et force corporelle...» (p. 108-109, ci-après, p. 144).

[75] Peut-être fait-il allusion à une expérience familiale en fustigeant ceux qui s'adonnent aux «nouvelles opinions» au paradoxe VIII (ci-après, p. 131).

hésite pas moins à dégager toute la portée de ces allusions, et ce même dans des paradoxes qui relèvent ailleurs de la virtuosité verbale, ceux de type ludique (II). Ainsi, le *paradosso* XII, «Meglio è di piangere, che ridere», se termine en renvoyant à l'autorité médicale d'Hippocrate, mais nous lisons à la fin du paradoxe XI ce qui suit :

> Laissons donc ceste risée à part, puis qu'elle messiet tant à l'homme, et ne tient rien de sa gravité et honnesteté, joint que nous ne trouvons pour le jourd'huy entre tant de calamiteuses ruines, que nous voyons regner, aucun lieu, ne opportunité de bien rire. Et concluons, que le ris faict envieillir et rider le visage, contrefaict la personne, estonne le cerveau, blesse les poulmons et les parties du ventre, tant qu'apres longue risée, plusieurs douleurs s'ensuyvent, dont l'on ne se doute point, quand l'on y est. En sorte que si le ris est effréné, il faict cheoir la luette, esgargueter, enrouer, et souvent esclatter la personne, dont apres survient fievre avec douleur de teste, et quelque fois pis. Aussi disoit tresbien le sage, que la fin du ris, estoit douleur et pleurs, qui coustumierement durent plus long temps, et ont plus longue queuë, que n'avoit la risée. Mais la fin des pleurs continuelz, apres ceste vie mortelle, est une joye et delectation perpetuelle, qui jamais ne finit, et telle nous a esté promise par celuy qui est la verité mesme.[76]

Au paradoxe XIII, «Qu'il vault mieux souhaiter tost mourir, que longuement vivre», Estienne résume dans un mouvement saisissant l'exposé plutôt diffus et traînant de Lando:

> quand la mort, vray ministre de justice, fin de tous ennuis, et voye tressure de nostre salut eternel, ne feroit autre bien en faveur des hommes, que de les retirer hors des afflictions de ce monde, les empescher d'offenser Dieu si estrangement et les

---

Remarquons que Charles Estienne élimine parfois telle allusion irrévérencieuse de Lando (à propos de certains papes, par exemple, à la fin du paradoxe VII — mais voir *in loc.* —, ou, au cours du paradoxe XVIII, au pape Clément VII). Estienne veut bien donner dans la satire anti-italienne, mais s'abstient d'ironiser au sujet des représentants de l'Église catholique.

[76]   *Ibid.*, p. 111-112 (ci-après, p. 147-148).

delivrer de la subjection des cruelles et ravissantes mains d'aucuns tyrans, si seroit elle pour ceste seule raison bien grandement à priser et extoller. Sans elle nous estions miserablement condamnez et estouffez d'une bruyne incroyable. Sans elle, nostre vie n'estoit rien. Sans elle, nostre esperance eternelle seroit esteinte. Sans elle, qui est le pecheur, si grand prince et seigneur soit il, qui craingnist et congneut Dieu? Par elle nous vivons eternellement, par elle nous sommes hors de prison, d'ennuis et de tout malheur.[77]

Tandis que le paradoxe XII fait état de la versatilité de l'homme envers son créateur selon que la fortune lui sourit ou l'afflige :

Par experience, quand le temps nous vient à souhait, combien y en a-il, à qui il souvient de son Dieu, et qui l'en remercient de bien bon cœur, si ce n'est pas maniere de contenance? Mais quand le temps nous vient mal à propos, c'est à l'heure que nous retournons à luy, et luy crions mercy, congnoissans tant seulement alors sa divine et non pareille bonté, grandeur et excellence.[78]

Derrière de telles remarques, on voit se dessiner la notion ancienne de la valeur — bénéfique pour la culture morale de l'individu — de l'adversité, que ce soit l'exil, l'illégitimité, la pénurie, le «bas lieu», la prison (littérale ou métaphorique), ou toute autre situation apparemment désavantageuse. On ne s'étonne donc pas de voir, en tête du paradoxe XIV, une allusion assez ample au thème de l'âge d'or, qui est quasi de rigueur dans l'énonciation d'une éthique pour le fond primitiviste[79]. Il s'esquisse ainsi par moments dans les *Paradoxes* une certaine morale sociale, vaguement stoïcienne et assez répandue à

---

[77]   *Ibid.*, p. 121-122 (ci-après, p. 156).

[78]   *Ibid.*, p. 114 (ci-après, p. 150). Cette phrase fait partie d'un grand fragment de texte venant de la plume d'Estienne lui-même.

[79]   Voir également le début du paradoxe XXIII, *ibid.*, p. 194-195 (ci-après, p. 215), qui fait l'éloge de la frugalité diététique. — Sur les tendances primitivistes de la pensée morale de cette période, on consultera notre étude déjà citée, *Nature et raison...*, surtout p. 71-84 et 91-94.

l'époque[80], qui consisterait à accepter les bornes qu'impose sa
condition — «bon gré malgré, lisons-nous, il nous faut
patiemment endurer ce que nous ne sçaurions eviter»[81]. Cette
morale permettrait quand même que les «bons esprits» et les
diligents se frayent un chemin, se manifestent et prospèrent.
Ainsi la conclusion du paradoxe XII résume comme suit la
portée générale de ce qui précède :

> Somme, la cherté des vivres rend les pauvres gens soingneux et
> asidus à leur labeur, et contens de si peu qu'ilz apprennent pour
> la necessité à bien partir et mesurer pour le temps advenir ;
> entretient et augmente les bons espris en leur devoir et vivacité,
> au grand profit de la chose publique, qui autrement n'en
> jouyroit, si à l'occasion de l'abondance ilz pouvoyent entrer en
> liberté ; donne à congnoistre la bonté, force et vertu de celuy
> qui de rien faict des choses moult grandes, rabaisse l'orgueil
> des plus haut montez ; et fait sembler meilleur ce que l'on
> gaigne, et que l'on reçoit par son moyen, que si de la main de
> ceste grande affluence, il estoit elargy et donné pour neant. Bref
> en temps de cherté, les choses bonnes croissent et augmentent,
> et en temps d'abondance, elles diminuent et amoindrissent.[82]

Parallèlement, une voix qui se fait parfois entendre dans les
Paradoxes n'hésite pas à déverser des sarcasmes sur la comédie
humaine : «Ce me seroit un moult grand contentement d'esprit,
si par mon dire je pouvoye estre cause de refrener ceste vaine et

---

[80]   On pense au sens général des *Nouvelles récréations* de des Périers
(écrites avant 1544, publiées pour la première fois en 1558), à celui des *Propos
rustiques* de Noël du Fail (1547), à telle remarque des *Dialogues* de Tahureau
(écrits vers 1555, publiés en 1565)... M. Simonin relève une pareille tendance,
dérivée sans aucun doute des *Paradoxes* d'Estienne, dans le *Traicté paradoxique
en dialogue* de Bénigne Poissenot (1583), dont le sous-titre est d'ailleurs
éloquent : *où est monstré qu'il est meilleur d'estre en adversité qu'en prosperité*,
ou encore dans le paradoxe «de la prison» d'Odet de La Noue, *Paradoxe, que les
adversitez sont plus necessaires que les prosperités* (1588) — voir son étude
déjà citée à la n. 48, «Autour du *Traicté paradoxique en dialogue* de Bénigne
Poissenot...». Plus généralement, les historiens parlent d'une «fermeture sociale»
qui se renforce tout au cours du XVIe siècle.

[81]   *Ibid.*, p. 123 (ci-après, p. 158).

[82]   *Ibid.*, p. 120 (ci-après, p. 154-155).

trop folle passion, de tant desirer d'estre appelé noble et illustre...»[83], et plus loin il se dresse contre «quelquesuns des nobles sans vertu (j'entens en ceux qui tachent à se faire gentilz par voye de trahison, larcins, et autres mechancetez) lesquelz je puis proprement appeler gentilzvilains, puis que leur noblesse (en cas si depravez) ne se peut autrement nommer qu'un vray gardon de notable iniquité»[84]. C'est dire qu'Estienne, plus que Lando, qui s'en défend d'ailleurs[85], peut tomber facilement dans la satire proprement dite.

Le dernier paradoxe, «Que le plaider est chose tresutile, et necessaire à la vie des hommes», en est preuve. C'est une œuvre à part, étant de l'invention d'Estienne lui-même et ne devant rien aux *Paradossi*. Puisque nous avons déjà analysé ailleurs l'adaptation anonyme (1570) de ce paradoxe[86], une rapide présentation suffit ici.

Il s'agit d'un plaidoyer *pro domo* adressé à la cour par un avocat (qui deviendra «Monsieur Proces» en 1570) chargé de défendre l'utilité, voire la nécessité, du «plaider», c'est-à-dire du litige, contre ceux qui ont «inconsiderement prononcé, que le plaider n'est aucunement raisonnable en quelque estat que ce soit». Cet orateur devient une espèce de «témoin domestique» à la Lucien[87] : en toute naïveté, il fait la défense de l'indéfendable, présente sous un jour favorable les aspects les plus désagréables

---

[83]   *Ibid.*, p. 187 (ci-après, p. 210). Estienne partage certes cette attitude avec Lando — voir la n. 85.

[84]   *Ibid.*, p. 191-192 (ci-après, p. 213).

[85]   Lando écrit : «ò quante cose mi persuaderebbe hora à scrivere il sdegno contra delli ambitiosi conceputo : ma lo rafrenarò poi che mi ravego d'esser scrittore de Paradossi, et non di Sattire...» (f° signé K6 v°, morceau du *paradosso* XXIII qu'Estienne laisse de côté).

[86]   Dans notre article «Charles Estienne revu et augmenté : le *Paradoxe du Plaider* et les *Deux Plaidoyez d'entre Monsieur Proces ... et Monsieur de Bon Accord* (1570)», in *Bibliothèque d'Humanisme et Renaissance*, LVII (1995), p. 101-110 (induit en erreur par l'édition de Poitiers de 1553, qui contient le texte du paradoxe du *Plaider*, nous nous y sommes trompé en datant ce texte de 1553).

[87]   Sur cette technique, on consultera C.-A. Mayer, *Lucien de Samosate...*, *ouvr. cit.*, p. 38-46.

de la procédure auxquels s'affrontent tous ceux qui doivent s'y introduire. Le plaideur doit chercher à se faire bien voir? C'est la cause de changements de personnalité bénéfiques, «procès» est une merveilleuse pédagogie! Les femmes doivent s'abaisser aux pires flagorneries? Ce sont de «bonnes et sainctes reformations»! Que toutes les nations de France — les Normands, les Auvergnats, les Poitevins, les Limousins — témoignent d'une prédilection particulière pour «procès», c'est la preuve de «leur subtil sçavoir, bien bon mesnage et sage conduite»! Et ainsi de suite... Même le jargon et la longueur de la procédure n'ont qu'un côté positif.

Il s'agit de toute évidence du ridicule caractérisé d'une profession qui a souvent fait les frais des auteurs satiriques de l'époque[88], mais la satire se défait ici de son ton traditionnel de vitupération pour revêtir celui de l'esprit, de l'enjouement, exprimé sous la bonne et due forme d'un plaidoyer, ce qui ne fait qu'en rehausser le piquant.

* *
*

---

[88]   Voir par exemple notre étude déjà citée, *Nature et raison...*, p. 179-184.

L'ÉDITION

Le texte de base est fourni par l'édition suivante :

1. *xxv. Paradoxes, ou sentences debatues, et elegamment deduites contre la commune opinion. Traicté non moins plein de doctrine, que de recreation pour toutes gens. Plus adjousté de nouveau le Paradoxe que le plaider est chose tresutile, et necessaire à la vie des hommes.* [Marque] A Paris, De l'Imprimerie de Maurice Menier, demourant aux faulxbourgs S. Victor, Rue neufve, à l'enseigne S. Pierre. 1561. 16°. a-q⁸, q8 bl. 128 feuillets paginés [*1-2*]3-236 (*pour* 237)[19]. Exemplaire utilisé : B. N. F. : Rés. Yc. 2873. Autre exemplaire : Herzog-August Bibl.

Cette édition, qui semble être basée sur celle qui sortit chez la veuve François Regnault en 1554 (ci-après, n° 8 = **1554⁴**)[89], est la dernière à sortir du vivant de Charles Estienne ; toutes les éditions d'avant 1583 que nous avons consultées se ressemblent d'ailleurs, et nous ne renvoyons qu'exceptionnellement, dans notre apparat critique, à celles d'entre elles que nous avons retenues, toutes éditées en 1553 ou 1554. On trouvera plus loin la liste complète des éditions françaises et italiennes des *Paradoxes* et des *Paradossi*.

Les interventions textuelles indispensables se ramènent aux suivantes[90] :
.1. Conformément à l'usage moderne, nous faisons la distinction habituelle entre *i/j* et *u/v* voyelles et consonnes, nous

---

[89]   En effet, les correspondances textuelles entre ces deux éditions sont frappantes : non seulement le titre est le même, mais on relève très souvent les mêmes leçons (voir l'apparat critique).

[90]   Voir Y. Giraud, «Protocole pour l'édition de textes imprimés en moyen français (*ca.* 1480-*ca.* 1620)», («Bulletin de liaison» de la S.F.D.E.S. en date de mars 1997, p. 37-40), dont les recommandations nous ont ici guidé.

résolvons toutes les abréviations (y compris l'«esperluète» [&]), et nous substituons aux majuscules «aberrantes» les minuscules équivalentes.

2. La ponctuation a posé un problème particulier : y figurent notamment les deux-points si fréquents dans les textes du XVIe siècle ; pour ne pas dérouter le lecteur, nous avons cru utile de les remplacer le plus souvent par le point, mais parfois aussi par la virgule ou le point-virgule lorsque le sens de la phrase ne s'y opposait pas. Nous indiquons les rares éléments de discours direct par des guillemets, et éliminons ou ajoutons les points d'interrogation selon le sens de la phrase. Nous ajoutons l'apostrophe («lon» —> «l'on») là où l'usage moderne la réclame.

3. Pour ce qui est des accents, ce texte est le plus souvent bien accentué, et ce n'est qu'assez rarement que nous avons dû mettre l'accent aigu sur les participes passés masculins, ou l'accent grave pour distinguer «là» de «la», etc..

4. Nous «aérons» un peu le texte souvent dense des *Paradoxes* en y introduisant des paragraphes supplémentaires.

5. La pagination du texte original figure entre crochets dans le corps du texte.

Pour ce qui est du texte de Lando, nous avons pensé un instant à le reproduire dans les notes, mais, outre que les *Paradossi* ne représentent très souvent, nous l'avons dit, qu'un point de départ, un tel procédé aurait par trop alourdi l'édition et presque doublé l'importance du volume. Nous nous sommes donc borné à renvoyer, en tête de chaque *paradoxe*, aux feuillets correspondants des *Paradossi*, à citer éventuellement ce texte pour éclaircir le texte français, et à noter, le cas échéant, les divergences les plus significatives entre les deux[91].

---

[91]   Les trois «hors-d'œuvres» des *Paradossi*, c'est-à-dire les deux épîtres liminaires de Lando lui-même plus la postface de Paulo Mascranico, figurent en texte intégral dans l'Appendice II.

Éditions des *Paradoxes*[92]

Voici la liste complète des éditions françaises. Les localisations sont en principe données à titre d'exemple, mais nos recherches sur ce point se sont étendues sur un grand nombre de bibliothèques et, sans prétendre à l'exhaustivité, nous croyons avoir repéré la majorité des exemplaires subsistants des *Paradoxes*.

i) *éditions figurant dans l'apparat critique* (les mentions en gras situées en tête de chaque description sont celles que nous y utilisons) :

2. **1553**[1] : *Paradoxes, ce sont propos contre la commune opinion : debatus, en forme de Declamations forenses : pour exerciter les jeunes advocats, en causes difficiles.* [Marque] A Paris, Par Charles Estienne, Imprimeur du Roy. M. D. LIII. Avec privilege dudict Seigneur. 8°. A-K⁸, K8 bl. 80 feuillets paginés [*1-6*]7-158[2], ital..

---

[92] Sur les différentes éditions des *Paradoxes*, voir également l'article de Brunet (*sub voce* «Paradossi», IV, 360-362), la thèse d'A. Porter, p. 393-394, et la bibliographie dressée par P. F. Grendler, p. 222-239 de son ouvrage sur *Critics of the Italian World*. — Le lecteur remarquera dans le répertoire qui suit la fréquente apparition de la collection Copley Christie conservée à la John Rylands Library de l'Université de Manchester ; nous tenons à remercier M. D. W. Riley, «Keeper of Printed Books» dans cet établissement, de l'intérêt qu'il a porté à nos recherches et d'un accueil qui les a de beaucoup facilitées. — Nous renvoyons, dans les pages qui suivent, aux bibliographies usuelles : H. Baudrier, *Bibliographie lyonnaise*, 1895-1925, 12 vol.. ; N. Bingen, *Philausone (1500-1660). Répertoire des ouvrages en langue italienne publiés dans les pays de langue française de 1500 à 1660.* Genève, 1994 ; A. de La Bouralière, *L'Imprimerie et la librairie à Poitiers pendant le XVIe siècle*, Paris, 1900 ; Ph. Renouard, *Imprimeurs et libraires parisiens du XVIe siecle*, t. III: *Baquelier-Billon*; Paris, Bibliothèque nationale ; *Répertoire bibliographique des livres imprimés en France au XVIe siècle*. Baden-Baden, Valentin Koerner, 1969-1980, t. 5 (Poitiers), et *Bibliographie normande: Bibliographie des ouvrages imprimés à Caen et à Rouen au seizième siècle*, ib. (Bibliotheca Bibliographica Aureliana), fasc. 7.

C'est la première édition, qui a vu le jour après juillet 1553[93].
Renouard, *Annales des Estienne*, p. 106, n°s 2-4[94].
B. N. F. : R. 45690 et Rés. Z. 4219 ; B. M. de Caen ; Christie
Collection (Manchester) : 9.d.1 ; Princeton.

3. **1553[2]** : *Paradoxes, ce sont propos contre la commune
opinion : debatus, en forme de Declamations forenses : pour
exerciter les jeunes advocats, en causes difficiles.* [Marque] A
Poitiers, Au Pelican par Jean [*ou* Enguilbert] de Marnef.
M. D. LIII. 8°. A-M[8], incomplet de M8 (blanc) [plus le paradoxe
du *Plaider*, s.d., a[8]b[2]].

Copie du précédent ; le texte du paradoxe du *Plaider* fut sans
aucun doute ajouté par la suite, après sa parution à Paris (voir
1554[1])[95].
B. L. : 12330. a. 42 ; U. Michigan ; voir aussi La Bouralière,
Imprimerie, p. 113-114 ; *Répertoire*, 5, p. 36, n° 83.

4. **1553[3]** : *Paradoxes, ce sont propos contre la commune
opinion : debatuz, en forme de Declamations forenses : pour
exerciter les jeunes esprits, en causes difficiles. Reveuz et
corrigez pour la seconde fois.* [Marque] A Paris, Par Charles
Estienne, Imprimeur du Roy. M. D. LIII. Avec privilege dudict
Seigneur. 8°. A-K[8], K8 bl. 80 f. pag. [*1-2*[3-158[2]], ital.

---

[93]   Voir ci-dessus, n. 5.
[94]   Renouard attribue à 1554 les deux premières éditions ; en réalité, son
n° 2 est l'édition de 1553.
[95]   C'est-à-dire après le 1er février 155[4], date du privilège de ce dernier
paradoxe (publié séparément, selon certains, mais nous n'avons pas trouvé
d'exemplaires séparés de ce texte à l'adresse d'Estienne). La possibilité que
l'édition de Poitiers eût comporté dès l'origine le *Plaider*, c'est-à-dire 1553 =
1554 après le 1er février mais avant Pâques, serait difficile à soutenir, vu que 1)
Pâques tombe le 25 mars cette année-là, et 2) le mot «advocats» aurait
certainement été remplacé par «esprits» si Marnef avait copié l'édition revue,
1553[3] ou **1554[1]**. Il n'est d'ailleurs pas dans les habitudes des Marnef d'utiliser
l'ancien style.

On notera la variante importante du titre, mais le texte lui-même, pour être nouvellement imprimé et disposé de façon légèrement différente, reste presque identique.
Christie Collection (Manchester) : 9.d.2[96] ; Bodléienne ; U. de Pennsylvania ; U. de North Carolina (Chapel Hill)[97] ; U. de Harvard (Houghton Library) ; Folger ; Newberry ; U. d'Alabama.

5. **1554**[1] : *Paradoxes, ce sont propos contre la commune opinion, debatuz en forme de Declamations forenses : pour exerciter les jeunes esprits en causes difficiles. Reveuz et corrigez pour la seconde fois.* [Marque] A Paris, Par Charles Estienne, Imprimeur du Roy. M. D. LIIII. Avec privilege dudict Seigneur. 8°. a-k[8], k8 bl. [plus le paradoxe du *Plaider,* a-b[8], privilège du 1er février [1554]]
Alderman Library (U. de Virginia) ; Brigham Young ; U. de Harvard ; Michel Simonin.

6. **1554**[2] : édition partielle de Caen, Martin et Pierre Philippe. 8°. a-b[8], b8 bl. ; A-B[8] ; a-b[8] ; a-c[8], c7-8 bl., inc. de c1 (texte des six premiers paradoxes plus celui du paradoxe du *Plaider*[98])
Répertoire, Bibliographie normande, fasc. 7, nos 7-10.
B. L. : 1080. c. 4.

7. **1554**[3] : édition du paradoxe du *Plaider,* Rouen, [Robert Masselin[99] pour] Martin Le Mesgissier, 1554. 8°. a-d[4], d3-4 bl. (fait partie d'une édition complète des *Paradoxes* imprimée à

---

[96]   Exemplaire d'Armand Baschet.
[97]   Exemplaire de F. Schreiber (n° 133 de son catalogue cité à la n. 25).
[98]   Il n'est pas exclu que cette édition fût à l'origine complète. mais sa composition en quatre groupes de cahiers séparés laisserait supposer une édition partielle.
[99]   Robert Masselin est le fils de Marin, qui imprime une édition complète des *Paradoxes* à Paris la même année — voir le suivant.

Rouen par la veuve Jean Petit [de Troyes] — voir le n° 9 ci-
après). Delauney[100].

8. **1554**[4] : *xxv. Paradoxes, ou Sentences debatues, et
elegamment deduites contre la commune opinion. Traicté non
moins plein de doctrine, que de recreation pour toutes gens.
Plus adjousté de nouveau le Paradoxe que le plaider est chose
tresutile, et necessaire à la vie des hommes.*[101] Paris, [Marin
Masselin[102] pour la vve Fr. Regnault =] Magdaleine Boursette.
16°. a-q[8]. 128 f. pag. [*1-2*]3-240[16].
Christie Collection (Manchester) : 9.d.3 ; Konstanz.

ii) *Autres éditions*

9. 1554 : *Paradoxes, c'est a dire propos contre la commune
opinion : debatus en forme de declamations forences, pour
exerciter les amateurs de bonnes lettres en la rhetorique
francoyse.* Rouen, [vve Jehan Petit pour] Martin Le Mesgissier.
8° (158 p.)[103].
U. d'Illinois.

10. 1554 : *XXV Paradoxes ou sentences, debattues et
elegamment deduites contre la commune opinion, traité non
moins plein de doctrine que de recreation pour toutes gens,*
Lyon, [Barthélemy Frein pour] Jean Temporal.

---

[100]   M. J.-C. Delauney, ancien bâtonnier de l'Ordre, avocat à Caen, nous a
gracieusement communiqué une copie de cette édition. M. Simonin (*art. cit.* sur
le *Traicté paradoxique*, p. 35, n. 10) voit ici la première édition, en plaquette
séparée, du paradoxe du *Plaider*, ce qui semble peu probable.
[101]   C'est la première fois que ce titre est utilisé (impossible de savoir si
cette édition est antérieure à celle de Lyon de la même année, ci-après, n° 10).
Nouvelle émission en 1557: notre n° 12.
[102]   Son fils Robert, établi à Rouen en 1554, y imprima une édition du
paradoxe du *Plaider* — voir ci-dessus n° 7, édition **1554**[3].
[103]   Le paradoxe du *Plaider* fut fourni à cette édition par Robert Masselin
— voir le n° 7.

Baudrier, IV, p. 383 ; privilège sans doute identique à celui de l'édition sortie de chez les mêmes en 1555 (le suivant), même s'il est absent.

11. 1555 : *Paradoxes, ou Sentences, debatues, & elegamment deduites contre la commune opinion. Traité non moins plein de doctrine, que de recreation pour toutes gens. Reveu, & augmenté.* Lyon, Jean Temporal/Th.Payen. 16°. a-r⁸, incomplet de r8 (blanc). 136 f. pag. [*1-2*]3-248[24].
Baudrier, IV, p. 385 ; privilège pour trois ans accordé à Temporal le 14 décembre 1553, comprend le paradoxe du *Plaider.*
B. M. d'Avignon (Temporal); Christie Collection (Manchester) : 9.d.4 (Payen).

12. 1557 : *Paradoxes, ou sentences debatues, et elegamment deduites contre la commune opinion. Traicté non moins plein de doctrine, que de recreation pour toutes gens. Plus adjousté de nouveau le Paradoxe que le plaider est chose tresutile, et necessaire à la vie des hommes.* Paris, [Marin Masselin pour la vve Fr. Regnault =] Magdaleine Boursette.
Nouvelle émission sans aucun doute de l'édition de 1554 (n° 8 = **1554⁴**) parue chez les mêmes.
Princeton[104].

13. 1559 : *XXV Paradoxes,* Lyon, [Nicolas Perrineau, 1561, pour] Jean Temporal (*sic*)
Baudrier, IV, p. 392.

14. 1561 : *Paradoxes ; ou, Sentences debatues, et elegamment deduites contre la commune opinion. Traite non moins plein de*

---

[104]   La date nous a été confirmée par Princeton ; selon Renouard, Masselin cessa d'exercer en 1554, et la veuve François Regnault en 1556. Il s'agit donc d'une nouvelle émission de l'édition de 1554 que les héritiers de la veuve ou de l'imprimeur auraient mise en vente en 1557.

doctrine que de recreation pour toutes gens. («Reveu, & augmente»). Lyon, [Nicolas Perrineau pour] Jean Temporal. 233 p.
Baudrier, IV, p. 393.
Duke U.

15. 1573 : *Les Paradoxces* [*sic*] *Sentences debatues, & elegantement deduites contre la commune opinion. Traité non moins plein de doctrine que de recreation.* Paris, Nicolas Bonfons. 16°. A-Q^8. 128 f. foliotés [*1*]2-122 (= 121)[7][105].
Christie Collection (Manchester) : 9.d.5.

16. 1576 : *Paradoxes, ou sentences,* Lyon, Benoist Rigaud.
Baudrier, III, p. 331-332.
Konstanz.

17. 1583 : *Paradoxes, autrement, Propos contraires à l'opinion de la plus part des hommes. Livre non moins profitable que facetieux.* [Marque] A Rouen, Chez Nicolas Lescuyer, demeurant à Laistre nostre Dame, à la Prudence. 16°. A-Z^{8}Aa-Ee^8. 224 f. fol. [4]1-220 (avec des erreurs).
Avec les 25 paradoxes et le paradoxe pour le *Plaider*, cette édition contient en plus deux autres paradoxes, qui ne sont ni de la plume d'Estienne ni de celle de Lando, intitulés «Loüange de la folie»[106] et «Que la vraye richesse consiste en vertu et en

---

[105]   Brunet, *loc. cit.*, indique une édition à cette adresse en 1583, coquille probable pour 1573.
[106]   La «Loüange» avait déjà paru, sous le titre *Les Louanges de la Folie, traicté fort plaisant en forme de paradoxe*, en 1566, Paris, Hertman Barbe, 8° (B. N. F. [deux exemplaires], Arsenal [deux exemplaires], Mazarine, B. M. d'Amiens — voir Renouard, *Imprimeurs*, III, n° 67) et de nouveau à Lyon, 1567, 8° (B. N. F., B. L.), et à Paris, N. Bonfons, 1575, 8° (Versailles) ; c'est la traduction par Jean du Thier de *La Pazzia,* paraphrase (actualisée et personnalisée) du *Moriæ encomium,* paru sans nom d'auteur en 1540, 1541, 1543 et vers 1550, mais parfois attribué à Lando (B. N. F.), ou à Ascanio Persio (B. N. F., Versailles) ou encore à Vianesio Albergati (B. L.). Ce texte a pu avoir

contentement»[107]. Il s'agit en réalité d'une nouvelle adaptation du texte des *Paradoxes*, qui comporte un nombre important de changements lexicaux.

B. N. F. : 8° Z. 16190 et Rés. Z. 2763 ; Christie Collection (Manchester) : 9.d.6.

18. 1603 : *Les declamations paradoxes, Où sont contenuës plusiers questions, debattuës contre l'opinion du vulgaire. Traitté utile & recreatif, propre à esveiller la subtilité des esprits de ce temps. Reveu & enrichi d'annotations fort sommaires, par Jean du Val Auxerrois.* Paris, Jean Micard/Antoine du Brueil/Fleury Bourriquant/Nicolas Rousset. 12°. A-Z$^{8/4}$Aa-Cc$^{4/8}$Dd^6. 162 f. pag. [*1-2*]3-313[11]. Manchettes et nouvel avant-propos.

B. N. F. : Rés. Z. 4037 (Bourriquant) ; Arsenal ; Mazarine ; B. M. Le Mans ; Christie Collection (Manchester) : 9.d.7 (Bourriquant) ; U. de California (du Brueil).

19. 1638 : *Paradoxes, ou les opinions renversées de la pluspart des hommes. Livre non moins profitable que facetieux.* Par le Docteur Incognu. Rouen, J. Caillové. 12°. ã^{4}A-R^{12}S^8. 216 f. pag. [8]1-424[108].

Arsenal (deux exemplaires) ; Mazarine ; B. L. : 8463.aaa.11 ; Christie Collection (Manchester) : 9.d.8 ; Herzog-August Bibl. ; U. de California ; U. de Minnesota .

---

influencé Lando lui-même : voir Grendler, *ouvr. cit.*, p. 253-254, Tomarken, *ouvr. cit.*, p. 97-98 et les notes, et dans notre édition le paradoxe V.

[107] Le dialogue (paradoxique) «du contentement» ne figure pas à la table de l'édition, et il est permis de penser que, débutant au f° signé. E5 v°, il n'est là que pour remplir ce dernier cahier, d'autant plus que ce «dialogue» entre «Le Content» et «L'Insatiable» se termine de façon imprévue sur un exemple. — Puisque ces deux textes ont été diffusés par l'intermédiaire des éditions de 1583 et de 1638 des *Paradoxes*, nous croyons faire œuvre utile en les reproduisant en appendice (III).

[108] Édition fondée sur celle de 1583, contient le texte du *Plaidoyé* plus les deux paradoxes *De la folie* et *Des Interlocuteurs* (= «Que la vraye richesse...») — voir ci-dessus, les n. 106 et 107.

Éditions des *Paradossi*

1543 : *Paradossi cioè, sententie fuora del comun parere novellamente venute in luce, Opra non men dotta, che piacevole, et in due parti separata.* Lyon, Gioanni Pullon da Trino. 8°. A-O⁸. 112 f. non ch.

C'est ce texte que nous citons dans notre édition[109], mais il semble probable qu'Estienne eut sous les yeux un texte postérieur[110].

Bingen, *Philausone*, 357.

Exemplaire utilisé : B. L. : 8408.aaa.6. Autres exemplaires : B. N. F. : Rés. Z. 3575 ; B. L. : C.62.a.8 ; Christie Collection (Manchester) : 9.c.31 ; Florence ; Bergame ; Plaisance ; Trevise; Milan ; Venise ; U. Chicago ; U. Illinois ; Wayne State U.

1544 : *Paradossi.* Venise, [B. Bindoni pour Andrea Arrivabene]. 8°. A-N⁸O⁴. 108 f. fol. (état A) [*1-2*]3-104 *pour* 106[2] *ou* (état B) [*1-2*]3-106[2].

---

[109]   Le texte de cette première édition, présenté par Antonio Corsaro, est depuis récemment disponible en format numérisé à l'adresse («URL») suivante : http://www.meri.unifi.it/n-rinasc/pub/homepage.htm. Le lecteur complétera utilement la bibliographie des éditions des *Paradossi* en consultant cette version électronique (téléchargeable), qui discute d'ailleurs de toutes les variantes des éditions et états répertoriés (voir aussi un article du même auteur, «Per l'edizione critica dei *Paradossi* di O. Lando», *Medioevo e Rinascimento*, 1994). Il semble qu'en réalité l'édition de 1544 comporte trois états, et non les deux que nous avons vus nous-même, et que celle de 1545 existe également en plus d'un état. — Le travail de M. Corsaro n'est venu à notre connaissance qu'au dernier moment.

[110]   Étant donné la lecture, au paradoxe I, d'«Alfirtoque» (<— «Absirtoco» — voir notre édition, p. 67), il est probable qu'Estienne s'est en effet servi d'une des éditions vénitiennes (1544 ou 1545) qui comportent cette dernière leçon. Les éditions lyonnaises portent le texte (correct) : «Absirto co gli altri...». Voir aussi une note à la fin du *paradoxe* VII. — Brunet, *loc. cit.*, comme certains autres après lui, indique aussi une édition vénitienne de 1543.

B. N. F. : K. 17971 et K. 17972 (état A?); B. L. : 847.a.28 (état
B) ; Cambridge (état A, deux exemplaires = Adams, L119) ;
Christie Collection (Manchester) : 9.c.33 (état A) et 9.c.32 (état
B) ; National Library of Scotland : [Af].8.8/8. (A?) ; Trente ;
Herzog-August Bibl. ; U. de California (deux exemplaires de
l'état A) ; U. d'Iowa (A); U. de Harvard (Houghton) (A) ;
Wayne State U. (A) ; U. de Columbia (A) ; New York Public
Library ; U. de North Carolina.

1545 : *Paradossi.* Venise, [Andrea Arrivabene?]. 8°. A-L^8. 88 f.
fol. [*1-2*]3-88.
B. L. : 1081.g.15 ; Cambridge (= Adams, L120) ; Christie
Collection (Manchester) : 9.c.34[111] ; Princeton ; Newberry ; U.
de Toronto ; Folger ; Library of Congress ; Duke U.

1550 : *Paradossi.* Lyon, [G. de Pullon] pour J. de Millis. 16°.
A-N^8, N8 bl. 104 f. pag. [16]1-190[2].
Baudrier, IV, p. 196. Bingen, *Philausone*, 358.
Cambridge (= Adams, L121) ; Christie Collection (Manchester):
9.c.35 ; Bayerische Staatsbibliothek ; Duke U.

1563 : *Paradossi.* Venise, Andrea Arrivabene. 8°. A-L^8, L8 bl..
88 f. fol. [*1*]2-86[2], ital.
B. N. F. : Rés. Z. 3576 ; Christie Collection (Manchester) :
9.c.36 ; Bibl. Alexandrine de Rome[112].

1594 : *Paradossi.* Bergamo, Comin Ventura. 4°. a^{4}A-Q^4. 68 f.
fol. [4]1-64, ital.

---

[111]   Cet exemplaire contient aussi la *Confutatione del libro de Paradossi
nuovamente composta, et in tre orationi distinta,* s.l.n.d. (selon Grendler, *ouvr.
cit.*, p. 31, composée vers 1544), 8°. A-C^8. 24 f. fol. [*1*]2-24. Dédicace adressée à
Hippolita Gonzaga, contessa della Mirandola.
[112]   Ces deux derniers exemplaires contiennent aussi la *Confutatione...* —
voir n. précédente.

Édition expurgée, ne contient que 17 paradoxes, omet les n°s 6-8, 10-12, 15, 17, 20, 23, 25, 28 et 30.
Christie Collection (Manchester) : 6.c.10.

1602 : *Paradossi*. Vicenza, Pietro Bertelli. 8°. a²A-E⁸F⁶. 48 f. fol. [2]1-46, ital.
Édition expurgée, fondée sur celle de 1594, et qui omet en outre les *paradossi* 5 et 29 (le texte est donc réduit à 15 paradoxes en tout).
Christie Collection (Manchester) : 9.c.37 ; Bayerische Staatsbibliothek ; Newberry.[113]

*

Édition anglaise

The Defence of Contraries. Paradoxes against common opinion, debated in forme of declamations in place of publike censure : only to exercise young wittes in difficult matters. Trad. A. Mundy. London, John Windet for Simon Waterson, 1593. 8°. A-O⁴.
Cambridge ; Lincoln College, Oxford ; Folger ; Huntington ; Yale.
Édition incomplète qui ne contient que les 12 premiers paradoxes, avec la promesse d'un second volume qui contiendrait les autres, y compris «For the Lawyer» ; elle est basée sur une édition française postérieure à la première («young wittes» = «jeunes esprits») et antérieure à celle de 1583

---

[113] Dans ces deux éditions expurgées, toute mention du nom de l'auteur est éliminée, et les liminaires disparaissent. Rappelons qu'il s'agit ici des premières éditions italiennes des *Paradossi* depuis la mise à l'Index de l'œuvre de Lando en 1564 (voir notre introduction, p. 12-13). En Espagne, la traduction effectuée à partir du texte italien, les *Paradoxas o sentencias fuera del comun parecer*, publiée en 1552, est mise à l'Index dès 1559 (voir *Bibliothèque d'Humanisme et Renaissance*, XXXIV (1972), p. 95).

(le second volume n'aurait pas contenu les deux paradoxes
adventices de cette dernière)[114].

*Paradoxes against Common Opinion : debated in form of
Declamations in place of Publique Censure : onelie to exercise
young wittes in difficult matters.* London, Simon Waterson.
1602.
Bodléienne.
Nouvelle émission du précédent, avec page de titre refaite.

*

Appendices

A la suite de l'édition, nous avons ajouté trois
appendices, à savoir :

I. Le texte de l'adaptation anonyme du paradoxe du *Plaider*
parue en 1570 sous le titre : *Deux Plaidoyez d'entre Monsieur
Proces, appellant de la sentence de Monsieur le Seneschal de
Raison, ou son Lieutenant au lieu de Concorde, d'une part : Et*

---

[114] Repr. Da Capo Press, Amsterdam/New York, 1969, dans la série «The
English Experience», n° 175. — Ici du moins la portée paradoxale du texte
français est bien reconnue par son traducteur, ce qui n'avait pas été le cas de
celui du *Philosophe de Court* en 1575 : *The Philosopher of the Court*, traduit par
George North (voir *Le Philosophe de Court*, éd. P. M. Smith, p. 19-20 et la
n. 39). Le goût du paradoxe s'étend du reste en Angleterre vers la fin du siècle,
pour devenir un véritable engouement. Voir à ce sujet W. G. Rice, «The
Paradossi of Ortensio Lando», *Essays and Studies in English and Comparative
Literature*, Ann Arbor, U. Michigan Press, 1932 (U. Michigan Publications,
Language and Literature, vol. VIII), p. 59-74, qui étudie le cas spécifique de la
traduction anglaise et, après E. N. S. Thompson («The Seventeenth Century
English Essay», *University of Iowa Humanistic Studies*, vol. III, n° 3), dresse
une liste, sans doute incomplète, de paradoxes en anglais jusqu'au milieu du
XVIIe siècle.

honnorable homme Monsieur de bon Accord Inthymé d'autre.
Paris, Nicolas Chesneau. 8°. A-G⁴: 28 f. fol. [*1*]2-27[1] ¹¹⁵.
Exemplaire utilisé : B. M. de Versailles : Réserve Brochure 11.
Autres exemplaires¹¹⁶ à l'Arsenal : BL 18276 (ancienne cote) ;
Caen, Musée, coll. Mancel 1698 ; B. M. de Rouen.

II. Les épîtres liminaires et la postface des *Paradossi* figurant
dans l'édition de 1543 (toutes reprises dans les éditions
précédant la première publication des *Paradoxes* en 1553).

III. Les deux textes supplémentaires figurant dans les éditions
de 1583 et de 1638¹¹⁷.

*

Les notes de l'édition

        Les sources d'information écrites exploitées dans les
Paradoxes sont celles mêmes des *Paradossi*, c'est-à-dire que de
ce point de vue Estienne n'apporte rien de nouveau à son texte
de départ, quitte à se permettre parfois d'en corriger les erreurs
de fait (et à y introduire çà et là de nouvelles). Les sources
bibliques, et surtout évangéliques, sont fréquentes, mais Lando
parcourt également toute une gamme d'auteurs anciens pour
chercher ses innombrables exemples et anecdotes, et ses bien
plus rares citations. Il s'est attaché plus particulièrement aux
compilateurs grec et latin tels Valère Maxime, Diogène Laërce,
aux historiens comme Tite-Live et ceux du Bas-Empire, aux
biographes comme Plutarque (*Vies parallèles*), mais aussi à
Pline l'Ancien (*L'Histoire naturelle*), à Cicéron, à Sénèque, à
Aulu-Gelle, et parfois aux grands philosophes grecs... Il se

---

¹¹⁵   Nous avons déjà étudié cet ouvrage dans notre article déjà cité, «Charles
Estienne revu et augmenté...».
¹¹⁶   Renseignements dus à la regrettée Brigitte Moreau.
¹¹⁷   Voir la n. 106 ci-dessus.

tourne également vers tel ouvrage contemporain que les commentaires de Pietro Crinito *De honesta disciplina*[118], ou le *De Vanitate scientiarum et artium* d'Agrippa von Nettesheim, dont l'inspiration est certaine et peut être plus générale[119], ou encore à des recueils de lieux communs[120]. Ses exemples concernent surtout, on s'y attendrait, les grands (et petits) noms de la mythologie et de l'histoire gréco-romaine, mais la société contemporaine, italienne bien sûr mais aussi française et impériale, lui en fournit très souvent.

Nous nous sommes efforcé d'identifier au moins une source précise pour chacune des multiples allusions substantielles qui jalonnent le texte des *Paradoxes*[121], mais dans quelques cas, peu fréquents à la vérité, la source nous a échappé, et nous ne garantissons par ailleurs nullement que la source indiquée soit bien celle que Lando utilisa. Le *Dictionarium historicum ac poeticum* qu'Estienne publia pour la première fois l'année même où il sortit les *Paradoxes*, nous a été fort utile, et nous y renvoyons très souvent[122]. Pour ce qui est des allusions fréquentes à la société italienne du Quattrocento et du Cinquecento, il est indubitable que Lando exploite souvent ici sa propre expérience ou des anecdotes orales, et les instruments de travail modernes ne nous ont pas toujours été d'une grande aide. En revanche, nous avons généralement explicité les allusions

---

[118]   Dont Sébastien Gryphe sortait en 1543 précisément une nouvelle édition.

[119]   Voir les notes pour le début du paradoxe III, et sur l'inspiration paradoxale du *De Vanitate* voir plus haut, n. 54.

[120]   Voir ci-dessus, n. 56.

[121]   Nombreux sont les collègues, partout dans le monde, qui ont répondu à nos sollicitations à cet égard, et nous les en remercions vivement.

[122]   Nous avons utilisé l'édition de 1596, [Genève], Jacques Stoer, *Dictionarium historicum, poeticum, geographicum...*, reproduite dans la collection *The Renaissance and the Gods*, New York and London, Garland Publishing, 1976 (sur l'exemplaire de la Bodléienne). Le renvoi se situe entre crochets si l'article du *Dictionarium* ne contient pas le renseignement précis figurant dans le texte des *Paradoxes*. Abréviation : *Dict.*

historiques tant des *Paradossi* que des *Paradoxes* (Estienne en ajoute souvent de son propre cru).

*

Le lecteur remarquera l'absence du traditionnel glossaire. C'est que le texte des *Paradoxes* pose assez rarement des problèmes lexicaux pour les spécialistes auxquels cette édition est destinée, et nous nous sommes donc contenté d'expliciter en bas de page, par des renvois numériques en italique, les termes plus difficiles.

Les notes infrapaginales renferment également le relevé des rares variantes que nous avons retenues (renvoi alphabétique), et au début de chaque paradoxe nous indiquons (sous le signe #) le titre figurant dans le texte de départ et les signatures des feuillets que le *paradosso* occupe dans l'édition de 1543.

Lampeter, juillet 1998

BIBLIOGRAPHIE SOMMAIRE*

Bellenger, Y., «Paradoxe et ironie dans les *Essais* de 1580», in *Le Paradoxe au temps de la Renaissance, ouvr. cit.*, p. 9-22.

Bietenholz, P. G. (éd.), *Contemporaries of Erasmus*, U. Toronto Press, 1986.

Bowen, B. C., *The Age of Bluff. Paradox and Ambiguity in Rabelais and Montaigne*, U. Illinois Press, 1972.

Bourciez, E., *Les Mœurs polies et la littérature de cour sous Henri II*, Paris, Hachette, 1886.

Cave, T., *The Cornucopian Text. Problems of Writing in the French Renaissance*, Oxford, Clarendon Press, 1979.

Colie, R., *Paradoxia Epidemica*, Princeton, 1966.

Comédie (La) à l'époque d'Henri II et `Charles IX, 1ère série, vol. 6, Florence, Leo S. Olschki, 1994.

Condeescu, N. N., «Le paradoxe bernesque dans la littérature française de la Renaissance», *Beiträge zur romanischen Philologie*, II (1963), p. 27-51.

Corsario, A., «Per l'edizione critica dei *Paradossi* di O. Lando», *Medioevo e Rinascimento,* 1994.

Fahy, C., «Per la vita di Ortensio Lando», *Giornale Storico della letteratura italiana*, CXLII (1965), p. 243-258.

—, «Landiana», *Italia medievale e umanistica*, XIX (1976), p. 325-387.

---

* Cette bibliographie ne fait mention que des études et articles critiques utilisés pour la rédaction de l'introduction et des notes infrapaginales de l'édition.

Gilmore, M. P., «Anti-Erasmianism in Italy : the dialogue of Ortensio Lando on Erasmus' funeral», *Journal of Medieval and Renaissance Studies*, IV (1974), p. 1-14.

Grendler, P. F., *Critics of the Italian World 1530-1560. Anton Francesco Doni, Nicolò Franco and Ortensio Lando*, Madison, Milwaukee and London, U. Wisconsin Press, 1969.

Hope, T. E., *Lexical Borrowings in the Romance Languages : A Critical Study of Italianisms in French and Gallicisms in Italian from 1100-1900*, Oxford, 1970, 2 t.

Jeffery, B., *French Renaissance Comedy 1552-1630*, Oxford, 1969.

La Cute, P., *Ortensio Lando e Napoli nella prima metà del '500*, Lucera, 1925.

Lawton, H. W., «Charles Estienne et le théâtre», *Revue du Seizième Siècle*, XIV (1927), p. 336-347.

—, *Handbook of French Renaissance Dramatic Theory*, M.U.P., 1949.

Malloch, A. E., «The technique and function of the Renaissance paradox», *Studies in Philology*, III (1956), p. 191-203.

Margolin, J.-C., «Le paradoxe, pierre de touche des 'jocoseria' humanistes», in *Le Paradoxe au temps de la Renaissance*, *ouvr. cit.*, p. 59-84.

—, «Science, humanisme et société : le cas de Charles Estienne», in *Parcours et rencontres, ouvr. cit.*, p. 423-441.

Mayer, C.-A., «'L'Honnête homme' : Molière and Philibert de Vienne's *Philosophe de Court*», *Modern Language Review*, XLVI (1951), p. 196-217.

—, «Rabelais' satirical eulogy : the praise of borrowing», in *François Rabelais. Ouvrage publié pour le quatrième centenaire de sa mort 1553-1953*, Genève/Lille, Droz/Giard, 1953, p. 147-155.

Mayer, C.-A., *Lucien de Samosate et la Renaissance française*, Genève, Slatkine, 1984 («La Renaissance française», n° 3).

—, *Clément Marot et autres études sur la littérature française de la Renaissance*, Genève, Slatkine, 1993 («La Renaissance française», n° 6).

Moss, A., *Printed Commonplace Books and the Structuring of Renaissance Thought*, Oxford, The Clarendon Press, 1996.

Norton, G. P., *The Ideology and Language of Translation in Renaissance France and their Humanist Antecedents*, Genève, Droz, 1984 («T.H.R.», n° CCI).

Paradoxe (Le) au temps de la Renaissance, Paris, Jean Touzot, 1982 (Centre de Recherches sur la Renaissance).

Parcours et rencontres : mélanges de langue, d'histoire et de littérature françaises offerts à E.Balmas. - Tome 1: Moyen âge -XVIIe siècle, Paris, Klincksieck, 1993.

Peach, T., *Nature et Raison. Étude critique des «Dialogues» de Jacques Tahureau*, Genève-Paris, Slatkine, 1986 («La Renaissance française», n° 4).

—, «Sources et fortunes d'une image : 'Sur l'arbre sec la veufve tourterelle'», *Bibliothèque d'Humanisme et Renaissance*, XLVIII (1986), p. 735-750.

—, «Charles Estienne revu et augmenté : le *Paradoxe du Plaider* et les *Deux Plaidoyez d'entre Monsieur Proces ... et Monsieur de Bon Accord* (1570)», *Bibliothèque d'Humanisme et Renaissance*, LVII (1995), p. 101-110.

Porter, A. : voir Tomarken, A.

Renouard, A.-A., *Annales de l'imprimerie des Estienne...*, Paris, 1837.

Rice, W. G., «The *Paradossi* of Ortensio Lando», *Essays and Studies in English and Comparative Literature*, Ann Arbor, U. Michigan Press, 1932 (U. Michigan Publications, Language and Literature, vol. VIII), p. 59-74.

Sanesi, I., *Il Cinquecentista O. Lando*, Pistoia, 1893.

Saulnier, V.-L. *Maurice Scève (ca. 1500-1560)*, Paris, Klincksieck, 1948-49, 2 t.

Schreiber, F., *The Hanes Collection of Estienne Publications, from book collecting to scholarly resource*, Chapel Hill, Hanes Foundation, Rare Book Collection, University Library, University of North Carolina at Chapel Hill, 1984.

Seidel [Menchi], S., «Spiritualismo radicale nelle opere di Ortensio Lando attorno al 1550», *Archiv für Reformationsgeschichte*, LXV (1974), p. 210-276.

—, «Sulla fortuna di Erasmo in Italia. Ortensio Lando e altri eterodossi della prima metà del Cinquecento», *Rivista Storica Svizzera*, XXIV (1974), p. 537-634.

—, *Érasme hérétique (Réforme et Inquisition dans l'Italie du XVIᵉ siècle)*, Paris, Le Seuil et Gallimard, 1996.

Sforza, G., «Ortensio Lando e gli usi ed i costumi d'Italia nella prima metà del Cinquecento», *Memorie della R. Accademia delle Scienze di Torino*, serie II, vol. LXIX (1914), n° 4.

Simonin, M., «Autour du *Traicte paradoxique en dialogue* de Bénigne Poissenot : dialogue, foi et paradoxe dans les années 1580», in *Le Paradoxe au temps de la Renaissance, ouvr. cit.*, p. 23-39.

Smith, P. M., *The Anti-Courtier Trend in Sixteenth-Century French Literature*, Genève, Droz, 1966 («T. H. R.», n° LXXXIV).

—, «*Le Philosophe de Court* : Philibert de Vienne, Cicéron et Castiglione. Les avatars d'un idéal», *Bibliothèque d'Humanisme et Renaissance*, LIV (1992), p. 461-475.

Sozzi, L., «La polémique anti-italienne en France au XVIᵉ siècle», in *Atti dell'Accademia delle Scienze di Torino*, CVI (1972), p. 99-190.

Stegmann, A., «Un visage nouveau de l'humanisme lyonnais : paradoxe et humour dans la production des années 1550-1580», in *L'Humanisme lyonnais au XVIᵉ siècle*, P. U. de Grenoble, 1974, p. 275-294.

Thompson, Sister G., *Under Pretext of Praise. Satiric Mode in Erasmus' Fiction*, Toronto, 1973.

Tomarken, A. M. [sous le nom de Porter, A.], «Philibert de Vienne», *Bibliothèque d'Humanisme et Renaissance*, XXVII (1965), p. 702-708.

— [—], «The Satirical Eulogy in French Renaissance Literature», thèse de Ph.D., Université de Londres, 1966.

— [—], «The Lucianic blason : a study of an edition by Jean de Tournes», in *Literature and the Arts in the Reign of Francis I. Essays presented to C. A. Mayer*, éd. P. M. Smith et I. D. McFarlane, Lexington, Kentucky, French Forum Publishers, 1985, p. 207-236.

—, *The Smile of Truth. The French Satirical Eulogy and its Antecedents*, Princeton, 1990.

Trtnik-Rossettini, O., *Les Influences anciennes et italiennes sur la satire en France au XVIᵉ siècle*, Publications de l'Institut français de Florence, série 1, n° 13, 1958.

Tucker, G. H., «Clément Marot, Ferrara, and the paradoxes of exile», in *Humanism and Letters in the Age of François Iᵉʳ*, éd. P. Ford et G. Jondorf, Cambridge, 1996, p. 171-193.

Weber, H., «La facétie et le bon mot du Pogge à Des Périers», in Levi, A. H. T. (éd.), *Humanism in France*, Manchester U. P., 1970, p. 82-105.

—, *A travers le seizième siècle*, t. II, Paris, Nizet, 1986.

—, «Le paradoxe dans quelques poèmes de Ronsard», in *Ronsard en son IVᵉ centenaire. L'Art de poésie. Actes du Colloque ... Ronsard*, Genève, Droz, 1989 («T.H.R.», CCXXXII), p. 111-119.

Wilson, D. B., *Descriptive Poetry in France from Blason to Baroque*, Manchester U. P., 1967.

Zilli, L., «I *Paradossi* di Ortensio Lando rivisitati da Charles Estienne», in *Parcours et rencontres, ouvr. cit.*, p. 665-674.

xxv.

PARADOXES,

OV SENTENCES DEBATUES,

**et elegamment deduites contre la commune
opinion.**

**Traicté non moins plein de doctrine, que
de recreation pour toutes gens.**

*Plus adjousté de nouveau le Paradoxe que
le plaider est chose tresutile, et
necessaire à la vie des hommes.*[*]

A PARIS,

*De l'Imprimerie de Maurice Menier, demourant
aux faulxbourgs S. Victor, Rue
neufve, à l'enseigne S. Pierre.*

1561.

---

[*] Pour les titres divers donnés aux différentes éditions de cet ouvrage, voir notre
introduction, «L'édition», p. 35 ss.

Amis lecteurs vous trouverez
le repertoire du present
traicté, à la fin de l'œuvre,
où verrez choses plaisantes.   **[3]**

AU LECTEUR

SALUT.

Tout ainsi, Lecteur, que les choses contraires raportées l'une à l'autre donnent meilleure cognoissance de leur evidence et vertu, aussi la verité d'un propos se trouve beaucoup plus clere quand les raisons contraires luy sont de bien pres approchées. D'avantage, qui veult bien dresser un chevalier, il le faut exerciter en faicts d'armes moins vulgaires et communs, à fin que les ruses ordinaires luy soyent de moindre peine puis apres.

Au cas pareil pour bien faire un advocat, apres qu'il a longuement escouté au barreau, il luy faut donner à debate des causes que les plus exercez[a] *refusent soustenir : pour à l'advenir le rendre plus prompt et adroict aux communs playdoiers et procés ordinaires. A ce-* **[4]** *ste cause je t'ay offert en ce livret le debat d'aucuns propos que les anciens ont voulu nommer Paradoxes, c'est à dire contraires à l'opinion de la pluspart des hommes, à fin que par le discours d'iceulx la verité opposite t'en soit à l'advenir plus clere et apparente, et aussi pour t'exercer au debat des choses qui te contraignent à chercher diligemment et laborieusement raisons, preuves, authoritez, histoires, et memoires fort diverses et cachées. En quoy toutesfois je ne vouldrois que tu fusses tant offensé que pour mon dire ou conclusion tu en croyes autre chose que le commun ; mais te souvienne que la diversité des choses resjouit plus l'esprit des hommes que ne fait tousjours et continuellement voir ce que leur est commun et accoustumé.*
A dieu. [*] **[5]**

---

[a] 1553 : exercitez [variante fréquente] refusent de
[*] Dans les éditions de 1553 et dans 1554[1], ce texte est suivi d'un «Repertoire des causes debatues aux Paradoxes cy apres proposez».

Pour la pauvreté

Declamation I.

Qu'il vault mieulx estre pauvre que riche.[#]

Considerant pour qui et contre qui me fauldra maintenant parler en voz presences, j'ay grande occasion de craindre que le credit et la faveur n'ait plus de moyens d'offusquer et obscurcir la verité en vostre endroit que n'aura la simplicité et innocence de la vous esclarcir et mettre en lumiere. Car ayant deliberé de louer celle qui a tousjours esté haye et blasmée de la pluspart des hommes, il me seroit presque impossible de m'abstenir du mespris de celle qui quasi d'un chascun et de tout temps a esté aymée, estimée, et cherie sur toutes choses. Mais un poinct qui en **[6]** cecy me reconforte, c'est que des vertueux et sçavans le nombre a esté tousjours sans comparaison plus petit (combien que trop plus estimé) que celuy des vitieux et ignorans. Parquoy je ne m'esbahiray si je treuve peu d'amis et protecteurs en la louange de chose tant bonne et honneste, et si mon adversaire en trouve beaucoup d'avantage, louant chose si mauvaise et pernicieuse.

Or pource que le poinct principal de ma cause gist à vous faire entendre l'estat et valeur de celle pour qui je suis, je desire advertir celuy qui vous en a voulu destourner de la cognoissance (comme faignant ignorer que les gens de lettres ayent pour la pluspart esté pauvres et souffreteux) revocquer en

---

[#] «Che miglior sia la povertà, che la richezza paradosso primo» (f. A4 r°-B4 r°). — Le thème n'est pas rare dans la littérature paradoxale, et avait été développé récemment, en vers, par Giovanni Mauro dans son éloge de «la carestia» (1538) (Tomarken, *ouvr. cit.*, p. 87-88).

memoire la vie de Valere Publicole[1], de Menenius Agrippa[2], et
celle du tant bon Aristide[3], qui tous decederent si pauvres qu'il
les convint enterrer par aumosnes. Luy souvienne encor
d'Epaminondas Roy de Thebes, aux palais et riches maisons
duquel, apres tant de belles victoires et nobles armées par luy
faictes, ne fut trouvé qu'une pauvre paillasse, ou quelque
meschant materas [*sic*], par inventaire[4]. Ayant aussi souvenance
de Paul Emile[5], Atile Regule[6], Quint Cincinnat[7], Cate Elie[8], et
Marc Manle[9], aux nobles cœurs desquelz plus fut [7]
recommandée l'indigence que la hauteur des terriennes fortunes.
Et qui ne sçait l'amour de ceste pauvreté avoir eu tant de
puissance sur le bon Abdolomine que de luy commander le refus
du tresriche et opulent royaume de Sydoine, pour lequel
gouverner il avoit esté choisy et esleu par le peuple du païs?[10]

---

[1] Valerius Publius (Publicola) consul romain et collègue de Brutus, enterré aux
frais de la ville (Tite-Live, II 16, Valère Maxime, IV 4, *et al.* ; *Dict.*, 450 r° a).
[2] Menenius Agrippa, consul romain en 503 av. J.-C. (Tite-Live, II 33, Valère
Maxime, IV 4 ; [*Dict.*, 26 v° b]).
[3] Artistide le Juste (vers 540-vers 460 av. J.-C.) (Plutarque, *Vie d'Aristide*,
XXVII ; *Dict.*, 70 r° a).
[4] Épaminondas, roi des Thébains (vers 418-362 av. J.-C.), tué fameusement à la
bataille de Mantinée. Selon Plutarque, *Vie de Fabius Maximus*, XXVII, ce fut
plutôt une pièce de fer qu'on trouva chez lui ; [*Dict.*, 198 v° a].
[5] Paulus Æmylius *Macedonicus* † vers 168 av. J.-C. (Tite-Live, XIV 13, Valère
Maxime, IV 4).
[6] Marcus Attilius Regulus † vers 251 av. J.-C., consul et général romain: modèle
de l'héroïsme pour ses actions lors de sa capture par l'ennemi dans la première
guerre punique (Tite-Live, IV ; [*Dict.*, 376 v° a]). Voir aussi n. 350.
[7] Lucius Quintus Cincinnatus, Romain célèbre par la simplicité et l'austérité de
ses mœurs. Consul en 460 av. J.-C., il fut par la suite deux fois dictateur, mais
renonça sans façons et sans regrets aux pouvoirs illimités que cette fonction lui
valut (Tite-Live, III ; [*Dict.*, 275, r° b]).
[8] Sans doute s'agit-il de Sextus Ælius Catus, censeur à l'époque de la seconde
guerre punique (Pline, XXXIII, 11 ; [*Dict.*, 399 r° b]).
[9] Sans doute s'agit-il de Marcus Manlius *dit* Capitolinus ([*Dict.*, 286, v° a]) .
[10] C'est-à-dire Abdolonyme : descendant des rois de Sidon, il fut réduit par la
misère à se faire jardinier ; il fut restauré par Alexandre le Grand en 332
av. J.-C. (Quinte-Curce, IV 1 ; *Dict.*, 3 r° b).

En ce monstroit assez le grand nombre de travaulx et molesties[11] cachées soubz la vaine splendeur des richesses, et l'abondance des honneurs absconsez[12] en ce beau sein de pauvreté ; honneurs assez recongneus et entendus du poëte Anacreon, auquel advint qu'ayant esté deux nuits entieres sans pouvoir aucunement reposer, pour la peine en laquelle il estoit à continuellement penser, comment il se pourroit sauver des larrons, et employer les cinq talens d'or que Polycrates luy avoit donnez, finalement pour se delivrer de ceste perpetuelle molestie, et retourner en sa premiere tranquillité, rapporta ses beaux talens au tirant[a] , avec parolles telles que peut reciter un personnage de sa sorte faisant (combien que pauvre et indigent) refus de chose tant estimée grande et magnifique[13].

    Il est certain que celuy qui a tousjours vescu pauvre en ce monde n'a aucun regret quand il s'en part, et fault croire et en- **[8]** tendre qu'il laisse ceste vie terrienne trop plus joyeusement et à delivre[14] que celuy qui par le moyen des richesses y a prins longuement ses esbatz. Quand à moy, je ne veis oncq un tout seul pauvre qui en mourant ne le desirast avoir esté bien davantage.

    O chaste et humble pauvreté[15], sur laquelle, comme sur un bien ferme rocher, fut anciennement bastie la saincte eglise de Dieu! Pauvreté, architectrice des grandes villes et citez, inventrice de tous arts et belles sciences, seule sans aucun

---

[a] 1554[4] et 1561 : Titan

---

[11] molesties : tourments.
[12] absconsez : cachés.
[13] Anacréon de Téos (560-478 av. J.-C.) est bien connu dans la deuxième moitié du XVIe siècle pour ses *Anacreonta*, odes qui sont pourtant pour la plupart apocryphes ([*Dict.*, 43 v° b] — nous n'avons pas trouvé la source précise de cette anecdote).
[14] à delivre : librement.
[15] Cet éloge lyrique du sujet du paradoxe revient fréquemment, et doit probablement aux *capitoli* paradoxaux des poètes bernesques.

default ou reproche, triumphante en bien grande excellence, et
digne de tout honneur et louange. Par toy fut estimé tant divin ce
philosophe Platon, si sage, Socrates, et ce bon Homere, si
facond. Par ton moyen fut erigé l'Empire de ce grand peuple
romain. Et pour abbreger, quand bien pour autres cas ne devrois
estre singulierement aymée, si serois tu grandement à priser,
pour ce seul regard que tu donnes evidemment à cognoistre
quelz sont les vrays d'entre les fainctz[b] et contrefaicts amis.
Parquoy je dy que qui te crainct et rejette doibt estre, comme
beste sauvage, fuy et deschassé d'un chacun, attendu que, te
refusant, il repoulse la maistresse de tous biens et excellence de
l'esprit des hommes.

Qu'il soit vray, **[9]** combien de personnes a l'on veu,
par le moyen d'honneste indigence, avoir esté reduits à toute
modestie, humilité, chasteté, providence? Et finalement jouyr de
ce que la saincte philosophie, par long temps et continuel estude,
à peine peut oncques acquerir aux hommes? Si mon serment
vous en povoit faire foy, je vous oseroye bien affermer en avoir
veu aucuns en leurs felicitez mondaines, plus furieux
qu'oncques ne fut Orestes, plus superbes qu'Atamante, plus
voluptueux et libidineux que Verres, ou Clodius[16], qui puis
apres par inconvenient reduits à pauvreté, revindrent en un
instant chastes, courtois, et tant debonnaires, qu'il n'estoit pas
l'ombre de leurs corps qui ne semblast affable et gracieuse. Et
ne sont en cest endroit les contredits de ma partie, quand aux
honnestetez de la philosophie morale. Car c'est chose bien
asseurée que oncques ne feit proesses pareilles à celle de nostre
bonne pauvreté. Je vous supplie considerer quelle maistresse
d'hostel elle a tousjours esté pour empescher que là où elle
sejourne n'aborde paresse, prodigalité, la goutte, la luxure, et

---

[b] 1554[4] et 1561 : sainctz et (*sic*)

---

[16] Oreste, qui tua sa mère Clytemnestre ; Athamas, meurtrier de son propre fils
Learchus ; Gaius Verres ; Publius Claudius (ou Clodius) Pulcher, célèbre
débauché romain.

telles infaictes et detestables matrosnes. Par tout où elle se
trouve, faut que l'orgueil s'en fuye en diligence, ja- **[10]** mais
l'envie n'y a lieu, et les tromperies et abuz s'esquartent de tous
endroictz.

Mais vous plait il entendre, messieurs, sur quoy se
fondent ces tant affectionnez aux richesses, et convoiteux de
cest argent, qui de toute saison a esté tenu pour grande ruine et
destruction de personnes? Ils dient que telle est l'inclination de
nostre esprit. Je leur demanderoye quelle communauté ont les
esprits des hommes avec les superfluitez terriennes, puis
qu'autre cas n'est l'or ou l'argent qu'un vray excrement de la
terre? Où trouvent ilz qu'un seul de ceulx qui ont haultement
philosophé, daignast oncques mettre les richesses au nombre de
ce que vrayement l'on doibt appeler biens? Malheureuses
espines qui tant faictes d'ennuy à vous recueillir, et avec tant de
chauldes larmes, souspirs trop amers, vous laissés perdre et
dissiper, et à tant de peines et angoisses, vous faictes garder et
entretenir.

Senecque, autheur de grande reputation, disoit cestuy-
la estre grandement à louer qui prise autant les vaisseaux de
terre comme s'ils estoient d'argent, mais beaucoup plus de
louange merite celuy qui n'estime non plus la vaisselle d'or ou
d'argent que **[11]** si elle estoit de terre[17]. Aussi, à la verité, si
nous considerons bien la complexion de ses tant aymées
richesses, nous trouverons tel estre leur naturel, que les
despendant ou employant, elles ne nous ameinent que tout
chagrin et torment. Et les pensans bien garder et tenir soubz la
clef, ne nous en appercevons de rien plus aisez ou plus
accommodez, mais chargez de tel soing que d'elles ne nous en
oserés reputer que simples subjects et serviteurs. C'est pource
que nostre Dieu, infinie sapience et bonté, appella les pauvres
bien-heureux. Et qui donna onc tant de faveur à la pauvreté, que
luy? A l'imitation duquel plusieurs (croy que de luy inspirez)

---

[17] Sénèque, *Lettres à Lucilius*, V 6.

ont abysmé leurs biens, craignans d'estre eux-mesmes en iceux abymez.

Et pour brievement discourir le plaisir des richesses, si nous les desirons pour avoir sumptueuse escuirie de coursiers, doubles et simples courtaux, traquenards, genets, guildins, hongres[18], barbares, turcqs, et autres chevaux d'excellence, considerons que le cheval, de sa nature, est une beste fantastique, nuict et jour mangeant le bien de son maistre, ne pour cela jamais assouvie ; une beste hautaine et courageuse, semence et nourriture de guerre, à qui quelques fois ne faut qu'un brin de paille [12] pour de frayeur l'ombrager, au danger de tomber son maistre ; une beste, qui n'obeyt le plus souvent au frain, ny à l'esperon, et qui sans le moyen d'estre bien conduite et adressée, tresbuche en mille fanges et vallées. Combien de dangereuses alarmes et degast de païs, à cause des malheureuses incursions des chevaulx gottiques, vandaliques, huns et dannois, ont receu les nobles contrées de France, Italie et Espaigne, qui sans ce moyen n'eussent oncques esté entreprinses par les barbares? Combien de dommage font tous les ans les chevaux de poste, non seulement aux coureurs d'offices et benefices, mais encores aux seigneurs et princes, qui quelque fois pour leur plaisir desirent gaigner païs en diligence? Jamais je ne contemple ceux qui si hardiment mettent leur amour aux chevaux, et qui sans aucun moyen de raison les appetent et contregardent, que je ne die en moy-mesmes : «Entre celuy qui ayme, et la chose aymée, fault qu'il y ait quelque convenance et similitude, autrement jamais ne engendreroit tel appetit, et ne se pourroyent les deux bien compatir ensemble». Puis doncq' que ces riches gens sont tant assottez de leurs chevaux, puis qu'ils ne cerchent autre passetemps en ce monde, jusques à les [13] envoyer recouvrer[19] à Naples, en Turquie, en Alemaigne et

---

[18] Ces deux derniers termes sont plus ou moins synonymes, mais le «guil(l)edin» est un cheval anglais (auj. «gelding»).

[19] C'est-à-dire : couvrir.

Espaigne, il fault estimer qu'ils tiennent aucunement de la complexion du cheval, et participent de quelque estrange et bestiale nature. Et pour ne me taire des autres incommoditez que nous apportent les chevaulx, tant aux champs qu'à la ville. Premierement, s'ilz vont le trot, ils te rompent les reins, et s'ilz amblent, ilz sont subjects à chopper et broncher, au danger de t'abatre, ou te froisser quelque membre, sans ce que (comme dit le grand Alfirtoque et plusieurs bons autheurs d'escuirie[20]) le cheval est subject à pareilles maladies que l'homme. Je vous laisse penser le reste des ennuis et fascheries que les chevaulx journellement nous donnent.

Si nous cerchons le plaisir des richesses en la beaulté des cabinets garnis (entre autres bagues) de force dyamans, rubis, topases, esmerauldes, ou autres belles pierreries, nous voyons aujourd'huy par evidence, le pris et la valeur des pierres precieuses, consister au seul appetit des bien riches personnes, ou au beau langage des abuseurs qui les vendent, et la reputation et estime d'icelle estre subjecte à l'incertitude et varieté des opinions. Qu'ainsi soit, l'agathe, qui maintenant est de si vil pris, **[14]** fut anciennement en bien grande reputation à l'endroit de Pyrrhus, qui en tenoit une si precieuse et si chere[21] ; le saphir, à cause qu'il raporte à la couleur du ciel serain, souloit estre en bien hault degré, maintenant est de peu d'estime, et tenu pour petite bague ; le diamant, ne fut jamais des anciens grandement apprecié, voyez aujourd'huy combien on le prise et estime ; le topase, fut en grand credit vers les dames, et de present ne sçay pour quelle occasion est tenu des plus petis joyaux que l'on porte. Et qui ne sçait la dignité en laquelle souloit estre

---

[20] Estienne a sans doute lu le texte suivant de Lando : «Absirtoco gli altri scrittori dell'arte veterinaria..», leçon des éditions vénitiennes de 1544-1545 ; dans le texte original (f° signé A6 v°) et dans l'édition lyonnaise de 1550, on lit plutôt: «Absirto co gli altri... ». L'allusion concerne Absyrtus, spécialiste grec, de l'époque d'Hippocrate, en hippiatrie (*Dict.*, [5] r° b).

[21] Pyrrhos II, roi d'Épire (vers 318-272 av. J.-C.) (Pline, XXXVII 3 — ce même chapitre fournit certains des renseignements qui suivent ; [*Dict.*, 372 v° b])

l'esmeraude, voyez maintenant comment elle se lamente de sa fortune.

Tu me diras qu'il faict bon estre riche pour se parer et vestir de beaux et sumptueux habitz, bien taillez et diaprez en diverses modes et façons. Tu es bien sot et niaiz, si tu n'entens que telles braveries te donnent perpetuelle solicitude et molestie. Car, ayant force habitz de ceste sorte, il te les fault tant souvent frotter, serrer, essuyer, ployer, desployer, escourre[22], eventer, pour les garder de tignes et vermines, qu'en ce tu peux apercevoir à veue d'œil une expresse vanité, de vouloir ce corps, qui n'est que pur bourbier et fange, couvrir de pourpre, de soye, dorures, [15] et autres curiositez.

Quelque bon buveur desireroit avoir argent pour veoir ses caves pleines des meilleurs et plus delicats vins, de Beaulne, d'Arbois, d'Orleans, de Riz, de Rosette, muscadets, bastards, malvoisie, corse, grec, Vernace, Romanie, et autres que l'on pourroit icy nombrer. Cela te seroit bon, n'estoit que tu oublies les incommoditez qu'apportent le boire et yvrongner[23]. Car le vin (ainsi que le tient Platon) fut en partie envoyé cy bas par les dieux, pour faire punition des hommes, et prendre vengeance de leurs offences, en les faisant (apres qu'ils se sont enyvrez) tuer et occire l'un l'autre[24].

Pour ceste cause, Androcides advertit Alexandre que le vin estoit le sang de la terre, et qu'il se devoit bien garder d'en user[25]. Ce que n'ayant bien observé ce grand Empereur, par son intemperance tua son trescher Clitus, brusla la ville de Persepolis, feit empaler son medecin, et commit plusieurs autres

---

[22] escourre = secouer, agiter.

[23] Un peu plus loin, bien sûr, les *Paradoxes* vont louer *l'ébriété* (paradoxe VII).

[24] Allusion aux *Lois*, II (672d).

[25] Selon Pline (XIV 7), le médecin Androcydes écrivit ainsi à Alexandre: «Vinum potaturus, Rex, memento te bibere sanguinem terræ : sicuti venenum est homini cicuta, sic et vinum» ; (*Dict.*, 47 r° b).

ords et infames exces[26]. Pourquoy fut ce que les Carthaginois defendirent le vin à leurs souldarts, et serviteurs domestiques, et encore à leur Republique, specialement durant le temps de leur vacation et office de ville? Leotichis **[16]** enquis de dire la raison pour laquelle les Spartains par son commandement estoient si sobres en vin boire, respondit qu'il le faisoit pour les delivrer de peine de ne soy conseiller aux autres nations, touchant leurs affaires[27]. Cyneas, ambassadeur de Pyrrhus, la doulce langue duquel tant fust estimée d'un chacun, et de si grand profit à son prince, estant un jour en Arice, en contemplant l'excessive hauteur des vignes du pays, se print à dire avec un soubriz qu'à bien bon droit telle mere avoit esté pendue en si haulte croix ou gibet, puis qu'elle avoit porté un si dangereux enfant qu'estoit le vin[28].

Doibt-on souhaiter les richesses pour avoir force trouppeaux de grasses bestes à laine ou à corne, pour voir sa court pleine de volaille, ses coulombiers richement garnis et hantez, tourterelles en voliere, paons, faisants, poules d'Inde, et autres oyseaux d'excellence en reserve? Je tiens que le grand nombre de trouppeaux ne sert que de venaison au loup, et de rapine à ceulx qui n'ont moyen d'en avoir, le plaisir desquelz se peult aucunement appeller bestial, puis qu'entre les bestes il est nourry. Et quant à la volaille, qu'est-ce, sinon nourriture de proye pour les regnards, foynes[29], et belettes? Viandes à gens de relais, **[17]** degast de courtils[30], et destruction de greniers? Sçauroit-on imaginer pareil ennuy à celuy que ce bestiail nous donne? Pour un meschant œuf, que de cry, que de bruit, que de

---

[26] L'«intempérance» d'Alexandre le Grand (356-323 av. J.-C.) fait partie de sa légende transmise au XVIᵉ siècle (Pline, *ibid.*, Quinte-Curce, VII 7, VIII 1, etc., Plutarque, *Vie d'Alexandre* ; *Dict.*, 33 rᵒ a-b, 154 vᵒ b, 342 vᵒ b).
[27] Léotychidas, roi de Sparte de 491 à 469 av. J.-C., vainqueur des Perses à la bataille navale de Mycale (Plutarque, *Apoph. Lac.*, 224, Pausanias, III 7-8).
[28] Cinéas, Thessalien, ministre et ami de Pyrrhos II d'Épire (Pline, XIV 12 ; *Dict.*, 52 vᵒ b-53 rᵒ a).
[29] foynes = fouines.
[30] courtils : petits jardins potagers.

caquet, pour une chose si petite? Encor si elle estoit bonne. Mais, qui ne sçait par experience, mesme par le tesmoignaige des medecins, que l'œuf frais subvertit l'estomac, et quand il n'est fraiz, le corrompt et destruict? Que diray-je de la tourterelle, le chant lugubre de laquelle donne si grand ennuy à qui l'escoutte[31], et le manger si grand appetit de concupiscence charnelle? Que diray-je aussi du pigeon qui jamais ne laisse de becqueter nuict et jour, rompt la teste à son maistre, et rend orde la nette maison? Et quand à son chant enroué, je ne le trouve de gueres inferieur à celuy du paon en matiere de fascherie et mauvaise grace, sauf que le cry du paon est trop plus excessif en frayeur, quasi jusques à estonner les enfers. Je croy que celuy qui les nous apporta en ceste region eut beaucoup plus d'esgard à son ventre que aux querelles et fascheries des voisins, au diffame des couvertures, des maisons, et aux ruines des tant bien cultivez et plaisans jardins.

Quelque bon suppost dira que les riches- **[18]** ses servent à la vie plaisante et recreative, par ce que, si j'ay du bien, j'en feray grande chere, et m'en traicteray joyeusement, j'en entretiendray les bandes des plus excellens musiciens, qui me feront passer le temps, et m'osteront de fascherie. Je t'advertis qu'en la musicque l'on ne sçauroit prendre un tout seul bon ou honneste plaisir, attendu que de sa nature elle est du tout vaine et dissolue. Qu'ainsi soit, sainct Athanaise, evesque d'Alexandrie, homme de bien profond sçavoir (à la lecture des livres duquel sainct Hierosme tresinstamment nous enhorte) chassa la musicque hors de l'Eglise Chrestienne, à cause qu'elle amollissoit et attendrissoit trop noz espritz, les rendant disposez et enclins à toute lascivité et plaisances mondaines, sans ce qu'elle augmente la melancolie à celuy qui premierement et

---

[31] Sur le «chant lugubre» de la tourterelle, voir notre article «Sources et fortunes d'une image : 'Sur l'arbre sec la veufve tourterelle'», *BHR*, XLVIII (1986), p. 735-750.

naturellement en seroit supris[32]. S. Augustin jamais ne la voulut
aprouver[33]. Les Egiptiens l'ont blasmée non tant pour inutile
que pour dangereuse et damnable. Aristote tresgrandement la
vitupera, quand il luy advint de dire que Juppiter ne sceut
oncques ne chanter ne jouer de la harpe[34]. Philippe de Macedone
blasma bien fort son filz Alexandre, pource qu'il le veoit trop
s'adonner à la musique, et qu'il le vid **[19]** une fois entre les
autres, prendre trop grand plaisir à chanter melodieusement[35]. Et
puis me faictes souhaiter les grands biens pour les employer en
estude si fantastique.

    Qui souhaitera les richesses pour le passe-temps de la
vennerie, faulconnerie, ou autre maniere de chasse[36], je luy dy :
la chasse n'est point la recreation qu'un studieux et vertueux
esprit doit cercher. Car qui bien s'en informera, il la trouvera
exercice de cruauté, esbat de gens desesperez, et (si j'ose dire)
frenetiques.

    Ce passe-temps fut premierement inventé par les
Thebains, nation (entre autres) fort cruelle et bestiaile. Et ne se
trouvera avoir esté en usage qu'entre les plus barbares, telz que
furent les Idumiens, Ismaëlites et Philistins. Qu'il soit vray
voyez aux sainctes lettres si quelqu'un de ses bons patriarches
fut onc chasseur? On en lit quelque mot de Caïn[37], Esau[38] et

---

[32]   Saint Athanase, patriarche d'Alexandrie et Père de l'Église (vers 295-373).
Agrippa parle de cette condamnation, et cite l'exemple des Égyptiens et
d'Augustin, qui suivent (*De vanitate...*, XVII), se souvenant peut-être lui-même
de Polidoro Vergilio, *De inventoribus rerum*, VI 2 et I 14. Jérôme : allusion
peut-être au *Catalogue des écrivains ecclésiastiques*.
[33]   Saint Augustin, *Confessions*, X 33.
[34]   Aristote, *Politiques*, VIII 5 : 7 (1339b).
[35]   Plutarque, *Vie de Périclès*, I 5 (cité également par Agrippa, *De vanitate...*,
XVII).
[36]   Érasme avait déjà, et de façon célèbre, ironisé sur les chasseurs et, plus
généralement, sur les extravagances contemporaines, dans l'*Éloge de la Folie*,
§ 39.
[37]   Agrippa, *De vanitate...*, LXXVII, «De venatica et aucupio», cite ce même
exemple (qui n'est pas biblique) et les suivants.
[38]   Genèse 25 : 27.

Nemroth[39], mais ce fut la cause pour laquelle S. Augustin estime ledict Esau devoir estre reduit au nombre des pecheurs[40]. Suyvant laquelle opinion, fut la chasse defendue aux prestres, au Concile milevitan[41], iaçoit que[42] de ce decret l'on tienne au jourd'huy bien peu de compte.

Pourquoy penseriez vous que les fabulistes eussent fainct Acteon avoir esté en **[20]** chassant converty en cerf[43], si ce n'est pour nous donner à entendre que la trop desmesurée amour que l'on met à tel exercice, et la consomption du bien que l'on y employe, rend en fin les chasseurs non seulement bestes, mais cornuz tout à droit? Pour preuve et exemple de ce propos, j'entens que, ces jours passez, une bien fort belle et jeune damoiselle, tenue des plus reserrées de son quartier, si tost que son mary se fut levé de grand matin, pour aller à la chasse, receut l'atiltrée compagnie d'un sien amy, avec lequel print possible plus-grand esbat sans partir de son lict, que le chasseur ne fit emmy les champs, là où poursuyvant quelque beste à corne, luy-mesme (sans y penser) fut converty en masque de pareille façon. Pauvres et miserables chasseurs, me direz vous par courtoisie, quoy vous sert ceste si grande affection que portez aux bestes sauvages, si ce n'est pour vous rendre à la continue de hanter le bois et forests, ou du tout sauvages et bestiaux, ou tous prests le plus souvent de vous rompre le col en quelque buisson ou fossé? Prenez (je vous supplie) l'exemple de Viriatus (celuy qui pour sa proesse conquesta le royaume de

---

[39] Nemrod, roi fabuleux de la Chaldée (Genèse 10 : 8-10).

[40] Allusion peut-être à la *Cité de Dieu*, XVI 37.

[41] Deux conciles de l'Église se tinrent à Milève (aujourd'hui Milah, près de Constantine), en 402 et 416, mais la chasse ne fut interdite aux clercs que par les conciles d'Agde (506), d'Épaone (517) et d'Orléans (541) — voir *Décrétales*, V. tit. xxiv, c. 1-2.

[42] iaçoit que : bien que.

[43] L'histoire d'Actéon, qui , ayant surpris la déesse Diane au bain, fut transformé de ce fait en cerf et par la suite dévoré par ses propres chiens, est un mythe très bien connu et souvent exploité au XVIe siècle, grâce aux *Métamorphoses* d'Ovide (livre III). Il n'est guère besoin de signaler que la morale qui en est tirée ici n'est point habituelle! (*Dict.*, 11 r° b.).

Portugal) et voyez comment de pasteur, il devint chasseur, et de **[21]** chasseur, voleur et brigant de bois[44].

Ces jeunes gens, que l'on appelle nez coeffez, ne m'accorderont jamais que les richesses ne leur servent à festoyer les dames, à banqueter, baller, braver, voltiger[45], ribler[46] la nuict, et faire mille tours d'amourettes, ausquelz l'on voit la riche jeunesse du jourd'huy, coustumierement prendre ses esbatz. A cela je m'accorderoye voluntiers, n'estoit que je sçay, quant à la court que l'on fait aux dames, que l'amour des plus belles, mieux attournées et diaprées, n'est qu'une mort clandestine, un doulx venin, procedant de l'esprit de la plus sensible personne qui soit ; et pour ceste cause, les Egyptiens, voulans representer l'amour en pourtraict de rebuz, avoient de coustume, peindre un laz, ou licol en signifiance (comme je croy) de la miserable fin et condition, à laquelle tousjours sont conduits les pauvres amants. Passion, à gouster trop amere, qui soudainement faisant ton entrée dans le cueur des hommes, si tardivement et lentement t'en retire, dont puis apres sourdent infinies fontaines de larmes, souspirs trop cuysans, angoisses et travaux insupportables. Ce fut ce qui esmeut Alcesimarche Plautin[47] à soustenir qu'amour fut le premier inventeur de la besasse et caymanderie[48], à rai- **[22]** son (comme je pense) des tormens et molesties incredibles qu'il livre aux pauvres souffreteux, estans par luy presens autant qu'absens, et absens autant que presens, au moyen desquelz il les envoye (s'ilz ne sont bien fondez) le bissac au poing, et la chemise nouée sur l'espaule, à l'hospital à quatre chevaux. Et qu'amour soit des

---

[44] Viriathus, s'étant battu avec succès contre les Romains en Lusitanie, fut finalement assassiné par ses propres serviteurs, soudoyés par ses ennemis, en 140 av. J.-C. (Dion Cassius, XXII 73, *et al.* ; *Dict,*, 444 v° a).

[45] Cet italianisme date du début du siècle (Hope, *ouvr. cit.*, p. 227).

[46] ribler = traîner dans les rues.

[47] C'est-à-dire le personnage adolescent Alcesimarchus de la comédie *La Cassette* de Plaute ; allusion peut-être au vers 203 : «Credo ego Amorem primum apud homines carnificinam commentum».

[48] De «caïmand» = mendiant (la besace est bien entendu l'attribut de celui-ci).

plus cruels tormens de ce monde, il en appert par la response
que feit Apolone Thianée, au Roy de Babylone, touchant la
peine qu'il desiroit inventer, pour punir un eunuche, qui fut
trouvé avec une damoyselle sienne favorie et affectionnée : «Ne
te luy fault (dist le philosophe) excogiter plus grande
persecution que de luy laisser la vie sauve. Car ne fay aucun
doubte (puissant Roy) que si le feu d'amour gaigne sur luy, ainsi
qu'il a ja commencé, il ne luy face endurer et sentir trop plus
cruelle punition que ne sçauroit estre torment que tu luy
sceusses inventer. Il se trouvera ainsi que la nerf agitée de vents
contraires. Luy-mesme de son propre mouvement, ainsi que le
papillon, se bruslera et consommera en ceste flambe, il ardera
tout englassé, vouldra et refusera en un mesme instant, et autant
aymera mourir que vivre»[49]. En ce propos ne s'esgaroit
aucunement Thianée, si nous considerons com- **[23]** bien
grievement fut Salomon de ceste amour tourmenté et agité,
jusques à se veoir transporté de son sens naturel, et faict de la
saincte loy prevaricateur[50].

     S'il fault que nous cerchions ce denier pour avoir le
passetemps de plusieurs fermes et mestairies garnies de plaisans
jardinages, et bastimens environnez de claires fontaines,
boccages, vergers, vignobles, prairies, terre de labeur, et autres
singularitez, je dy, que tels lieux nous font le plussouvent
pourrir en oysiveté, et aneantir en lascivetez, nous induisans à
grieves offenses par plusieurs voyes destournées, et manieres
bien fort secrettes. Qu'il soit tel, prenons garde à ce qu'escript
Ciceron de ce gentil Verres ; et nous trouverons, que quand il
veult bien descrire et pourtraire apres le vif les faits libidineux
du gentilhomme, qu'il depainct premierement toutes les
amenitez et plaisances des metairies et beaux lieux, ausquelz il

---

[49] Apollonios de Tyane (Ier siècle), philosophe pythagoricien, dont la vie fut
racontée par son ami Damis et ensuite par Philostrate l'Ancien (*Vie d'Apollonios
de Tyane*, I 36).
[50] Voir I Rois 11.

souloit frequenter, comme si telles choses eussent esté ministres
de ses grandes faultes et meschancetez[51].

Somme, les richesses ont tousjours esté en si mauvaise
reputation, que d'avoir esté appelées ronces, flammes, et
charbons ardens. Voyez aussi comme elles rendent les gens
insolens, arrogans, despiteux, bestiaux, [24] negligents,
desdaigneux, sots, melencoliques, solitaires, odieux, et ne se
trouvera un tout seul qui face doubte qu'elles ne servent
d'amorse et aliment perpetuel à toutes meschantes operations.
Dont est advenu à Pline de dire, que les thresors cachez par
nature, pour nostre utilité, nous estouffent communement, et
plongent au profond de toute meschanceté[52] ; aussi souloit dire
Zenon, que les biens de ce monde, nuysent beaucoup plus qu'ilz
n'aydent[53]. Qui fut cause, que Crates thebain, passant un jour,
de son pays en Athenes, pour vacquer à l'estat de philosophie,
jetta dans la mer ce qu'il avoit sur soy d'or et d'argent, estimant
la vertu et les richesses ne pouvoir jamais compatir ensemble[54].
Ce mesme propos fut confermé par Bias[55], Platon, et plusieurs
autres sages philosophes. Mais qui me faict arrester à la
production de tant de tesmoignages puis que de la saincte
bouche du Createur, a esté dict, que plustost entreroit un chable
de navire, dans le pertuis d'une esguille à couldre, que ne feroit

---

[51] Cicéron, *Verrines*, passim.
[52] Pline, XXXIII 1.
[53] Zénon le Stoïcien, de Citium (333-261 av. J.-C.) — voir Diogène Laërce, VII
1-160. `
[54] Cratès de Thèbes, disciple de Diogène le Cynique (IIe siècle av. J.-C.), célèbre
pour l'austérité de sa vie et la singularité de son mode de vie (Diogène Laërce,
VI 87 ; *Dict.*, 168 r° a).
[55] Bias, un des sept sages de Grèce (VIe siècle av. J.-C.), qui, s'échappant de
Priène assiégée par Cyrus sans rien emporter, répondit aux curieux: «Omnia mea
mecum porto» (Valère Maxime, VII 2 ; *Dict.*, 103 r° a). Le texte de Lando (f°
signé B3 v°) donne plutôt le nom du philosophe Bion.

un riche homme au royaume des^c cieulx?[56] Celuy là le dit, qui toute sa vie s'efforça distribuer et espandre ses biens aux pauvres. Mais le payen qui trouva la fiction (à la verité fort ingenieuse) que Juppiter esprins [25] de grandes et excessives beautez de Danae, se convertit en pluye d'or, tombant au sein et gyron de la dame[57], pour par ce moyen avoir jouyssance de sa tant pourchassée et desirée proye, nous donna il point assez honestement à entendre que l'or estoit la plus propre et convenable chose de toutes autres, pour oppugner[58] et abbatre la chasteté des innocentes pucelles? Et ne pensez que cest or soit seulement coustumier de persecuter la pudicité des dames, mais asseurez vous encor qu'il est journellement cause des meschantes trahisons, homicides, et autres beaucoup plus grands exces, que la brieveté du temps et ennuy que je crains vous faire ne permettent reciter.

Par quoy je concluray avec le bon philosophe Possidone que la richesse est cause d'infinies meschancetez[59]. Ce qui ne se peut dire n'alleguer de nostre tant saincte et bien-heureuse pauvreté, de laquelle honnorablement parlant le bon Seneque souloit alleguer que le nud estoit par son moyen hors du danger des larrons, et le defourny d'argent, pouvoit par elle, aux lieux assiegez, vivre à son aise et hors de la crainte des ennemis[60]. Mieulx vault donc sans comparaison la franche pauvreté que les tant asservies richesses, puis que de pauvreté

---

^{c} 1554^4 et 1561 : du

---

[57] Allusion à Matthieu 19 : 24, ou à Luc 18 :25
[57] Cf. par exemple Ovide, *Métam.*, IV.
[58] oppugner : attaquer.
[59] Posidonios, de Syrie, historien et philosophe stoïcien (vers 135-50 av. J.-C.) ; cette remarque se trouve chez Sénèque, *Lettres à Lucilius*, LXXXVII ; [*Dict.*, 363 r° a-b].
[60] Par exemple, dans les *Lettres à Lucilius*, XVII.

sourdent infiniz profits et utilitez, et des biens temporels ne procedent que meschancetez[d] . **[26]**

---

[d] 1553, 1554[1-3] : ne procede que meschanceté.

Pour la laideur de visage

Declamation II.

Qu'il vault mieux estre laid que beau.[#]

       Quiconque ne sçait que vault la deformité du corps et laideur de visage (principalement aux femmes, car aux hommes ne fut onc de si grand'requeste), celuy là n'a jamais consideré combien d'amoureuses estincelles se voyent journellement soubz un laid visage et corps mal basty, couvertes et assopies, qui en belle face, mignonne et pollie, donnent souvent occasion d'une tresgrand'flamme et cruel embrassement, ne le fort et invincible rempart, que la laideur, non seulement de l'ancien, mais encor' de ce temps a eslevé à l'encontre de ces feux d'amour tant dommageables.

       Ne croyez messieurs, si ceste belle Helene de Grece, et ce gentil pasteur troyen, eussent esté laids et contrefaicts, que les Grecs eussent onc print tant de peine à les poursuivre, ne la povre Troye enduré si cruelle destruction et ruine, à la description de laquelle tant de sçavantes mains se sont lassées et refoullées. Et s'il faut rapporter et apparier la beauté de l'esprit à celle du corps, ne trouvez vous pas plusgrand nombre de gens difformes avoir esté sages et ingenieux, que de beaux et bien for **[27]** mez personnages? En tesmoignage de Socrates que les historiens et antiques medalles representent avoir esté laid au possible, et neanmoins il fut par l'oracle d'Apollo recongnu pour le plussage de son temps[61]. Esope phrygien, fabuliste tresexcelent fut de façon de corps si estrange et monstrueuse, que le plus laid de son aage en comparaison de luy eust

---

[#] «Che meglio sia l'essere brutto, che bello, paradosso II» (f. B4 r°-B7 r°).
[61] Ce paradoxe est bien entendu fréquent depuis l'antiquité (voir n. au paradoxe X). Pour l'anecdote, voir Platon, *Apologie de Socrate*, 21a.

droictement ressemblé à un Narcisse ou Ganimede, et toutesfois
(comme chacun peut avoir leu) il fut tresriche en vertus, et
d'esprit par dessus tous autres excelent. De grande deformité
furent les philosophes Zeno et Empedocles mal formé, et Galba
moult contrefaict, et neantmoins tous de grand esprit et feconde.
Peut onc empescher la deformité de Philopomene, qu'apres
s'estre monstré bon et vaillant souldart, il ne parvint à la dignité
de chevaleureux capitaine, et ne fust redoubté de tous ses
subjects par le moyen de ses grandes et excellentes vertus?[62]
     Considerez, messieurs, ces gens de belle façon et
corpulence, vous les trouverez communement maladifs, moins
robustes, moins durs au travail, plus mols, plus delicats, et plus
effeminez que les autres personnes. Encor verrez vous bien peu
de fois advenir en un mesme corps, la beauté estant de grande
excellence, rencontrer la chasteté de mesme parure, attendu qu'à
bien grande difficul- **[28]** té peult estre contregardé, ce que de
plusieurs est si affectueusement convoité. Que dirons nous de
celles là qui ne se contentent de nature, et forment journellement
bien grosses complainctes à l'encontre d'elle, n'espargnans rien
de leurs biens ou labeur, pour reformer en toute diligence ce que
leur semble en la façon de leurs corps n'estre bien à leurs
appetits dressé ou approprié? A telles sortes, je demande puis
que nature, tressongneuse et bien discrette mere de toutes
choses, leur a delivré ce qu'elle a veu estre necessaire et
profitable à la façon du corps, à quelle occasion luy en sçavent
elles mauvais gré, comme à mauvaise dispensatrice, que ne leur
auroit faict part de ce que si vain est tenu et estimé des aucuns?
Nature ne donne à ses amis chose qui tost puisse estre gastée par
maladie, ou deffaicte par cours de vieillesse, aussi la vraye
liberalité se congnoist par la fermeté et longue durée du present
faict à autruy. Et que voyez vous moins durer que la beauté?

---

[62] Philopœmen, chef de la ligue achéenne, né à Mégalopolis (253-183 av. J.-C.),
surnommé «le dernier des Grecs» (Plutarque, *Vie de Philopœmen* ; [*Dict.*,
350 r° b]).

Considerez combien elle a precipité de jeunes gens en griefz et
perilleux dangers, et attiré à si enormes pechez, que bien eureux
se peult dire celuy qui est eschappé à son honneur. Au contraire
voyez le bien et le profit de la deformité, quand **[29]** tous ceux
en general, qui anciennement ont esté, et encor pour le jourdhuy
sont studieux de chasteté, confessent appertement que tant de
force n'ont en leur endroict pour dompter et reprimer les
aguillons de la chair, les longues veilles, les griefves disciplines,
et jeunes continuelles, comme un tout seul regard d'une laide et
contrefaicte personne. Dont est ce que l'on dict en commun
proverbe, d'une bien fort laide femme, qu'elle sert de souverain
remede et bonne recepte contre tentations de la chair.

O saincte et precieuse deformité, bien aymée de
chasteté, fuite de tous scandaleux dangers, et ferme rempart à
l'encontre des amoureux assaux[63]! J'apperçoy que par ton
moyen la frequentation des personnes en est bien plus facile, et
que d'icelles tu ostes tous ennuis et fascheries, chassant hors de
ta compagnie toutes meschantes suspicions comme souveraine
medecine à la desesperée jalousie. A la mienne volonté que je
peusse trouver parolles degnes de tes louanges et merites,
desquels procedent infinis biens et richesses, dont à tresgrand
tort as esté par les ignorans mesprisée et blasmée.

O la grande affection que j'ay de persuader à mes
amis, qu'ilz entendent desormais **[30]** à se farder et embellir de
la beauté qui dure à jamais, et ne se depart d'avec nous, soit en
beuvant, mangeant, dormant ou respirant. J'entens de ceste
beauté qui nous tient compagnie jusques au tombeau, et ne nous
laisse qu'au dernier souspir, celle que veritablement pouvons
appeler nostre, nullement deue ou attribuée à noz parens ou à
nature. M'en desdie qui voudra, je m'arresteray à ceste opinion,
que trop mieux vault se farder de telle couleur, que de s'arrester
ou fier en ceste beauté corporelle, qui tant aisement se corrompt,
pour le moindre acces de fievre qui vous pourroit survenir.

---

[63] Voir ci-dessus la n. 15 sur ce mouvement lyrique.

J'ay souvenance d'une jeune fille de Perigord[64], qui pour avoir apperceu se beauté estre bien fort suspecte et ennemie capitale de sa bonne renommée, et qui pour ce regard en estoit journellement de plusieurs jeunes gens requise et solicitée, elle mesme avec un rasouer ou quelque piece d'argent bien affilée se deffigura le visage, de sorte que ses deux joues qui au paravant sembloyent deux roses ou escarboucles, ne retenoyent plus rien de leur façon premiere et naturelle. Ce mesme acte feirent plusieurs sages et bien endoctrinées pucelles et sainctes vierges de la primitive Eglise, desquelles l'on fait aujourdhuy grande me- [31] moire entre les Chrestiens. Attendez que nos mignonnes et tant poupines damoiselles et bourgeoisies en facent autant aujourd'huy. Que direz vous de noz courtisanes, ausquelles Dieu par sa grace ayant faict ce bien de n'estre du tout des plus belles, ne cessent journellement d'inventer nouvelles et estranges manieres de fard pour contrefaire et desguiser leur aage et premier pourtraict naturel, avec faulx cheveux, blanc d'Espagne, pomades, targon[65], eaues distillées, amendes broyées, huilles, lessives, et autres folies trop longues à racompter? Plus souvent se tondent ou brulent le poil artificielement, souvent se frottent, grattent, se descrottent, se lavent pour apparoir belles, et neantmoins voyez les aux soirs ou aux matins, vous les trouverez plus laides qu'au paravant. Mais de ceste jolie industrie qu'en advient il puis apres? Peché, mort, et ire de Dieu.

Or desire donc ceste beauté faictice et acquise qui voudra, et qui mieux se la pensera meriter, car je tiens fermememt, qu'elle soit plustost à fuir qu'à souhaiter ou aymer, puis que d'elle ne viennent qu'orgueil, oultrecuidance, et vaine gloire, je vous dy, la plus desordonnéement cornue de ce monde. Et ne fuz onc d'autre advis, depuis le temps que je [32] euz le sens de pouvoir discerner et congnoistre la verité d'avec la

---

[64] Lando, lui, se souvient d'«un giovanetto Toscano» (f° signé B6 r°).
[65] targon = estragon.

fausseté, que les laides personnes ne deussent estre beaucoup plus à priser que les belles, qui ne se trouvera sans cause, ne du tout hors de bon propos attendu, que les laides sont communement chastes, humbles ingenieuses, spirituelles, et ont tousjours quelque friandise de meilleure grace. Mais des belles, je vous en laisse considerer la contenance, le plus souvent tant contrefaicte, qu'il n'est rien qui moins sente son naturel. Vous leur verrez un visage eslevé, un maintien inconstant, un œil egaré, un marcher hardy, avec le parler de mesmes, et puis jugez à vostre aise ce qu'il vous en semble.

　　Je concluray donc, que trop mieux vaut estre laid que beau, et ne s'ingere partie adverse, de reppliquer contre ce mien propos, car j'y suis arresté, et assez garny de response. Quand je n'auroye que le tesmoignage de Theophraste, qui nous a laissé par escrit la beauté corporelle n'estre autre cas qu'une tromperie clandestine. Et si de cela ne se contente, je luy adjousteray l'advis de Theocrite, que la beauté est un detriment incongnu[66]. Serons nous donc si sotz et impudens, qu'à veue d'œil vueillons poursuivre noz infelicitez et males [33] fortunes, plus legerement ambrassans la perilleuse et dommageable beauté, que la deformité tresutile? Ja ne plaise à Dieu, que ce pauvre vouloir continue en aucuns, mais face que nous commencions à hayr ce qui nous est du tout inutile, et dont ne vint onc aucun heur ou felicité.

---

[66] Théophraste, successeur d'Aristote et auteur d'ouvrages botaniques mais surtout de *Caractères* (371-287 av. J.-C.) ; cette opinion est citée, de façon plutôt fragmentaire, par Diogène Laërce, V 19. Théocrite, poète bucolique grec (vers 325-vers 267 av. J.-C.) ; allusion peut-être aux *Idylles*, XXIX 25-30.

Pour l'ignorant

Declamation III.

*Qu'il vault mieux estre ignorant
que sçavant.*[#]

Plus je y pense, et plus je me resouds et arreste en ceste opinion, que mieux vault n'estre sçavant aux lettres que d'y estre tant expert ou entendu, puis que ceux qui ont consumé la meilleure partie de leur aage à l'estude des sciences s'en sont à la fin repentis, et souvent mal trouvez. Valere le grand escrivant de Ciceron (qui à bon droit merite estre appelé non seulement le pere d'eloquence, mais encor la fontaine de toute excellente doctrine) dit que sur ses derniers ans il print les lettres en telle haine, comme si elles eussent esté cause de ses tant longs travaux et ennuis[67]. L'empe- **[34]** reur Licinius[68], Valentinien[69],

---

[#] «Meglio è d'esser ignorante, che dotto, paradosso III» (f. B7 r°-C5 v°). Lando s'était inspiré dans une certaine mesure du traité notoire de Corneille Agrippa von Nettesheim, le *De Vanitate scientiarum...* (1530) — voir les n. qui suivent. — Entre le texte de Lando et la version d'Estienne, Giulio Landi avait publié, en 1551, un «Lode dell'Ignoranza» (Tomarken, *ouvr. cit.*, p. 100).

[67] Il n'y a rien de tel chez Valère Maxime, et il semble certain que cette allusion est fondée sur la mauvaise interprétation du texte de Valère Maxime (II 12) qui se trouve chez Agrippa, *ouvr. cit.*, ch. I, et que Montaigne reprendra dans l'*Apologie* (p. 501 de l'édition Villey-Saulnier). Les deux allusions suivantes (n. 68 et 69) ont la même source.

[68] Caius Valerius Licinius, empereur romain (307-324), ennemi des lettres ; beau-frère de Constantin, il fut assassiné sur ses ordres en 324. Voir n. 67.

[69] Valentinien Ier, empereur romain de 364 à 375. Voir n. 67.

Heraclides, Lician[70] et Philonide de Malte[71], ont apertement nommé les lettres, quelquefois une peste publique, et quelquefois un venin commun aux hommes. Et ay trouvé escrit en plusieurs auteurs que qui acquiert sçavoir, acquiert ennuy, et que de grand sçavoir procede bien grand danger quelque fois.

Aussi est il certain que toutes les heresies tant anciennes que modernes sont issues de gens de sçavoir. Et au contraire, que de gens idiots et peu sçavans, on a tousjours veu expres indices de bons exemples, et vertueuses operations. J'estime grandement l'ordonnance des Lucquois, que mal faisant profession de lettres, ou en qualité de docteur, puisse obtenir aucun office, ou magistrat en leur parlement. Car ils creignent que ces gens de lettres, par leur grand sçavoir, dont ils presument tant de leurs personnes, ne perturbent la tranquillité et bon ordre de leur republique[72]. Qui n'est sans propos si bien nous voulons considerer l'insolence de ceux, ausquelz il semble souz l'ombre d'un quanquam de college, que chacun soit bien tenu à eux, et que souz couleur de leurs belles allegations et interpretations assez cornues, pour renverser le meilleur sens naturel de ce monde, ilz doivent estre eux seuls ouys et entendus. Aucuns en y a que, [35] ainsi que Midas, convertissent en opinions et pertinacitez tout ce qu'ilz attouchent.

Je ne puis bien penser à quoy peussent servir ces tant estimées lettres, que par honneur leurs sectateurs appelent polies, bonnes, et humaines, car qu'elles soyent utiles au gouvernement d'une chose publique, combien voit on de

---

[70] C'est-à-dire, Héraclides de Lycia, sophiste à l'époque de l'empereur Septime Sévère (Philostrate, *Vie des sophistes*, XXVI ; [*Dict.*, 231 r° b]).
[71] «Philonides, Melitensis quispiam, qui quia erat prægrandi corpore, cæterùm iucultus et indoctus, abiit in proverb. Indoctior Philonide» (*Dict.*, 350 r° b).
[72] Allusion peut-être aux *Statuti della citta di Lucca novamente coffetti et con molta diligentia stampati*, Lucca, G. Phaello, 1539, mais nous n'avons pas trouvé la source exacte du règlement cité.

nations, sans la congnoissance des loix imperiales ou de la philosophie stoïque ou peripatetique, se gouverner et entretenir, de façon qu'elles surpassent toutes les republiques ancienes?

De penser qu'elles servent à l'art militaire, je vous oseray bien porter ce tesmoignage d'avoir congnu plus d'une couple de gentilz-hommes et capitaines bien lettrez par le moyen de leurs livres, s'estans ingerez et entremis de lever un camp, equipper une armée, mettre gens en ordonnance, et dresser un esquadron[73], n'en peurent onc venir à leur honneur. Aussi à la verité, en matiere de guerre, nous voyons journellement avenir nouveaux incidens, et ruses non accoustumées, qui jamais ne furent enregistrées, ne mises en usage par les sçavans du temps passé. Comment pourrons nous raisonnablement affermer les livres de Frontin[74], ou de Vegece[75] estre necessaires au faict de la guerre? A mon advis que le bon jugement d'un ca- **[36]** pitaine, conjoinct avec le long usage et experience des choses, devroit suffire sans s'amuser à fueilleter des livres de l'art militaire[76].

Que les lettres soyent propres à la conduicte d'une maison et gouvernement de mesnage (que ces philosophes appellent economie) comment le pourroy-je accorder, quand l'on voit pour le jourdhuy en ceste court et ailleurs plusieurs bonnes et honnestes meres de famille, qui de leur vie ne furent aux estudes à ces belles universitez, si bien dresser et entretenir un mesnage, voire de cent, et de deux cens personnes, que n'en desplaise à Aristote, ou à Xenophon, elles leur en pourroient faire lecture et les en rendroyent confus, et hors de leur roule,

---

[73] Italianisme de la fin du XVe siècle (Hope, *ouvr. cit.*, p. 37).
[74] Frontin (Sextus Julius Frontinus, vers 40-vers 103), auteur d'un traité *Des Stratagèmes.*
[75] Végèce (Flavius Vegetius Renatus), auteur à la fin du IVe siècle d'un traité *De l'art militaire.*
[76] Estienne omet ici toute une série de considérations de Lando sur les hérésiarques et les nouveaux mathématiciens, et sur l'ignorance de certains des grands capitaines de l'histoire italienne (f. B8-C1).

tant elles y sont adroictes et bien stilées. Et ne puis croire que si les philosophes ou economiques du temps passé estoient aujourdhuy presens à les voir si bien mesnager et contenter un chacun, qu'ilz n'adjoustassent de ce qu'ilz apprendroient d'elles nouveaux preceptes et enseignemens en leurs beaux livres.

Vous plaist-il, que je vous monstre comment ces lettres, ainsi qu'une Circe, transforment ceux qui s'adonnent à elles, et leur oster [*sic*] grande partie de leur naturel?[77] Trouvez un jeune homme bien deliberé et dispos de sa personne, affable, poly, et garny de ce [37] qui se peut dire estre bien seant à son aage ; faictes le mettre à ces lettres, vous le trouverez en peu de temps lourdaut, mal propre, inepte à toutes choses, et qui hors de ses livres demeurera tout court en propos, comme le poisson hors de l'eaue. Je vous prie considerez le visage de ces pauvres gens d'estude, comment ils sont tristes, melancoliques, haves, affreux, langoureux, catareux, plombez, somme approchant au pourtraict d'une mort contrefaicte ou de quelque anatomie seche. Et quant à leurs complections, ce sont les [plus] difficiles à choyer que l'on sache trouver entre les hommes, tousjours ont suspicion de quelque meschanceté, tant sont malings, et au demeurant haultains, presomptueux, mesprisans toutes honnestes compagnies, ennemis mortelz de ce noble et tant doux sexe feminin, vanteurs au possible, lunatiques, et grans planteurs de bourdes. Ce que divinement congnoissant monseigneur sainct Paul, nous admoneste de n'estre sage que bien sobrement, craignant que le par trop profonder en cest abysme de doctrines humaines, ne nous feist tomber en gros dangers et perilz, nous conseillant de ne nous tant avancer aux choses hautes et ardues, mais demourer en crainte, sans passer la borne d'obeissance. Aussi ne montra il pas [38] avoir delaissé et desprisé toute literature et mondain sçavoir, depuis qu'il eut la congnoissance de Dieu, quand il se disoit rien plus desirer en science, que de

---

[77] Le mythe de Circé est bien entendu raconté par Homère dans *L'Odyssée*, par Ovide dans le livre XIV des *Métamorphoses*, et par Virgile.

bien sçavoir son maistre crucifié? Qu'il n'estoit venu prescher garny d'humaine sapience, ou artifice de retorique, et que la science de ce monde n'estoit que folie devant Dieu? Qu'elle ne faisoit qu'enfler les cœurs des personnes? Et que quiconques s'enquerroit des choses trop hautes, se trouveroit opprimé de la gloire?[78] Qui est propos du tout conforme au dire de l'Eclesiaste, qu'il ne fault rien chercher qui surmonte la capacité de son esprit[79]. Qu'ainsi soit, Dieu ne vous a il pas, par la bouche du prophete, menacé de destruire la sapience des sages, et de reprouver la prudence des sçavans?[80] Qui me gardera de croire que la science de ce monde soit l'invention de l'ennemy, que les anciens appeloyent demon, puis que ce mot *demon* signifie sçavant et entendu? Ce fut luy qui promit au pauvre Adam, tant aisé à decevoir, la science du bien et du mal, s'il vouloit essayer du fruict que Dieu luy avoit defendu. Platon racompte à ce propos qu'un malin esprit nommé Theudas fut le premier inventeur des sciences[81], dont est advenu (comme je croy) que l'on voit peu de gens doctes qui ne soyent malings, **[39]** seditieux, envieux de la gloire l'un de l'autre, insidiateurs et vindicatifs, et si ce n'est avec les armes pour le moins avec comedies et satyres bestiales, trop cuysans et mordans versetz, cruelz iambiques, et furieux epigrammes.

Je demanderoye volontiers à ceux qui font doubte de l'inutilité et petite valeur des lettres, si ainsi estoit qu'elles fussent de tel pris ou estime qu'ils les font, noz grans seigneurs qui sont (ainsi que chacun aperçoit) tant curieux des plus belles et precieuses choses de ce monde[82], en endureroyent ilz telle cherté en leurs maisons? Ne s'en feroyent ilz pas aussi tost riches et magnifiques, que des autres biens temporelz? Et s'il est

---

[78] I Corinthiens, *passim*
[79] Allusion en fait, comme l'indique le texte de Lando (f° signé C2 r°), à l'Ecclésiastique (ou *Siracide*), 3 : 21-23.
[80] Ésaïe 29 : 14 (repris dans I Corinthiens 1 : 19).
[81] Agrippa en parle : *De vanitate...*, I.
[82] Lando, lui (f° signé C2 v°), renvoie au «gran coleggio de Cardinali».

ainsi qu'elles soyent de si grande utilité à la jeunesse, et de si honneste recreation à la vieillesse, je m'esbahi qu'en noz grosses villes et citez, les freres mendians ne les vont quester d'huis en huis, comme le pain de leur besace, car à la verité, elles rendent à la fin leurs fauteurs et sectateurs non point mendians seulement, mais du tout miserables et tresmal contens. Qu'il soit vray, prenez garde à la premiere lettre ou figure que l'on monstre aux enfans en leur enseignant leur creance, n'est ce pas la croix, commencement de toute pauvreté, angoisse, facherie, ennuy, et mort douloureuse?

Pour **[40]** exemple, voyez quelle fut la fin de Socrates et Anaxagoras[83], qui par arrest et sentence du Senat de leur pais, furent miserablement empoisonnez ; celle de Thales, qui mourut de soif[84] ; celle de Zenon, qui fut occis par le commandement du Tyran Phalaris[85] ; celle d'Anaxarque, qui fut detestablement meurdri par le commandement de Nicocreon[86], celle du grand philosophe et tressingulier mathematicien Archemides, qui fut tué par les soudars de Marcel[87] ; celle aussi de Pythagoras, qui fut occis en compagnie de soixante de ses disciples[88]. Estimez la glorieuse recompense que l'on feit au philosophe Platon, quand, apres avoir longuement travaillé pour la chose publique, finalement il fut vendu pour esclave, par Denys le tyran[89].

---

[83] Anaxagore, philosophe grec de l'école ionienne (vers 500-428 av. J.-C.) — mais il n'est pas mort empoisonné (Diogène Laërce, II 6 ss. ; [*Dict.*, 44 v° b]).

[84] Thalès, un des sept sages de Grèce (vers 640-547 av. J.-C.) (Diogène Laërce, I 39 ; [*Dict.*, 422 v° a]).

[85] Zénon d'Élée (IVe siècle av. J.-C.), victime des plus atroces tortures infligées par Phalaris, tyran d'Agrigente (Valère Maxime, III 3 ; *Dict.*, 450 v° b).

[86] Anaxarche, philosophe d'Abdère et disciple de Démocrite (IVe siècle av. J.-C.), torturé par Nicocréon, tyran de Chypre (Valère Maxime, III 3, Diogène Laërce, IX 59 ; *Dict.*, 45 r° a).

[87] Archimède de Syracuse (vers 287-212 av. J.-C.) , tué par mégarde par un soldat de l'empereur Marcellus lors de la prise de Syracuse (Valère Maxime, VIII 7, *et al.* ; *Dict.*, 64 r° b).

[88] Selon Diogène Laërce, VIII 39 (qui indique pourtant quarante disciples) ; [*Dict.*, 372 v° b-373 r° a].

[89] Diogène Laërce, III 19 ; *Dict.*, 357 r° b-v° a.

Anacharse mourut soudainement[90] ; Diodore mourut de despit, qu'il n'avoit peu soudre une question que luy proposa le philosophe Stilbon[91] ; Aristote, quand il se veit hors du credit d'Alexandre, se noya en Chalcide dans le fleuve Euripe[92] ; et Calisthenes[93], son disciple, fut jetté par les fenestres. Ciceron eut la teste tranchée, les mains coupées, et la langue arrachée, et au paravant estre banny de Rome, il veit sa maison ruinée, sa tant aymée fille morte devant sa face, et sa femme entre les bras de son adversaire[94]. Senecque **[41]** mourut de mort violente et outrageuse[95]. Averoïs, ce grand commentateur d'Aristote, fut brisé d'une roue qui luy passa sur le corps[96] ; Jean l'Escot, en faisant sa leçon en Angleterre, fut tué par ses escoliers, à coups de trancheplumes[97]. Et pour laisser les anciens et venir à ceux de nostre temps, considerons la mort d'Hermolaus Barbarus, qui fut banny de sa seigneurie de Venise, pour avoir sans le consentement d'icelle accepté le Patriarchat d'Aquilée, et mourut d'un charbon qui luy vint soubz un orteil[98] ; Domice

---

[90] Anacharsis, philosophe scythe (VIe siècle av. J.-C.), ami de Solon, tué par une flèche tirée par son frère (Diogène Laërce, I 102 ; [*Dict.*, 43 v° b]).

[91] Il s'agit de Diodorus Cronus, philosophe sous le règne de Ptolémée Sôter Ier (IVe siècle av. J.-C., mort vers 284) ; cette anecdote est racontée par Diogène Laërce, II 111 ; *Dict.*, 185 v° b.

[92] Pure légende, transmise par certains Pères de l'Église ; Aristote mourut en 322 av. J.-C., une année après Alexandre, d'un désordre intestinal.

[93] Callisthène, philosophe grec d'Olynthe, neveu d'Aristote (360-327 av. J.-C.) : c'est une des moindres punitions infligées par ordre d'Alexandre (Arrian, *Anabasis*, IV 14 ; *Dict.*, 115 r° b).

[94] Plutarque, *Vie de Cicéron*. La femme de Cicéron, Terentia, épousa Suétone en secondes noces.

[95] Néron força Sénèque à se suicider en 65.

[96] Averroès, célèbre philosophe arabe (1120-1198); selon une certaine tradition, qui a prêté à controverse, il fut rompu sur une roue qu'on lui mit sur l'estomac.

[97] Jean Duns Scot, le *Doctor subtilis*, théologien écossais (vers 1266 ou 1270-1308), adversaire de Thomas d'Aquin, mort en fait d'apoplexie à Cologne, mais sa mort précoce donna lieu à des explications plus ou moins fantaisistes, dont celle-ci, racontée par Crinito, *De honesta disciplina*, XXIV 11.

[98] Ermolao Barbaro, humaniste italien (vers 1453-1493), mort apparemment de la peste à Rome. Cet exemple et ceux de Poliziano et de Pico della Mirandola, qui suivent, sont tirés de Crinito, *De honesta disciplina*, I 7.

Calderin mourut aussi de peste[99]. Le consiliateur, fut brulé apres sa mort, pource que vivant on ne l'avoit peu recouvrer[100] ; Ange Polician finit ses jours batant sa teste contre les murailles[101] ; Savonarola fut brulé à Florence, par le commandement du pape Alexandre[102] ; Pierre Leon de Spolette fut jetté dans un puis[103] ; Jean Tissier mourut à l'hospital[104] ; Erasme en exil[105] ; le poëte françois à la miserable et trop penible suitte de la court sur ses vieils ans[106] ; le pauvre Thomas More eut la teste tranchée en Angleterre[107]. Autant en eut le sçavant Evesque de Roffe[108]. Le seigneur Jean François Pico de la Mirandole fut tué des gens de son propre païs[109].

Si je les vouloye tous nombrer, j'entreprendroye un labeur d'Hercules, principale- **[42]** ment à reciter la misere de ceulx qui ont esté et quasi sont à leur pain querir, par la fortune des lettres. Pourquoy est-ce qu'un cuisinier, un palefrenier, un

---

[99] Domizio Calderini (1446-1478), humaniste italien, mort effectivement de la peste.

[100] *Le Consiliateur* est le titre d'un ouvrage de Pietro d'Abano, astrologue, médecin et alchimiste padouan du XIIIe siècle (1250-vers 1318), inquiété à deux reprises par l'Inquisition. Selon une légende transmise, entre autres, par Savonarola, ses os furent déterrés et brûlés au milieu du XIVe siècle à cause de ses diverses hérésies.

[101] Angelo Ambrogini *dit* Angelo Poliziano (1454-1494). Les circonstances de sa mort sont quelque peu obscures.

[102] Girolamo Savonarola, frère dominicain, brûlé sur les ordres du pape Alexandre VI en 1498.

[103] Pier Leone de Spolète : ami et médecin de Laurent le Magnifique, il se sentit coupable en quelque sorte de la mort prématurée de celui-ci en avril 1492. Son corps fut en effet retrouvé au fond d'un puits, mais le suicide n'est pas exclu.

[104] Jean Tissier de Ravisi, ou J. Ravisius Textor (né vers 1480), humaniste de la première génération, eut en effet une mort prématurée, le 23 décembre 1524.

[105] Érasme mourut à Bâle en 1536.

[106] Impossible d'identifier ce «poete françois». Ces trois dernières allusions sont ajoutées par Estienne, qui par la suite élimine bon nombre d'allusions à des personnages contemporains surtout italiens.

[107] Le 6 juillet 1535. — Rappelons les tendances «érasmiennes» d'Ortensio Lando, et sa première traduction en italien de l'*Utopia* de Morus en 1548.

[108] C'est-à-dire John Fisher, évêque de Rochester, exécuté en juin 1535.

[109] Gianfrancesco Pico della Mirandola (1469-1533), neveu du grand humaniste, fut assassiné par son propre neveu Galeotto Pico.

plaisant, un messire fait-tout, sera receu plus honorablement et mieulx pourveu es courts des princes et prelats, que ne sera un homme de grand sçavoir? C'est pource qu'ils reçoivent plus de profit de telles gens que de gens de lettres, la contenance et mauvais service desquels font qu'en la court n'y a si petit qui ne s'en moque à tous propos, en sorte que si quelqu'un d'eux se cuide avancer en compaignie de prononcer trois pauvres paroles de latin, à peine a il ouvert la bouche, qu'on l'appelle ou magister de village, ou pedagogue de college, qui ne sont paroles de moindre efficace (au rapport mesme de ceux qui les proferent) que si on les appeloit pauvres et miserables. Car cela s'entend sans le dire, tout ainsi que soubz ce nom d'ingrat sont comprinses toutes les faultes que l'on sçauroit alleguer sur une personne. Que ne fait on une ordonnance, que quiconque parlera des lettres soit griefvement puny et corrigé? Et à celuy qui atouchera livre de quelque science que ce soit, luy soyent incontinent les mains arses ou tranchées, avec particulieres defenses à un chacun, sur [43] peine de la hart, de plus tenir papier, encre, plumes, ny escriptoires, et avec abolition des arts d'impression, taille, graveure, ou autre estampe en quelque façon que ce soit, à fin que les lettres estans par cest edict mises hors de la veuë des personnes, soit par un mesme moyen estaincte l'infelicité, que d'icelles voyons journellement proceder, tant par la griefve affliction qu'en endurent les complices d'icelles, comme encor' pour le grand dommage et interest des lieux esquelz s'assemblent les academies des gens sçavans.

Mieux vault donc estre ignorant que sçavant, mieulx vault hair les lettres que les tant cherir et aymer, et plus ne se monstrent estonnez ou confuz noz pauvres ignorans, desquelz je voy pour le jourd'huy (la grace à Dieu) le nombre assez competent, et quasi infiny, ains se resjouissent et remercient Dieu de bon cueur, de la grande fortune qui leur advient, à cause de ceste ignorance. Et leur souvienne que quand le bon Socrates fut par oracle jugé et estimé sage, ce fut adonc que luy mesme par sa confession manifesta à un chacun de ne rien sçavoir[110], ayant encor memoire du beau proverbe de sainct Augustin, que les idiots sont haut eslevez, et ravissent les cieulx, et les **[44]** lettrez avec leurs tant belles doctrines et sciences, seront submergez[111]. Finablement leur souvienne de ce qui fut dit et hautement reproché par le juge Festus à monseigneur sainct Paul, que la multitude des grandes lettres et sciences met souvent l'homme hors de propos, et le faict transporter de son bon sens[112].

---

[110] Voir n. 61.
[111] Allusion probable aux *Confessions*, VIII 8, ou au traité *De la doctrine chrétienne*, I 11-12.
[112] Festus Porcius, procurateur de la Judée, qui refusa de livrer saint Paul aux Juifs sans procès (Actes des Apôtres 24-26 ; cette remarque se trouve à 26 : 24).

Pour l'aveugle

Declamation IV.

*Qu'il vault mieulx estre aveugle
que clair voyant.*[#]

Si nous voulons en bref rapporter les commoditez de la veue avec les grans dommages qu'elle faict aux hommes, nous trouverons d'une part toutes voluptez et plaisirs, qui jamais ne finent qu'en amertume, alienations de sens, provocations d'ennuy, irritations et commotions de cerveau, de l'autre part nous trouverons force d'esprit, meilleure imaginative et contemplation des choses haultes et celestes, avec perfection de memoire, qui trop plus excelente se monstre aux aveugles qu'aux clair voyans, par ce que leur lumiere (qui est force de l'entendement des hommes) n'est çà ne là desor- **[45]** donneement transportée. Or que la memoire soit la plus noble partie du cerveau, assez nous est evident par le tesmoignage de Ciceron, en son *Orateur*, quand il l'appelle tresorier de prudence[113], et aussi, par l'honneur que les Grecs luy firent, en la nommant mere de sapience[114]. Sans ce que tant d'autres personnes, se cognoissans privez de la memoire naturelle, pour l'estime qu'ils en faisoyent, en inventerent une autre artificielle, avec huiles bien delicates et precieuses, diverses fomentations, ceroesnes[115] et drogues apportées de loingtains païs. Que

---

[#] «Meglio è d'esser ceco, che illuminato. Paradosso IIII» (f. C5 v°-D1 r°). — Cicéron avait affirmé , dans les *Paradoxes des Stoïciens*, que la cécité n'était pas une véritable affliction.

[113] Cicéron, *De l'Orateur*, II 86.

[114] Allusion à Mnémosyne, déesse de la mémoire et mère des muses (*Dict.*, 305 v° a).

[115] ceroesnes = ceroine *ou* ciroene : onguent dur, emplâtre.

l'aveugle soit de trop meilleure apprehension et imaginative que le clair voyant, cela nous est assez evident si nous considerons que les puissances de l'ame sont en luy plus unies et assemblées, et qu'il a bien ceste prerogative de ne voir tant de choses laides et deshonnestes, que l'on apperçoit journellement en ce monde, desquelles son esprit puisse estre aliené ou destourné de la contemplation des choses hautaines et celestes. Premierement, quand il va par les rues, avec son petit valet, il est quitte de voir un tas de monstres contrefaits, gens à demy forgez, testes à croissettes[116], ventres à boutons, nez à pompettes, mentons à poulaines, et autres tant mal formez et contre- **[46]** faicts personnages, que souloit Octavius Auguste les appeler esbats et jeux de nature[117]. Il est quitte de voir tant de paralitiques, ladres, hidropiques, hettiques, icteriques, impotens, greslez, roigneux, taigneux, gorreux[118], farcineux[119], et autres de ceste façon.

Que diray-je des graces que l'aveuglement[e] apporte à ses suppots, ausquelz ne donna onc un tout seul ennuy ou fascherie? Mais le loysir et commodité de pouvoir à leur aise contempler les celestes beautez et excellences divines, duquel heur estant jaloux, le philosophe Democrite s'aveugla luymesme, regardant attentivement et fermement le soleil, pour par la perte des yeux corporels recouvrer le meilleur usage des yeux de l'esprit, et plus à son aise contempler les choses supernaturelles, ausquelles il ne pouvoit si bien vacquer, par l'occupation des objects de ce monde, qui le contraignoyent à

---

[e] 1553 (et 1583): cecité *partout*.

---

[116] à croisettes? = petites croix.
[117] Suétone, *Vie d'Auguste*, II 83 («ludibria naturæ»).
[118] gorreux : vérolé.
[119] farcineux : bouffis.

perpetuelle risée[120]. Homere, quelque aveugle qu'il fust, ne
laissa d'estre tenu le plus fameux et excellent poëte de toute la
Grece. L'aveuglement n'empescha onc Didime alexandrin, qu'il
n'apprit tres bien les langues grecque et latine, et qui plus est
(chose paravanture incredible) qu'il ne devint excellent es
sciences mathematiques[121]. Estre aveugle n'empescha aucu **[47]**
nement Claude Appius (quoy qu'il fust bien vieil et cassé) qu'il
ne se trouvast journellement au conseil du Senat de Romme, et
tresprudemment ne deliberast des affaires publiques, et qu'il ne
gouvernast bien à droit une tresgrande famille[122]. Estre aveugle
n'empescha Lippus d'estre tresparfaict orateur[123]. Qu'en fut il
pis à Hannibal, d'avoir perdu un des yeux? En perdit-il pour cela
le courage de poursuivre tant impetueusement les Romains?
Croyez que s'il eust perdu tout les deux, il n'en eust laissé
d'estre tresvaillant capitaine[124]. Voyez si Tobie depuis qu'il fut
aveugle en fut moins craignant et aymant Dieu qu'au
paravant[125].

　　　　Il m'avint un jour de m'araisonner et deviser
privéement avec quelques aveugles de ma cognoissance, et me
souvient que l'un d'entre eux, qui autresfois s'estoit meslé de
marchandise, me jura et mainteint fermement jamais ne s'estre
fasché ou ennuyé, mais avoir grandement remercié Dieu de son

---

[120] Que Démocrite se soit aveuglé exprès pour mieux contempler les secrets de
la nature est une histoire très répandue dans les sources anciennes: cf. par
exemple. Cicéron, *Des fins*, V 29, *Tusculanes*, V 39, et Diogène Laërce, IX 36;
Dict., 182 r° a. L'anecdote deviendra un lieu commun au XVIe siècle.
[121] Didymus d'Alexandrie, écrivain ecclésiastique mort en 395, dont l'œuvre est
connu seulement par un traité sur l'Esprit saint figurant chez Jérôme (*Dict.*,
185 r° a).
[122] Claudius Caecus Appius (IVe siècle av. J.-C.), créateur de la voie Appienne
(Tite-Live, IX 29, Valère Maxime, VIII 13, *et al.*).
[123] Nous avons affaire ici à une coquille héritée du texte italien (f° signé C6 v°,
«Lippo»), qui semble renvoyer de nouveau à l'exemple de «Claudio Appio».
[124] Voir Cornelius Nepos, XXIII 4
[125] Tobie, Juif de la tribu de Nephtali, célèbre par sa piété; devenu aveugle dans
sa vieillesse, il fut guéri par son fils, sur les conseils de l'ange Raphaël (le livre
éponyme de l'Ancien Testament est deutérocanonique).

aveuglement, par ce (disoit il) que la veuë luy estant esteinte,
luy estoyent pareillement ostez les ennuis d'esprit qu'elle luy
apportoit en divers lieux où il se souloit trouver. Et disoit encor
que depuis ceste fortune il luy estoit avenu pour ses affaires de
se faire conduire en Espagne, il se trouva fort content de n'a-
[48] -voir veu ce grand vanteur Castilian, ne tant de gentils-
hommes à la douzaine, qui pour cinq solz de rente annuelle se
font intituler Dom tel, et nommer seigneurs chevaliers. Un autre
me dist, qu'il s'estoit fait mener en Alemaigne, pour quelques
parties qu'il avoit à demesler avec les Foucres[126], mais que
jamais il ne se trouva si heureux de n'avoir veu tant de discords
entre les seigneurs de ce païs, divisions de sectes, garnisons
d'Espaignols, et nouvelles tailles imperiales. Un tiers me recita
avoir esté en Angleterre depuis la perte de sa veuë, affermant
bien asseurement ce dernier voyage ne luy avoir esté de si
grande fascherie que les autres, à cause qu'il ne veit les eglises
tant desgarnies, ne les coustumes ecclesiastiques anciennes si
changées et desguisées. Et de là ayant par la mer passé en
France pour le traffic de sa marchandise, sembloit bien fort se
resjouir de n'avoir veu un si grand nombre de plaideurs, une
hydre de proces, une infinité d'ordonnances et arrests
interlocutoires, un monde de faux accusateurs et gens masquez,
changeans aussi souvent d'opinions qu'ils font de vestemens et
habits. Puis en souzriant, comme bien fort ayse, «s'il me failloit
(disoit-il) retirer en divers endroits de l'Italie, ausquels j'avoye
[49] accoustumé hanter au paravant, en premier lieu, je ne
verrois plus en la Romaine et Lombardie, tant de partialitez de
Guelfs et Gibelins, tant de beaux edifices en ruyne, tant belles et
plaisantes villes destruictes par les factions. Je ne verrois plus ce
gormand Milanois, cest avaricieux de Pavie, ce mutin de

---

[126] C'est-à-dire, les Fugger, célèbre famille de banquiers d'Augsbourg (allusion
d'Estienne). Les remarques satiriques qui suivent, sur l'Allemagne et
l'Angleterre, sont de la plume d'Estienne, tandis que la portée, chez Lando, de la
satire des Français est bien différente et Estienne revient à sa bête noire, la
prolifération des procès.

Plaisance, ce fantastic Parmésan, ce maugrayeur Cremonois, cest oyseux Mantuan, ny cest orguilleux Ferranois. Je ne verrois point ce babillard Florentin, ce dissimulateur Boloignois, ce glorieux Lucquois, cest usurier Genevois, ne cest eventé Modenois». Il me dist davantage, en continuant son propos, que pour l'heure il se reputoit trop eureux de n'avoir l'année precedente, qu'il s'estoit trouvé à Romme, veu l'excessive pompe d'infinies courtisanes, lesquelles vestues et eslevées comme roynes, triomphent du patrimoine du pauvre pescheur[127]. De n'avoir aussi veu à Naples les troupes de maranes, les bendes de rufians et maquereaux publiques, le grand nombre de chevaliers à la haste, qui tout le jour ne font que se pourmener le bec au vent comme pluviers, tant aux champs qu'à la ville, la houssine blanche à la main, attendans la fortune de Dieu, au grand detriment de leur suite. De n'avoir pareille- **[50]** ment veu en Sicile, ces grans mangeurs de charettes ferrées, qui au moindre mot qu'on leur sceut dire vous contrefont une troingne d'un dieu Mars en colere, comme s'ils vouloyent combatre la mer et les poissons. De n'avoir veu tant de dames, promptes à bien peu de salaire, donner le passe-temps aux gentils-hommes. Somme, ce bon aveugle m'en compta tant, et m'endormit si bien de ces propos, qu'il me mist quasi en fantasie de me faire crever les yeux, de despit que j'ay de voir en Venise une nuée de marriols[128] ; en Padoüe, un visaige indiscret ; en Vincence, un maintien bestial ; en Trevise, une licence desordonnée ; à Veronne, une fureur effrenée ; à Bresse, une tenante avarice ; à Bergome, une contenance badinesque, et choses semblables.

Il est force que ceux qui voyent clair apperçoivent des choses qui pourroyent faire sortir les pierres des murailles, de grand despit et ennuy qu'elles donnent aux personnes. En tesmoignage du sainct homme, qui de nouveau devenu aveugle, par cas fortuit, se rencontrant en chemin avec Arrius, pere des

---

[127] Lando (f° signé C7 v°) : «triunfano del pretioso sangue di Giesù».
[128] C'est-à-dire marioles = petites images de Marie ou images saintes.

heretiques, et oyant antre autre propos iceluy Arrius se doloir de
l'accident survenu à ce bon homme de Dieu, l'a- **[51]** veugle
respond qu'il ne luy estoit besoing tant s'en soucier, «car je
remercie grandement le Seigneur de ma fortune (dist-il) quand
ce ne seroit pour autre cas que pour ne te voir si mechant
ennemy de Dieu que tu es»[129]. Le bon Job ne disoit-il pas avoir
fait ceste paction avec ses yeux, qu'ils eussent à se contenter de
voir et regarder une seule femme, et ne s'addresseroyent à
autres?[130] Qui fait[f] que le Prophete se plaint tant que les yeux
desroberent[g] les bestes, disant la mort luy estre entrée dans le
cœur, par les fenestres du corps, qui sont les yeux, servans
d'ouverture à l'entendement des hommes, auquel subitement ils
representent et raportent sans trouver aucun empeschement, tout
ce qu'ils voyent et apperçoivent au dehors? Mais quand c'est
vanité, oyez qu'en dict le gentil poëte : «Si tost que je l'euz veu,
je fuz perdu». Qu'en advint il au bon Psalmiste, quand pour
avoir veu Bersabée, il fut tellement espris de frians et lascifs
regards d'elle, que peu s'en falut qu'il n'encourust danger de
mort?[131] L'evangile nous enhorte de nous arracher les yeux s'ils
nous scandalisent ou offencent[132], mais quand est-ce qu'ils ne
nous scandalisent point? Si je vouloye rechercher plus avant les
commoditez des aveugles, j'en trouveroy un nombre infiny. **[52]**
Premierement ils n'ont besoing de lunettes pour voir choses
petites, ne de faux yeux en voyageant en temps venteux, et s'il
neige ils ne doivent craindre que la trop grande blancheur
offence leur veuë. Ils ne sont point en subjection de medecins

---

[f] 1553 : et ne s'addresser à d'autres? Dont est ce
[g] 1553: desrobent

---

[129] Arius (vers 256-336), fameux hérésiarque, fondateur de l'arianisme ([*Dict.*,
72 v° b-73 r° a] — la source précise, peut-être médiévale, de l'allusion nous
échappe).
[130] Job 31 : 1.
[131] L'histoire de David et Bethsabée est racontée en II Samuel : 11.
[132] Matthieu 5 : 29 et 18 : 9 ; Marc 9 : 47.

oculaires, qui leur facent appareils à l'optalmie, à la deletation du pupille, à la scotomie[133], aux illusions, catharactes, ongles, perles, fistules lachrimales, epiphores[134], chassies, et autres maladies, qui ont de coustume si estrangement soliciter la veuë. Il ne leur faut faire distiler eaue de fenoil, de sauge, vervene ou esclere[135]. Ils n'ont affaire d'aloes meslé en vin, de tuthie preparée, de blanc d'œufs batuz en eaue rose, ne de pilulles pour la veuë.

　　　Parquoy je conclu que mieux vaut estre aveugle que clair voyant, puis que l'aveugle ne voit rien qui le tourmente ou afflige, et le clair voyant au contraire a dix mille objects qui le fachent, et molestent sans remission, qui luy pourchassent tant d'angoisses, et luy causent tant de douleurs extremes qu'il ne sçait bonnement par où se retirer. Combien pensez vous qu'il deplaise à un povre pelerin, quand il se voit traverser le chemin de plusieurs grands et horribles serpens, crapaux, viperes, et autres [53] bestes semblables, quand il voit soubs soy carrieres, fondrieres, precipices et abysmes espouvantables, quand il rencontre en barbe un sien ennemy mortel, quand il se voit en sa presence mocqué, oyselé[136], raillé, avec gesticulations de mains et de bouche? Pauvres yeux, de combien de maux estes vous cause par vostre curiosité? Combien de folies raportez vous à ce tant doux et simple esprit, pour luy troubler son gracieux repos? Que de lettres escrites, que de parolles engravées, sont par vous representées à ce pauvre cueur, pour le remplir d'amertume. Combien de gestes et mouvemens remonstrez vous au sens naturel, qui puis apres sont cause que l'homme ne vit en repos de sa conscience? Combien de dissimulations apercevez vous, tant en la court qu'ailleurs, souz un riz contrefait, un pied de veau, une reverence italique, un baiser et embrasser judaique,

---

[133] scotomie : sorte de vertige.
[134] epiphores : fluxions des yeux.
[135] C'est-à-dire «éclaire» = chélidoine.
[136] oyselé = trompé.

une voix se presentant à service? N'estimez vous pas alors bien heureux, ceux qui l'ont creu, et n'en ont riens veu? Sur ces propos et raisons produites pour ma partie, je vous laisseray asseoir tel jugement que verrez estre bon et croyant qu'apres toutes considerations, vous ne diminuerez aucune partie de mon bon droit ou equité de ma cause[137]. **[54]**

---

[137] Ce dernier morceau est de l'invention d'Estienne, le *paradosso* italien se terminant sur un ton plutôt anecdotique.

Pour le sot

Declamation V.

*Qu'il vault mieulx estre sot
que sage.*[#]

Combien que le pareil propos que j'ay maintenant à prouver et soustenir ait esté par deux excellens advocats demonstré en ceste honneste assistence, et par vous quelque fois arresté à leur advantage[138], il vous plaira toutesfois ne trouver estrange si pour l'occasion qui se presente aujourdhuy je vien encor glanner et recueillir apres eux si peu que je pourray trouver de choses teues et omises, ou par quelque leur inadvertence, ou par ce possible, qu'ilz avoyent des preuves à rechanger.

Pour premier advertissement, j'employe l'avis et opinion des anciens philosophes, qui pour vivre joyeusement en ce monde, ils trouvoyent bon sçavoir contrefaire le sot, et disoyent que tout ainsi que celuy qui a quelque moyen de bien contrefaire le prince, le seigneur, ou le gentil-homme ne peut faire moins qu'entrer au mesme travail, solicitude, querelle, peines, et ennuis ausquels est subject celuy duquel il joue le person- [55] nage, aussi celuy qui se veut en ce monde quelquefois si bien desguiser et masquer de sottie, que l'on n'y apperçoive rien moins que le naturel, ne peut en ce faisant qu'il ne participe des heureuses conditions et parties du sot, qui sont de telle façon que le bien des plus riches et mieux aisez de ce

---

[#] «Meglio è d'esser pazzo, che sauio. Paradosso V» (f. D1 v°-D7 r°). — Un des thèmes paradoxaux les plus fréquents du siècle.
[138] Allusion sans doute à l'*Éloge de la Folie* d'Érasme (1511), et peut-être au *capitolo* «In lode della Pazzia» d'Anton Francesco Grazzini (1538) ou encore à «La Pazzia» de 1540 etc. (Tomarken, *ouvr. cit.*, p. 90-91 et passim).

monde, ne leur est en rien semblable ou pareil. En tesmoignage
d'un gentil-homme puisné, qui par inconvenient de ce que son
aisné ne le vouloit bien partager, estoit devenu sot, durant
laquelle fortune il eut ce bien de penser que toutes les navires
qui journellement arrivoient au port de Dieppe estoient siennes,
au moyen de laquelle persuasion, si tost qu'il estoit averty de
leur venue et aport, il les advançoit d'une grande lieue sur mer,
leur faisoit telle chere, et les accueilloit d'un cœur si joyeux, que
par les paroles il demontroit penser et s'asseurer que toutes les
marchandises qui abordoient au havre luy appartenoient. Autant
en faisoit quand quelques navires se desmaroyent pour singler
en haulte mer, à la volte de Flandre, Espagne, Portugal,
Angleterre, ou ailleurs, il les reconvoyt[139] bien loin, les
recommandant à Dieu, et leur desirant bon vent, bon voyage, et
prompt retour. Ce malheur luy advint que son frere, sur **[56]**
ceste folie retournant de la guerre de Boloigne[140], et voyant ce
mignon luy venir au devant ceste nouvelle façon de salut,
d'envie qu'il eut (ainsi que je croy) sur sa bonne fortune, il le
meit entre les mains des plus expers medecins qu'il peut trouver
par l'industrie desquelz l'heureux sot, retourné à sa premiere
disposition de bon sens, sceut mal gré à son frere de l'avoir
privé de si grande recreation d'esprit qu'il se disoit avoir receu
en sa plaisante sottie[h], de laquelle ayant encor quelque peu de
souvenance disoit n'avoir jamais au paravant, ne depuis, vescu
plus joyeusement, ne mieux à son aise.

Aussi n'est-ce pas chose grandement à louer de voir un
homme de basse et petite condition, des inferieurs et abjects du
peuple par la vertu de ceste si saincte sottie, entrer en cest

---

[h] 1554[4]. 1561 : sortie

---

[139] reconvoyt : reconduit.
[140] Chez Lando, il s'agit d'un marchand sicilien (f° signé D2 r°). Boulogne,
occupé par les Anglais en 1544, assiégé par Montmorency en août 1549, fut
remis à Henri II en avril 1550. Toute cette anecdote rappelle Érasme, *Éloge de la
folie*, 38 (d'après Horace, *Épîtres*, II 2, 133 ff.).

humeur de se penser estre pape, empereur, roy, duc, ou quelque gros prince et seigneur? Et sentir en son cueur les mesmes affections et contentement d'esprit qu'on accoustume à ceux qui sont veritablement constituez en bien hautes dignitez? De ce vous en fera foy le laquaiz d'un gentil homme d'Anjou, qui à l'ayde et confort de ceste bien-heureuse sottie ficha en son esprit la dignité pontificale, pour l'administration de laquelle, une certaine heure **[57]** du jour qu'il avoit impetrée de son maistre, il s'enfermoit en une chambre à part, avec ses suppoz et compagnons atiltrez (qui toutesfois s'en moquoient et en prenoient leur passe-temps) et là il vous dressoit à sa fantaisie un consistoire (ainsi que les petis enfans, qui en leurs jeux contrefont les actes des plusgrans personnages), expedioit bulles, donnoit benefices, faisoit des cardinaux, dépeschoit ambassades, bref, il faisoit tout ce qu'il pensoit estre seant à un pape, puis l'heure passée, il retournoit à son service accoustumé, comme si rien n'eust au paravant esté de sa sottie. Ne trouvez vous point qu'il eust quelque felicité en cest acte? N'estimez vous point que celuy qui tous les jours se pourmene par la ville de Paris, et quelque croté qu'il soit, se pense estre cardinal ou legat, et celuy qui se dit estre prophete, et l'autre qui avec son sceptre et couronne d'or clinquant, se pense estre empereur, ayent bien grand contentement en leur esprit, et plus, possible, que s'ilz estoient ceux-là mesme dont ilz contrefont les dignitez? Que pensez vous de Villemanoche, qui attend la fille du roy[141] en mariage, et se complaint en toutes compagnies du tort que l'on luy fait, de retarder ses noces si longuement? Vous semble-il que telz **[58]** sotz n'ayent autant ou plus de plaisir en

---

[141] Le texte de Lando (f° s. D2 r°) précise : «madamma Margarita figliuola di sua maiestà», c'est-à-dire Marguerite de France, fille de François Iᵉʳ et de Claude de France (1523-1574). Peut-être Estienne adapte-t-il ainsi son texte du fait qu'au moment précis où il travaillait sur ce paradoxe, le roi Henri II n'avait pas de fille (Marguerite, qui deviendra «la reine Margot», naît le 14 mai 1553). — «Villemanoche» est sans doute un nom de fantaisie inventé par Estienne, bien qu'il existe dans l'Yonne un village de ce nom .

ceste imagination que ceux qui vrayement sont constituez en telles superioritez? S'ilz n'en ont autant, pour le moins ilz ne sont participans des molesties qui se treuvent aux hautz estats des grands personnages, quand ce ne seroit qu'au gouvernement du train de leurs grosses maisons.

Je ne puis bien penser, la cause pour laquelle aucuns s'esmeuvent si aisément à courroux, quand on les appelle sotz, il faut dire qu'ilz ont perdu la souvenance, que le nombre en a tousjours esté infiny, dont plusieurs ont osé librement affermer, ce monde estre une droicte cage ou miniere. Et si tous ceux qui en tiennent de race s'estoient faits escrire au rolle des joueurs de la passion, ou au papier du prince des sots, et de l'abbé des conards[142], on n'orroit point tant de proces partout, pour avoir appellé quelqu'un sot ou folastre, car veritablement c'est un nom qui se peut accommoder aux plus-grans et plus sages de ce monde, ne fust ce qu'au grand Roy Salomon, lequel combien que seul entre les Hebreux ait emporté ce tiltre de sage, toutesfois si merita-il bien celuy de sot, quand il sacrifia un grand nombre de concubines[143]. Encor de ce nom furent capa-
[59] bles les sept sages, que ceste menteuse et ambitieuse Grece, se vante avoir porté et elevé, les faicts et actions desquelz Ciceron afferme que quiconque vouldra par le menu epluscher, il y trouvera plus de sottie, que de sagesse[144]. Combien a l'on veu de personnes, depuis la creation du monde, avoir eschappé infiniz dangers, par avoir contrefait le sot? Voyez qu'ilz eussent peu faire s'ils se fussent monstrez sots tout à bout, puis que le seul contrefaire leur fut cause de tant de bien. Combien en avez vous congneu, et ouy reciter, avoir esté absouz de larcins, homicides, et autres malefices, pour la reputation qu'ilz avoient

---

[142] Les Conards étaient une sorte de confrérie joyeuse établie à Rouen, dont le chef prenait le titre d'*abbé*.

[143] Mauvaise traduction de la part d'Estienne! Lando lui-même écrit des sacrifices païens de Salomon et du grand nombre de concubines qu'il soutenait (f° signé D2 v°, allusion à I Rois 11 : 1-13).

[144] Allusion au traité *De l'Amitié*, II 7.

d'estre sots? Penseriez vous que le ciel donnast
coustumierement si beaux et si excellens privileges à autres,
qu'à gens divins et celestes? Plus je me fonde en ceste
contemplation de sottie, et plus je la trouve plaisante, et garnie
de toutes belles commoditez. Voyez comment un sot se soucie
des affaires du royaume, ou des forteresses de la ville.
Considerez le grand ennuy qu'il se donne pour se mettre un jour
en mesnage, ou pour tenir le party d'un prince ou de l'autre. Et
toutesfois, l'on voit ceux qui sont tenuz des plus sages
s'empescher et envieillir en telles occupations d'esprit.

      Vous plaist-il entendre la difference que je treuve **[60]**
entre le sot et le sage? Prenez garde aux passions et affections de
tous les deux. En premier lieu, le sot ne se trouvera aucunement
curieux de son boire ou manger, ne tant soucieux de se parer et
bien vestir. Ceux que nous appellons sages, jamais n'en ont
assez, jamais ne seront saouls des biens de ce monde. Et ne peut
toute l'industrie humaine, ne la deesse Copie, avec son grand
cornet, satisfaire à leurs insatiables desirs. Or jugez par cela
lequel des deux approche plus pres de l'observation du
commandement de Dieu, qui nous defend en son Evangile
n'estre tant soliciteux de nostre vivre ou vestement[145].
D'avantage, le sot ne tient compte des honneurs et dignitez
mondaines, il contemne les grandes preeminences et refuse les
lieux et sieges plus honorables aux magnifiques compagnies. Au
contraire, ceux qui se tiennent tant sages ne cerchent pour le
jourd'huy que l'honneur du monde, et pour parvenir aux
superieures dignitez ne craignent endurer extreme chaud ou
froid, oublient l'incommodité du grand travail, et perte du repos
du jour et de la nuit, au danger le plussouvent de leur vie tant
aymée, et d'eulx tenue si precieuse.

---

[145] Matthieu 6 : 28 -30.

Le sot ne se sent piqué[i] de tant d'aguillons de fortune,
ne cerche combas à oul- **[61]** trance, n'a plaid, ne proces, ne
querelle pour acquerir ou debattre son bien, n'a tant de peine à
faire la court pour entretenir les uns et les autres, ne se rend
(pour la misere de deux ou trois escuz) bouclier à dix mille
boullets d'artilleries, mosquetes ou harquebouzes, ne se rompt le
col à courir en poste, offices, benefices, ou confiscations, ne
languist à la poursuitte de l'amour ou faveur des dames, ne paye
taille ne tribut, finablement n'est aucunement subjet à personne,
et vit en plaine franchise et liberté. Il luy est permis et licite de
dire ce que bon luy semble, touchant le faict des princes, et
personnes privées, sans que pour cela il tombe en aucun danger
de prison ou punition corporelle, et n'a aucun besoing de
retorique artificiele pour se faire attentivement ouyr et donner à
un chacun le joyeux passe-temps de ses risées.

Il me fauldroit une source d'eloquence pour
entierement vous descripre et deschiffrer les honnestes vertus de
ceste precieuse sottie. Le contrefaire de laquelle a esté cause de
la punition de cent mille injures, et de l'ouverture et intelligence
des faicts de plusieurs haultes personnes. Je trouve que Fortune
a tousjours esté bien soingneuse d'aider particulierement aux
sots, et qu'elle **[62]** les a contregardez comme ses plus-chers
enfans, d'infiniz dangers et perilz. Aussi voyons nous par
experience la plusgrande partie des sots vivre plus longuement
et heureusement que les sages. Pourquoy penseriez vous que ce
fust, si ce n'est pource qu'ilz ne se donnent aucune melancolie,
et n'entreprennent jamais proces, debats, ne querelles, et n'ont
soucy de chose publique ou privée? Qui me fait dire et vous
affermer que la sottie ainsi que la poësie est aucunement celeste,
et remplist le cerveau de ses supposts d'un certain esprit de
prophetie et fureur divine, au moyen de laquelle iceux suppoz se
montrent tant agreables à un chacun, et sont en si grande faveur

---

[i] 1553 : espoinct.

et estime à l'endroit des princes. Vous trouvez par experience plusieurs grans seigneurs et moult opulens tourner visage à plusieurs de ses sages personnes, et que l'on dit avoir tant de literature, pour à leur plaisir entretenir un sot et diviser familierement avecques luy, quelque fois laisser leurs meilleurs et plus anciens serviteurs, pour caresser et faire present au premier sot qui les aborde.

N'est-ce pas merveille que l'on ne vit onc homme de grand sçavoir, qui n'eust quelque peu de ceste precieuse sottie? Et me pro- [63] duisez tant de gens de lettres, ou de telle profession que voudrez, soient philosophes, orateurs, peintres, statuaires, musiciens, architecteurs[146], et generalement toutes gens de literature, et de quelque sçavoir que ce soit. Où trouvez vous aujourd'huy un poëte qui ne participe de la sottie? Chacun sçait, que le poëte qui plus en a, est estimé des plus excellens. Et si ce grand philosophe Platon n'eust eu plus que raisonnable portion de ceste divine sottie, pensez vous qu'il eust desgorgé tant de belles et si hautaines matieres que nous avons pour le jourd'huy de sa façon? Et puis vous avez honte d'estre tenuz et appellez sots! L'inventeur des cartes italianes, desquelles on s'esbat au jeu appellé le tarault, feit (à mon avis) fort ingenieusement, quand il mist les deniers et bastons en combat, à l'encontre de force et justice, mais encor merita-il plus de louange d'avoir en cedit jeu donné le plus honnorable lieu au sot, ainsi que nous à l'az que nous devons appeler *nars*, qui signifie sot en Alemant[147]. Cest inventeur avoit bien apperceu la grande servitude à laquelle sont communement subjectz ceux qui cherchent place entre les plus sages, car il leur faut avoir tant de discretions, tant de respects, tant d'estranges considerations

---

[146] Forme fréquente au XVIe siècle.
[147] Estienne explicite l'allusion brève de Lando au jeu de tarot (*tarau*, 1532), d'origine italienne ; vingt et une sur les vingt-deux cartes à images représentent des forces matérielles, des éléments naturels, des vices et vertus, et l'autre porte l'image du *matto* ou du *mat*, c'est-à-dire le sot.

(desquelles le sot ne donne pas **[64]** maille*148*) qu'ilz sont
contraints, le plus souvent, s'asubjectir à continuer un mesme
visage, et tousjours contre leur naturel se montrer graves et
severes. Le sot ne se confie aucunement en son sçavoir, et n'a
recours à la finesse, ny aux cautelles de ce monde. Jamais ne
s'arreste au support et faveur d'autruy, dont mal ne luy en
sçauroit prendre, car Dieu le tient en sa protection et sauvegarde.
Qui est un propos dont noz Catons du jourd'huy pourroient
aisément entrer en colere, mais il la leur faut passer legerement,
et par contrainte de verité confesser que s'ilz veulent prendre
tant soit peu garde aux escritures sainctes, ilz trouveront la
sapience de ce monde avoir esté plus aigrement taxée, et avec
plus griefs arrests condamnée, que la sottie*149*. Et nous
temeraires et oultre-cuidez, voulons aller au contraire de ceste
divine parole, pour adherer à ce que Dieu le createur, non
seulement a blasmé entre les hommes, mais encor grandement
enhay.

Je treuve que les plus grandes et mieux renommées
nations de l'Europe ont de longtemps acquis quelque tiltre et
marque de sottie. Pour commencer aux Gaulois, sainct Paul
n'appella-il pas les Galates, insensez*150*? Combien que de la
proesse et vigueur qu'ilz ont tousjours demontré en faits
d'armes, **[65]** assez en peuvent tesmoigner l'Orient et
l'Occident, et jusques aux antipodes, es   fins et limites
desquelles regions, ont esté leurs enseignes belliqueusement
desployées. Les Portugalois par leur grande et haute entreprise
(que toutesfois l'on repute à sottie) ont passé jusqu'aux Indes, et
avec perte et dommage de leurs gens, ont conquesté plusieurs

---

148 C'est-à-dire : auxquelles le sot attribue peu de valeur.
149 Ton paulinien fréquent dans les *Paradossi*.
150 Galatiens 3 : 1. La confusion (sans doute voulue ici) entre les Galatiens
(d'Asie Mineure) et les Gaulois est fréquente. Voir aussi n. 388.

places en ce pays là[151], et acquis par ce moyen la commodité de trafiquer en plusieurs endroits au paravant inhabitez ; c'est ce qui les rend si superbes au fait de la marchandise, et en l'excellence d'une Lisbonne, riche d'un tant beau port de mer, de deux si bien proportionnées montaignettes, et d'un fleuve au sable doré. Quant aux Allemans, il est bon sçavoir qu'ils tiennent de ceste lune, specialement ceux qui à l'imitation des femmes ou enfans, si souvent changent de tant d'opinions et de maistres. Ce n'est pourtant à dire que Cesar en ces commentaires ne leur ait faict cest honneur de les nommer vaillants champions, et prudens en affaires de guerre[152]. S'il faut passer jusques en Italie, nous y trouverons plusieurs grandes et nobles citez, entre autres, servir comme de grandes et bien belles cages à sots de toutes façons, et qui sont (en faveur de ceste tant estimée dame) des plus **[66]** honorablement situées de tout le pays, et que pour le grand nombre de sots qu'elles contiennent, se trouvent divinement embellies et enrichies de plusgrande excellence et nobles privileges que l'on sçauroit souhaiter. Qu'il soit vray, considerons l'excellente situation de l'antique Siene, pour l'honneste liberté de laquelle le Roy a ces jours passez tant travaillé[153]. Vous la verrez avoir esté d'ancienneté (pour enfermer les sots en salubrité) assise sur un plaisant et gracieux hurt[154], environné du plus net et serain ciel de ce monde, garnie de riches et honorables bastimens, villages de grans rapors, bains naturels fort sains et salubres, et au surplus (quant aux personnes) autant bien munie et ornée de dames gentes et courtoises, jeunes gens dispots au possible, bons musiciens et rhetoriciens, que ville qui soit par delà. Sans l'ancienne

---

[151]   Allusion à la politique commerciale plutôt agressive des Portugais aux Indes, où ils s'étaient implantés dès la fin du XVe siècle (expédition de Vasco da Gama).

[152]   Jules-César, *La Guerre des Gaules*, I 78, IV 2.

[153]   Allusion, de la part d'Estienne, aux événements de 1552 (juillet-août) et de 1553 (occupation de Sienne par les armées françaises ; la ville se livrera aux troupes impériales le 17 avril 1555).

[154]   h(e)urt = petite éminence, colline.

université en droit, et la nouvelle academie des Intronati, qui par
le moyen de leur tant favorable sottie font en temps de paix
choses de non pareille en plaisance et recreation[155]. Que vous
diray-je de Parme, qui pour maintenir ses folastres en passe-
temps, vous est assise en bien fort belle et grasse plaine?
Voisine et bornée de tant de plaisantes montaignettes, et au
demeurant riche et fertile de nobles et puissantes fa- **[67]** milles,
et de courageux soldats, qui par vertu de leur singuliere sottie, et
l'ayde et secours des François[156], se sont tant fait craindre et
redouter de tous leurs voisins. Me taireay-je du formage
parmesan, duquel toutes les fois que j'en gouste, je ne me puis
tenir de dire en mon cœur, que si pour telle viande eust failli
nostre pere Adam, il m'en eust semblé aucunement excusable, et
n'ay apres ce goust plus d'envie à l'ambrosie ou nectar de ce
beau Juppiter. O que ceux de Veronne, Bresse et Venise,
estoient tenuz à ceste brave sottie, quand ilz feirent response au
Roy Loys xii. qu'ilz estoient assez sages, par laquelle ilz le
contraignerent à leur envoyer tant de François qu'ilz estimoient
sots, que leur sagesse et magnificence ne sceut resister à leurs
forces et proësses, et furent les sots dudit Roy, regens et maistre
des sages Veniciens, comme au paravant ilz avoient esté des
Genevois et Milannois, et ainsi que long temps devant les sots
que conduisoit ce grand capitaine françois, avoient esté maistres
de si grans et si sages Romains[157].

---

[155] L'Accademia degli Intronati de Sienne, fondée en 1525. Rappelons que
Charles Estienne avait traduit et publié à Lyon en 1543 la *Commedia del
Sacrificio degli Intronati* (1531, publiée en 1538 sous le titre *Gli Ingannati*).
Voir notre introduction, p. 13.
[156] Non pour la seule fois, Estienne «corrige» le texte de Lando, pour soutenir la
cause des Français : allusion est faite ici aux événements de 1549-1551 au cours
desquels Parme (et Plaisance), sous la conduite d'Octave Farnèse cherchant à se
défendre contre les empiètements du pape Jules III, s'est mise sous la protection
d'Henri II.
[157] Il n'y a rien de tel dans les *Paradossi* (f. D6-7), et on voit ici et ailleurs
comment Estienne tourne en propagande anti-italienne sa source…italienne!
Allusion est faite à divers événements des guerres d'Italie, et surtout à ceux qui
suivirent la victoire d'Agnadel du 14 mai 1509 sur les Vénitiens. Brescia

Trop long seroit le recit des sots et archisots qui se trouvent encloz dans les villes d'Italie. Parquoy finissant ce propos, je vous lairray pour conclusion que les sots doivent estre singulierement prisez et **[68]** estimez, puis que Dieu tant leur feit de faveur que de les avoir eleuz pour confondre et abolir la sapience de ce monde, voulant et entendant les plus nobles citez, et puissantes nations, devoir estre tenues et estimées beaucoup plus sottes que les sages[158].

---

succomba de nouveau aux armées françaises avec la victoire de Gaston de Foix à Ravenne en 1512. Estienne s'est peut-être renseigné dans les *Voyages de Gênes et de Venise* de Jean Marot (texte publié en 1532).

[158] Estienne, abrégeant le texte qu'il adapte, se laisse tomber ici en une satire anti-italienne teintée d'orgueil national.

Pour le desmis de ses estats

Declamation VI.

Que l'homme ne se doit ennuyer si l'on le despouille de ses estats.[#]

    Je m'esbay grandement à quelle occasion les nobles de nostre temps meinent tant de bruit, et esmeuvent si gros proces et querelles, pour la perte de leurs fragiles et caduques estats, puis qu'il faut de necessité qu'ils en soient un jour depossedez et dessaisiz, si ce n'est par force, au moins par l'inconvenient de mort, qui de sa nature impose fin à toutes choses. Et ne voy cause ne raison pour laquelle, eux estans sujects à autant d'humaines passions et fortunes, que le plus pauvre et de la plus basse condition de ce monde, ilz se doivent presumer et enhardir d'estre à tant de personnes (de plus de valeur possible qu'ils ne sont) superieurs et preposez, et ne se daignent contenter d'estre de pareille e- **[69]** stofe à ceux ausquels par droit de nature ils sont totalement esgaux et semblables.

    Un excellent philosophe, et de fort grande reputation en son temps, maintenoit que les riches avoient quelque occasion de quereller leurs richesses et biens temporelz, et semblablement les belles personnes, leurs graces corporelles, mais que la plus grande et excellente contention que devoient avoir les hommes entre-eux estoit de mettre peine à qui surmonteroit l'un l'autre en toute gentillesse et honnesteté, et que la plushaute preeminence que l'on devoit cercher en ce monde, c'estoit de pouvoir à l'envie l'un de l'autre se montrer

---

[#] «Che mala cosa non sia se un Principe perda il stato. Paradosso VI» (f. D7 r°-E1 r°). — La parenté entre ce thème et celui de «la pauvreté» (paradoxe I) n'est guère à démontrer. Montaigne, lui, écrira «de l'incommodité de la grandeur» (essai III 7).

liberal, courtois et affable[159]. Pour ceste cause, fut loué et estimé Diocletian, des sages de son temps, quand par sa modestie il daigna faire refuz de l'empire romain, qui pour lors estoit trop plus grand et mieux equippé qu'au paravant[160], à l'imitation duquel ont depuis esté esmuz plusieurs autres grans personnages à faire le semblable. Tel que fut l'oncle du roy Charlemaigne, qui se rendit moyne à Mont Cassin, où il vescut le surplus de ses ans tressainctement et religieusement, attirant à son exemple plusieurs barons et grans seigneurs du royaume de France[161].

Antiochus, Roy de Syrie, ayant esté par les Romains privé et dessaisi de la jurisdiction **[70]** qu'il avoit deça le mont Taurus, en vint incontinent rendre graces solennelles au Senat, le remerciant de ce que par ce moyen il se sentoit delivré et deschargé d'une si grosse et pesante molestie[162]. Heraclée et Galerien au cas pareil se desmirent et dessaisirent de la superiorité et preeminence qu'ilz avoient sur le peuple, pour du tout se rendre au passetemps de l'agriculture[163]. A quoy tient-il, que ceste opinion n'est depuis ce temps demourée au cerveau des nobles de maintenant? Que font noz philosophes, qu'ilz ne mettent hors de la fantasie des grans Seigneurs ceste infinie cupidité et ardeur de dominer, qui d'autre endroit ne vint onc que de trop fervente et ambitieuse volunté? Qu'il soit ainsi, l'on

---

[159] On croirait à une allusion tant soit peu ironique à l'auteur du *Cortegiano* (1528), Baldesar Castiglione, mort en 1529.

[160] Dioclétien, empereur romain (245-313) : dégoûté du pouvoir, il abdiqua en 305, ayant déjà, en 285, organisé la tétrarchie (Aurélius Victor, XXXIX).

[161] Il s'agit de Carloman, fils de Charles Martel et frère aîné de Pépin le Bref (père de Charlemagne) ; il se retira au Mont-Cassin en 754. Le texte de Lando, corrigé par Estienne, parle de Carloman frère de Charlemagne (751-771) (f° signé D7 v°).

[162] Antiochos III Mégas (223-186 av. J.-C.) (Valère Maxime, IV 1 ; [*Dict.*, 52 v° a]).

[163] Héraclée : il s'agit ou de Héraclius, général byzantin (vers 550-vers 615), ou de l'empereur byzantin du même nom (vers 575-641) — tous les deux s'abstinrent provisoirement de participer aux événements qui se déroulaient autour d'eux ; Galère, gendre de Dioclétien, et lui-même empereur de 305 à 311 (Aurélius-Victor, XL ; [*Dict.*, 214 r° a-b]).

trouvera que là où regnent les ambitieux et convoiteux, là se voit petite justice, le riche manger le pauvre, et le noble outrager le paisant. Les habitans de l'isle Taprobane avoient à mon avis une bien fort belle et louable coustume, quand pour leur Prince et gouverneur ilz elisoyent celuy d'entre eux qu'ilz congnoissoyent et avoyent de lon temps eprouvé, vray zelateur du profit de la chose publique, et celuy mesme par droit et arrest semblable, ilz souloient desmettre et deposer, si par fortune il se four- **[71]** voit ou destournoit de la droitte voye[164]. J'ay entendu que les Daces et Boemiens approchent assez de ceste coustume, mais il advient le plus du temps qu'ils ne choisissent pas le meilleur.

A mon souhait, que ceux qui meritent le gouvernement des republiques et seigneuries y fussent attirez et contrains par voye de force, et fust par mesme moyen la porte barrée à toute cupidité, avarice, ambition, violence, ou cautelle. Qui me le faict dire? C'est que j'ay congneu en Italie quelques seigneurs et gouverneurs du peuple mener vie de moult estrange façon et maniere, et porter inimitié capitale à leurs pauvres subjets, seigneurs qui n'avoient autre soucy que de faire fleureter çà et là le gibbier des plus honnestes filles de leur gouvernement, pour les retirer (par le moyen d'aucuns rufiens qu'ilz entretenoient comme bracques adressez à ce faire) hors des meilleures maisons de leurs villes et citez[165]. Pauvres aveuglez, et destituez de bon sens naturel, est-ce la maniere que les anciens vous ont enseigné à regir et gouverner voz subjects? Est-ce ainsi que les bons seigneurs du temps passé, les bons princes tant ecclesiastiques que seculiers (qu'Homere souloit si honorablement appeller pasteurs **[72]** du peuple[166]) avoyent acoustumé de faire ceste tant orde deshonneste coustume, tient elle rien du bon chrestien? Ce ne sont point pasteurs qui font

---

[164] Taprobane (= Ceylan) (Pline, VI 21 ; *Dict.*, 416 r° a). C'est ce que dit le texte italien ; en fait, le monarque se voit démettre lorsqu'il devient père.
[165] Cette précision est de la plume d'Estienne.
[166] Cf. p. ex., *L'Odyssée*, II 230 ss. (allusion reprise dans le *paradoxe* [XXVI], ci-après, p. 238).

telles insolences, ce sont loups ravissans, et destructeurs de toute humaine societé. Aucuns se sont trouvez en Italie et ailleurs, ausquels l'on bailloit publiquement ce beau renom de vacquer en toute diligence à l'enqueste de leurs subjects, non pas pour les chastier ou reformer de leurs vices et mauvais gouvernement, mais au contraire, pour s'enquerir secretement lesquels d'entre-eux avoient meilleure bourse, et apres l'avoir congneu, cercher quelque couverture pour leur faire perdre leur bien, attiltrer des meschans garnements, qui sans aucune raison formoient faux plaintifs et querelles à l'encontre d'eulx, ou par grieves injures et outrages les provoquoyent à mettre la main aux armes, desquelles lesdits garnemens se laissans à leur escient aucunement offenser, prenoient occasion d'informer et avoir prinse de corps sur eux, puis par ce moyen delivrer les riches en la main du Seigneur, qui soubz couleur de justice les faisoit par ses juges condemner en grosses peines et amandes. Ainsi ravissoient subtilement, et avec quelque couleur d'excuse, leur bien, par maniere de confis- **[73]** cation. Cruauté digne de tragedie, à qui depuis la creation du monde ne fut la pareille.

  Un baron de Lombardie, faisoit un jour ce compte, comme pour grande preuve et exemple de sa singuliere vertu et proesse, d'avoir quelquefois saccagé l'un des plus puissans de ses subjets, fait voler ses greniers, saisi son bien par force, jusques à l'emprisonnement de sa personne, pour luy avoir mis sus, par tesmoings forgez à sa poste, qu'il avoit couru le lievre, et volé le perdreau sur ses terres, combien que le pauvre bon homme fust plus prest à chasser aux bœufs qu'aux lievres, et n'eust onc couru ne pres ne loing apres bestes ny oyseaux. Et nonobstant ce bel acte, mon gentil-baron (dont plus me desplaisoit) faisoit profession de bigotage et devotion. Seigneur Dieu, que ta patience est grande, ce n'est sans bien bonne raison, que l'on t'appelle patient et longanime, puis que si doucement tu endures de ces tant cruels et insupportables monstres, produits et naiz sur la terre, pour devorer et consumer ton pauvre peuple. Asseurez vous, que j'ay veu au païs de Naples plusieurs monstres de ceste façon, ayans cœurs de lyons et ongles de griffons, à qui ne sembloit rien estre impossible touchant l'inhumanité et impieté.

Et de ce peu, suis con- [74] traint me contenter, sans plus me travailler à vous amener autres exemples pour preuve de ce propos, par ce que le dueil que je sens, en recitant telles enormitez, me rend, detrop grande affection que j'y prends, le cœur tant foible et debile, que le cerveau m'en demeure du tout lent et tardif. Aussi à la verité, qui seroit celuy qui me vouldroit nier que telz actes et façons de vivre, ne fussent assez suffisantes pour provoquer l'ire de Dieu à l'encontre de nous, et faire que les seigneuries par long espace de temps, des aucuns occupées et possedées, soient en un instant ailleurs transportées? Croyez que si les plus grands seigneurs, tant spirituelz que temporels, faisoient pour le jourd'huy leur devoir, et s'employent nuict et jour (comme il appartient) à bien gouverner et soliciter leurs subjects, l'on ne trouveroit si grand nombre de gens convoiter les royaumes et seigneuries, comme l'on fait, et qui tant se mescontentassent d'estre privez des grandes charges et ennuis que l'on y doit appercevoir.

C'est donc (pour conclusion) grand folie à un seigneur de prendre à desplaisir et ennuy, s'il pert son estat ou domaine, ains de telle fortune en devroit estre bien joyeux, comme estant par ce moyen deschargé d'un faiz trop ennuyeux et pesant. Car c'est mon [75] advis qu'il vault trop mieulx perdre son estat et gouvernement que d'estre par luy perdu et destruit à jamais.

Pour les biberons

Declamation [j] **VII.**

Que lubricité [k] est meilleure que la sobrieté.[#]

J'ay à vous monstrer, au plus bref que pourray, la grande excellence et noblesse du vin, pour puis apres conclure[l], qu'en bien grand honeur et reputation doit estre celuy qui moult l'ayme, et longuement en a la jouyssance. Ce que combien qu'à plusieurs semble de trop grande et laborieuse entreprinse, à raison de l'abondance des propos et meilleur langage qu'il conviendroit avoir pour entierement y fournir. Si n'en lairray-je toutesfois en prononcer hardiment mon advis, nonobstant la divine fureur, coustumiere d'operer choses merveilleuses en noz espritz, de laquelle si je pouvoye à ce besoing recevoir quelque peu de faveur, j'esperoye beaucoup mieux satisfaire au grand desir et attente que vous pourriez avoir de moy sur ceste matiere, au discours de laquelle je trouve la grande **[76]** vertu et excellence du vin avoir esté des anciens si entierement congneue et approuvée, que le tant estimé Asclepiade luy a daigné faire

---

[j] 1561: Declaration
[k] 1553 : ebrieté
[l] 1553 : inferer

[#] «Esser miglior l'imbriachezza, che la Sobrieta. Paradosso VII» (f. E1 r°-E4 v° [signé E5]). — Un des plus fréquents des éloges paradoxaux du XVIe siècle consacrés à un vice : Christoph Hegendorff avait déjà composé un «Encomium ebrietatis» (1519), et Gerardus Bucoldianus une «Pro ebrietate oratio» (1529). Voir Tomarken, *ouvr. cit.*, p. 52-55 et passim. Rhodiginus consacre plusieurs chapitres à l'«ébriété» (*Lectionum...*, XV 30 ss.). Montaigne écrira un essai «de l'yvrognerie» (II 2).

l'honneur d'apparier ses facultez et vertus et celles des hautz dieux[167]. Qui est confermé à l'arrest des sainctes escritures, par lequel fut autentiquement prononcé le vin avoir esté envoyé aux hommes comme par grace speciale et don immortel de Dieu, pour quelque fois refreschir et recréer leurs esprits, trop affoibliz et travaillez des longs ennuiz qu'ilz souffrent continuellement en ce monde[168]. Auquel arrest semble du tout accorder l'opinion du bon Homere, en plusieurs endroits de sa divine poësie.

Et qui de ce m'en demandera plus grande preuve et asseurance, je le prie considerer comment la verité (qui est chose dont l'on a tousjours faict, et faict on encor' pour le jourd'huy, le plus de cas en ce monde) de toute ancienneté faict son principal manoir chez le vin. C'est ce qui a donné lieu à l'ancien proverbe, assez commun à un chacun, qu'en vin se trouve la verité, et que les sots, les enfans, et les yvrongnes ont accoustumé la desployer. Parquoy je ne me puis assez esmerveiller de la grande faute de ce gentil Democrite, qui voulut quelque fois maintenir la verité se loger au fond d'un puis[169]. [77] C'est bien contre l'opinion et advis de tous les Grecz, qui ont tousjours soustenu qu'elle logeoit ordinairement chez le vin. A quoy tresbien accorde Horace, l'un des plus excellens poëtes Latins, qui tant conferme ce propos en ces beaux vers, faitz et composez par le moyen de ceste suave liqueur, de laquelle il eut le cerveau si comble et abondant, qu'elle luy regorgeoit par les yeulx. A ce mesme propos, ce grand philosophe Platon a voulu prouver et maintenir que le vin estoit un bien seur et ferme fondement de l'esprit des hommes, à la faveur et vertu duquel je penseroye aiséement qu'il eust trouvé l'invention de ses belles Idées, de ses nombres, et de ses loix si magnifiques, et qu'il eust à l'ayde de ce doux brevage si

---

[167] Asclépiade, célèbre médecin grec (14-96 av. J.-C.) (Pline, VII 37 ; [*Dict.*, 76 r° a]).
[168] Proverbes 31 : 6-7.
[169] Diogène Laërce, IX 72.

diffusément traicté de la gratieuse matiere d'amours, disposé sa
tant bien ordonnée Republique, et soustenu que les muses
fleuroyent de bien loing l'odeur de la liqueur Bacchique, et
encor que le poëte qui n'en beuvoit largement ne pouvoit faire
vers excellens, haultains, ny de bonne mesure[170].

     Laissons ces vers et poësie, et venons à ces gentils
beuveurs d'eaue clere. Je leur vouldroye voluntiers demander
quel bien ilz peuvent recevoir en ce monde, en usant **[78]** de ce
fadde breuvage. En premier lieu, comment pourroit un beuveur
d'eaue bien satisfaire au devoir du mesnage, quant sa semence
naturelle est plus qu'à nul autre humide, et moins vigoreuse à la
procreation des enfans? Qui est la cause pour laquelle il se
monstre tousjours tant lasche, foible, maladif et decoulouré.
Aussi ne veistes oncques beuveur d'eaue qui eut la vraye force
de tous ses membres, et hardiesse de cœur. Il a tant petit
estomac et si foible à cuyre et bien digerer les viandes, qu'il en
est communement de bien plus courte et mal saine vie que les
autres personnes. Ce fut pourquoy monseigneur sainct Paul,
sachant que Timotée (combien qu'encor jeune, et en la force de
son aage) s'estoit mis en fantasie de ne plus boire que de l'eaue,
il l'admonesta d'user d'un peu de vin, quand ce ne seroit (disoit-
il) que pour aider à son estomac, et obvier aux maladies,
ausquelles il estoit de sa complection trop subject[171]. J'attens sur
ce point la republique de quelque opiniastre, qui me dira que tel
ne fut l'advis de Ciste Boulenger[172], ny de Nouvel triconge[173], à
quoy je suppliray qu'au contraire tel fut l'advis de S. Paul,
vaisseau d'election, de celuy qui fut emporté et ravy en esprit
jusques au **[79]** tiers ciel, et là veid les grands secrets de Dieu,
desquelz cestuy-cy possible en estoit un : que le vin devoit estre

---

[170] Allusion sans doute au dialogue *Ion*, traitant des quatre «fureurs».
[171] I Timothée 6 : 23.
[172] Il peut s'agir d'un nom de fantaisie (Lando cite «Cisto fornaio»).
[173] Allusion à Torquatus Novellius Atticus, de Milan, surnommé «Tricongius»
pour avoir bu d'une traite trois *congii* (30 litres environ) de vin (règne de Tibère;
Pline, XIV 28).

sur toutes choses grandement estimé, et bien precieusement et
cherement gouverné, gardé et entretenu. Et si paraventure
quelque mal croyant humaniste, ne vouloit autant adjouster de
foy au tesmoignage de ce maistre spirituel, comme aux
preceptes des anciens medecins, je le prie considerer et prendre
garde à ce que l'on trouve aujourd'huy par escrit, dans
Hippocrates, Galien[174] et Oribase[175], que le vin sert de medecine
aux nerfz refroidiz et refoulez, donne recreation aux yeulx lassez
et travaillez, remet en appetit l'estomac desgouté, resjouit les
esprits affligez et contristez, chasse l'imbecilité des membres,
reschauffe le corps, provoque l'urine, restraint les vomissemens,
incite à dormir, oste les cruditez, consume les humiditez et faict
bonne digestion. Dit d'avantage Galien que le vin sert
grandement pour appaiser l'ennuyeuse complection de
vieillesse, esmeut le cœur des hommes à force et proesse, recrée
la chaleur naturelle, et donne vigueur aux esprits. O comme
ceste bonne dame Hecuba, dont parle Homere si honorablement,
tresbien congneut la nature de ce precieux vin, quand **[80]** sur
toutes choses elle enhortoit son chevaleureux filz Hector à
souvent recréer et delasser ses membres affligez des continuelz
travaulx qu'il[m] soustenoit aux armes, par le brevage de ceste
divine liqueur![176] La vertu de laquelle, à la mienne volunté, que
ce beau Pindarus eust autant congneue qu'a fait ce non pareil
poete heroïque, jamais il n'eust commencé son tant hautain et
excellent poëme, par l'excellence et bonté de l'eaue[177], ains au
contraire l'eust changé en la grande louange et noble description

---

[m] 1553, 1554[4] et 1561 : ils

---

[174] Voir par exemple, chez Hippocrate, *Du régime dans les maladies aiguës*, 14,
et chez Galien, *Des facultés naturelles*, III 15.
[175] Oribase (vers 325-vers 400), médecin grec attaché à l'empereur Julien , fit un
abrégé des grandes œuvres médicales [*Dict.*, 328 r° a].
[176] Homère, *Iliade*, VI 258-262.
[177] Allusion à l'ouverture de l'*Olympique* I : «ἄριστον μεν ὕδωρ».

de la vertu du vin, qui des premiers et plus notables de ce monde tant fut prisé et estimé, que la pluspart d'entre-eulx s'addonna du tout à luy, et milita soubz son enseigne.

Pour exemple, considerons le bon vieillard Noé, qui premier planta la vigne, et voyons l'honneur qu'il porta au vin[178], moins ne l'aimerent Agamemnon, Marc Antoine, L. Cotta[179], Demetre[180], Tybere, et ses enfans, Bonose[181], Alcibiade, Homere, Ennius, Pacuve, Cosse, Philippe[182], Heraclide, et plusieurs autres, qui pour cela n'en furent onc reputez moins sages ou vertueux. Et s'il est mestier faire plus ample discours de ce propos, par les nations qui furent addonnées à ceste boisson, nous trouverons, que les Tartares s'y rendirent grandement subjectz, et plus [81] encores les Perses, lesquelz avoyent de coustume consulter de choses graves et de grande importance entre les coupes et flacons. Ce qu'avoyent aussi de coustume les Alemans, ainsi que Tacite tesmoigne, faisans la description de leurs complections[183]. Les Macedoniens au cas pareil furent par dessus tous fort amoureux de vin, ausquelz Alexandre leur empereur, institua ce tresbeau combat de boire à oultrance. Le Roy Mithridates fut grandement addonnée au vin, et pource toutesfois n'en laissa de guerroyer et combatre virillement à l'encontre des Romains l'espace de quarante ans entiers[184].

---

[178] Genèse 9 : 20.

[179] Lucius Aurelius Cotta, préteur et consul.

[180] Démétrios Ier *Poliorcète* (338-283 av. J.-C.), roi de Macédoine (Plutarque, *Vie de Démétrios* ; *Dict.*, 181 v°a).

[181] C'est-à-dire le soi-disant empereur des Gaules à l'époque de Probus (276-282), Bonosus (selon Vopiscus Flavius, XIV, in *Script. hist. Aug.* ; commenté par Crinito, *De honesta disciplina*, IX 2 ; *Dict.*, 107 r° a).

[182] Marcus Pacuvius (220-130 av. J.-C.), poète et philosophe, neveu du poète Ennius ; Aulus Cornelius Cossus ; Philippe de Macédoine, peu connu pour sa tempérance.

[183] Tacite, *Germania*, XXI.

[184] Il s'agit de Mithridate VI *Eupator*, *dit* le Grand, roi de Pont de 123 à 63 av. J.-C. et dont les guerres avec Rome durèrent plutôt 27 ans (Appian, XII 16

Il m'ennuye bien fort que je n'ay paroles propres et
dignes pour exprimer les singulieres vertus que le vin apporte
quand et soy au cerveau des hommes, et suis bien asseuré que si
je les vous racomptoye toutes, ce ne seroit sans vous mettre en
bien grandes merveilles. Mais disons à la verité, ne merite pas le
vin supremes louanges, de faire d'un personnage fascheux et
difficile, un homme doux, plaisant, et affable? D'un lourdault,
un homme facond? D'un couard, un homme hardy et courageux,
se trouvast il seul et tout nud entre mille autres bien armez? La
Grece n'a elle pas, par le moyen du vin, acquis bruit et honneur
par toute l'Europe? Et au cas pareil, **[82]** la Boeme et
l'Alemaigne? Que diray-je de la Poloigne, et generalement de
toute la Dalmatie? Quand est de l'Italie, je m'en rapporteroy
bien à Pline, qui escrit, l'yvrongnerie y avoir regné de son temps
en telle façon que non seulement on y beuvoit jusques au rendre,
mais encores l'on contraignoit les jumens à boire du vin outre
mesure, tant estoit saincte yvrongnerie par toutes les parties de
ce monde louée, celebrée et tenue en tel pris et estime que celuy
qui ne s'enyvroit pour le moins une fois le moys n'estoit estimé
gentil compagnon[185]. Le jeune Cyrus voulut estre reputé digne
de regner, pource principalement qu'il entreprenoit de boire
plusgrande quantité de vin que nul autre de son royaume, sans
pour ce en sentir aucune perturbation d'esprit[186]. Plutarque, en
la vie de Lycurgus, donne ceste bonne merque aux Spartains,
d'avoir eu la coustume de laver les petis enfans nouveaux naiz
avec du vin, pour les faire plus vigoureux, spirituelz, sains, et de
peau bien dure et bien ferme pour endurer la peine[187].

— indique 40 ans de guerres contre les Romains, mais aussi que ce roi ne buvoit
presque pas); [*Dict.*, 305 r° b]).

[185] Pline, XIV 28. Cette même source explique l'allusion ci-après à la «mortelle
cigue».

[186] Cyrus le Jeune (424-401 av. J.-C.), frère d'Artaxerxès (Plutarque,*Vie
d'Artaxerxès* ; [*Dict.*, 175 v° b-176 r° a]).

[187] Plutarque,*Vie de Lycurgue*, XVI.

O puissance infinie du vin, en combien de façons te monstres tu, et te descouvres à l'endroit des hommes?[188] Bien t'eust peu suffire de leur avoir manifesté ta vertu, de pouvoir abbatre et tota- [83] lement esteindre la force de la mortelle cigue. Pourquoy pensez vous que le bon Hesiode, par ces [*sic*] beaux vers, ait recommandé et enjoinct, que vingt jours au paravant le lever de la canicule, et vingt jours apres, l'on beust du vin tout pur, et sans une seule goutte d'eaue?[189] Si ceste coustume eust esté bien entretenue et observée par le grand Lycurgus de Thrace, il n'eust pas ainsi deshonnestement esté precipité en la mer, pour avoir mis de l'eaue dans son vin[190]. A ce propos nous sert l'opinion de Celse, medecin fort excellent, lequel entre autres preceptes, ordonna, touchant le regime de santé, de boire quelque fois outre mesure[191]. Et si nous voulons passer plus avant, considerons combien de profitables medicamens, baings, et fomentations, se font avecques le vin, duquel les Hirquains souloient laver les corps mors ou fust pour les purifier, ou (possible) qu'ils pensoyent, par la vertu de ceste bonne liqueur, les pouvoir revoquer et remettre en vie[192]. Il ne se faut esbahir, si le bien boire a pleu au commun peuple, puisque l'on trouve que les plus sages et bien lettrez ont tousjours maintenu la loy que tenoyent et observoyent les Grecs en leurs banquetz et convives, qui estoit que si tost que quelqu'un se presentoit à eux durant le banquet, ilz le [84] contraignoyent à

---

[188] Sur ce mouvement lyrique, voir ci-dessus, n. 15.

[189] C'est Hésiode (*Les Travaux et les jours*, 590-596) interprété par Pline, XXIII 23.

[190] Lycurgue, roi de Thrace, fils de Dryas, assassiné par ses sujets pour avoir ordonné la destruction de toutes les vignes du pays (allusion particulièrement ironique dans ce contexte, car Lycurgue agit ainsi pour protéger ses sujets contre la débauche) (Homère, *Iliade*, VI 132-137, Plutarque, *Œuvres morales*, 15 d-f, Diodore de Sicile, I 20, III 65 ; *Dict.*, 279 r° b).

[191] Celse (Aulus Cornelius Celsus), médecin de l'époque de Tibère, auteur célèbre du *De Medicina* ; voir à ce sujet précis, II 18.

[192] Pline (*Hist. nat.*, XIV) parle longuement des vins et de leurs vertus, mais cette allusion précise ne se trouve pas chez lui, et nous échappe.

boire, ou s'en aller, ce qu'encor pour le jourd'huy l'on garde en
Alemagne, en Picardie et en Bretaigne[193], sinon du tout, à tout le
moins la plus grande partie. Me taireay-je, que la puissance du
vin eut quelquefois ceste autorité de faire prendre les armes aux
Senonois, et leur faire obtenir victoires dignes de perpetuelles
annales?[194] Me taireay-je, de ce qu'en l'an de la fondation de
Rome, ccc. et xviii. fut envoyé Lucius Pyrrhus contre les
Sarmates, lesquelz, à l'aide du vin tant seulement, il conquesta
et rendit subjects et tributaires au peuple Romain?[195] Le vin fut
en si grande reputation par des anciens que Mezence, pour en
recouvrer seulement quelque portion pour sa peine (ainsi que
Varron nous a laissé par escrit) donna secours aux Rutules,
contre les Latins[196]. Et s'il fault produire les sainctes escritures,
ne trouvons nous pas que nostre Seigneur feit tant d'honneur à
ceste divine boisson que de transmuer l'eaue (comme chose
moins bonne et excellente) en vin si delicat et precieux? Avec le
vin furent lavées les playes du pauvre Samaritain. Par son
moyen, se fait la commemoration et memoire de la passion, à la
messe. Et dient encor' quelques uns, que le bon Abraham faisoit
ses honnestes of- **[85]** frandes à Dieu, du meilleur vin de ses
caves[197].

---

[193] Ces deux dernières précisions sont de la plume d'Estienne.

[194] Les *Senones*, ou Sénonais (Sénons), tribu gauloise qui occupa la région entre
Seine et Yonne ; sous la conduite de Brennus, elle envahit l'Italie et fut
finalement conquise par Dolabella (Tite-Live, V 35 *et al.* ; [*Dict.*, 397 r° a).

[195] Il est permis de se demander s'il n'y a pas confusion ici avec Lucius Piso
(chez Lando, f° signé E4 r°, «Lucio Pio»), vainqueur de Thrace en 11 av. J.-C. (=
A.U.C. 743 ou «dcc. xliii») : voir Tite-Live, CXL (fragment), mais surtout
Sénèque, *Lettres à Lucilius*, LXXXIII 14-15 (toute cette lettre concerne
l'ébriété, et en fait parfois l'éloge).

[196] Mézence, roi légendaire des Tyrrhéniens lors de l'arrivée en Italie d'Énée,
qui le tua ; ses transactions avec les Latins donnèrent naissance à la fête romaine
des *Vinalia* (du 23 avril) (le commentaire de Varron est cité d'après Pline,
XIV 88 ; voir aussi Caton l'Ancien, *Les Origines*, I 9-12 ; [*Dict.*, 302 v° a]).

[197] Allusions, dans l'ordre : à Luc 2, le miracle des noces de Cana ; à Luc
10 : 33 (qu'Estienne confond avec Luc 17 : 12-16 ; dans le texte de Lando on
lit: «Col vino sanò l'impiagato Samaritano» , f° signé E 4 r°) ; à la Sainte Cène;
la dernière allusion nous échappe.

J'auroye bien bon vouloir de passer plus avant en ce propos, qui grandement me plaist entre les autres, n'estoit que j'ay tousjours fuy ceste odieuse prolixité. Pour ceste cause, je m'arresteray en cest endroit priant bien fort chascun de vous embrasser ce tant suave appetit du vin, et delaisser ceste si ennuyeuse sobrieté, puis qu'elle rend les personnes melancoliques, et de si petite force et courage[198].

---

[198] Le *paradosso* VII de Lando s'achève, dans l'éd. de 1543, sur des commentaires plutôt irrévérencieux à l'égard des papes Nicolas V (1447-1455), Paul II (1464-1471), et Jules [II] (1503-1513), «il valoroso pontefice», f° signé E4 r°) ; ces remarques ne figurent pas dans toutes les éditions vénitiennes.

Pour la sterilité

Declamation VIII.

Que la femme sterile est plus heureuse
que la fertile.[#]

Je ne sçay à quelle occasion l'on pourroit maintenir la sterilité estre en aucune sorte mauvaise ou fascheuse, attendu qu'elle est cause de faire devenir la femme estrange et fantastique, bien fort douce, benigne, et prompte à l'obeïssance de son mary. Ce qu'au contraire, l'on trouve communément en la fecondité, à qui jamais ne manqua une hautesse de cœur et hardiesse tant avantageuse qu'à merveilles, et ce non sans cause, consideré que la femme se **[86]** voyant tant de beaux et si chers petis enfans, qui sont soubz son commandement et avec si grande reverence observent ses signes et paroles, ele s'en enfle de telle sorte qu'il ne luy est pas advis qu'elle soit femme et compagne tant seulement, mais vraye dame et maistresse en sa maison et famille. Et si pour exemple, les comptes ont quelque lieu en vostre endroit, je vous asseureray bien de cestuy, qu'un jour à Lyon devisant privéement (ainsi que porte la coutume de ceste ville là) avec une bien belle et jeune damoiselle, nous entrasmes en propos d'une jolie façon de robe, qu'une sienne voisine portoit, et s'estoit fait faire de nouveau. Ainsi que je luy vouloye conseiller d'en avoir une pareille, elle commence bien fort à souspirer. Or congnoissoy-je tresbien le mary, assez riche et puissant, pour la contenter en ceste affection, et luy en donner non pas une seule mais une douzaine de telles. «A quoy tient-il donc, ma damoyselle, que ne faites tant envers monsieur qu'il

---

[#]   «Meglio è d'haver la moglie sterile, che feconda. Paradosso VIII» (f. E4 v°
[signé E5]-E7 v°).

vous rende contente de voz desirs?» Elle respond qu'elle ne l'en
oseroit, ne voudroit requerir, attendu qu'elle ne l'avoit pas encor
merité, mais que s'il plaisoit à Dieu luy faire une fois tant de
bien de luy envoyer un ou deux beaux petis enfans, elle avoit
bien bonne intention luy de- **[87]** mander autre cas qu'une robe
nouvelle. Advint que suivant son souhait, un an apres, elle luy
fait deux masles d'une portée. Si tost qu'elle se veit au comble
de son desir, elle, qui au paravant souloit estre douce et affable à
son mary, vous le commence à tenir en telle subjection de
mesnage que le pauvre gentil homme n'avoit plus autre bien que
de quitter sa maison.

   Et voyla le beau fruit que nous rend ceste tant desirée
fecondité. Quant aux avantages qui viennent de la sterilité, j'en
trouve si grand nombre qu'il n'est possible les vous reciter tous.
Premierement, si tu as femme sterile, considere qu'il ne te
faudra (comme font d'aucuns) nourrir les enfans d'autruy. Tu ne
seras en peine d'ouir le bruit qui se faict, quant la femme est en
mal d'enfant, et si n'endureras la grande facherie durant le moys
de sa couche, tu n'orras ne hochet, ne berceau qui t'esveille à
ton premier somme. Tu seras hors des debatz et perpetuelles
molesties des injurieuses et litigieuses nourrices. Et pour
conclure, tu ne sentiras point ceste facheuse douleur de les voir
mourir chez toy en ta presence. En tesmoignage du sage Solon
lequel estant un jour allé visiter son amy Thales, qui lors (pour
mieux philosopher) s'estoit retiré quelque peu loing de la cité
[88] de Milete, et ne voyant aucuns enfans trotter parmy la
maison, s'esmerveilla bien fort et le reprint un peu rudement de
ce qu'il ne luy sembloit se soucier d'avoir lignée. Thales peu de
jours apres, voulant rendre la pareille à son compagnon, le vient
aussi visiter jusques à son logis, et pendant qu'il devisoit avec
luy d'autre chose, entra leans un jeune filz, secrettement attitré
par le dit Thales, lequel se disoit estre venu d'Athenes pour voir
le philosophe, et s'enquerir de luy, s'il vouloit rien mander
parde-là, et en passant desiroit le saluer. Solon l'interrogue
diligemment, s'il sçait rien de nouveau, et comment tout se porte

en Athenes, le jeune filz respond ne sçavoir autre chose, sinon
de la mort d'un honneste et sçavant jeune homme, de laquelle
toute la cité estoit en trouble et en larmes quand il en partit, par
ce que l'on le disoit filz d'un sage philosophe de la ville, qui
pour lors en estoit absent, et duquel chacun tenoit bien grand
compte, mais le nom luy estoit tombé de la memoire. «O pauvre
et mal-heureux pere», commence à crier Solon, desja tout esmeu
et espovanté ; puis apres croissant la suspicion de son filz en son
cœur, ne se peut tenir de demander si paravanture il avoit
souvenance que le pere du trespassé se nom- **[89]** mast Solon,
respond que ouy, et qu'il l'avoit ainsi entendu. Et là mon pauvre
philosophe de prendre la mouche, et de testonner sa teste à
belles murailles, tellement que s'il ne fust demouré esvanouy en
la place, il estoit en danger, s'il eust trouvé l'huis ouvert, de
gaigner les champs, et les courir comme insensé. Thales se
voyant vengé et luy en avoir assez donné pour ce coup, apres
qu'il luy eut fait revenir le cœur à force vinaigre. «Tu vois (dit-
il) maintenant, Solon, la cause qui m'a retenu d'entendre si
soigneusement à faire des enfans, puis que tant aiséement ilz
peuvent perturber le sens d'un homme pareil à toy, que j'eusse
estimé des plus fermes et constans de ce monde.» Et alors il luy
donna à entendre la fainte, pour luy montrer dont luy venoit ce
peu de vouloir d'avoir lignée[199].

Je voudroye volontiers entendre de celuy qui tant
desire la fecondité, que sçait une femme quelz doivent estre les
enfans qu'elle a faitz? Sans la fecondité des femmes, l'Empire
romain eust-il esté tourmenté de si horribles monstres que furent
Caligula, Neron, Commode, et Bassian ; fussent ilz onc venus
sur terre, si Marc Antoine, Domitian, Septime n'eussent esté
mariez, ou eussent pour le moins eu des femmes steriles[200]?

---

[199] Cette anecdote est racontée par Plutarque, *Vie de Solon*, VI ; *Dict.*,
405 v° a-b].
[200] Gaius Caligula, fils de Germanicus, empereur de 37 à 41 ; Néron, fils de
Caius Domitius Ahenobarbus, empereur de 54 à 68 ; Commode, fils de Marc-

Auguste souloit souhaiter **[90]** que de femme jamais n'eust eu enfans, et appeloit sa fille et sa niece, deux sansues, qui le mangeoyent et destruisoyent tous les jours avec grande et extreme douleur[201]. Ce mesme propos eust bien peu dire la povre Agrippine, mere de ce cruel et despiteux Neron, et aussi de ce bon pere de Phrates, Roy de Parthe, quand il veid son filz si cruellement tué, et finalement sans aucun remors de conscience desnuer sa meurdriere espée sur sa pauvre et caduque vieillesse [*sic*] [202]. Epaminondas, roy de hault esprit et tres-noble sçavoir, vescut de bien longue espace de temps sans se marier. Et luy estant un jour reproché et mis en barbe par Pelops[203], comme en maniere de reprehension, de n'avoir tenu compte de procréer enfans pour ayder à la Republique, qui desja s'enclinoit et tomboit en ruine, il luy feit ceste prompte responce: «Regarde que tu n'ayes faict beaucoup pis à la chose publique, par la semence que tu as laissée». En ce le voulant tanser d'un sien filz, qui estoit de si mechantes et infames complexions qu'il n'y avoit plus d'esperance qu'il deust jamais rien valoir[204]. Que diray-je de Mithrydates, qui par la convoitise de succeder au royaume de Pont, voyant les embusches qu'il avoit secretement dressées à l'encontre de son pere, ne pouvoit **[91]** sortir effect. Il luy feit apertement la guerre, et l'assaillit fort deshonnestement, pour le deposer[205]. Que pourroit l'on dire

---

Aurèle, empereur de 161 à 192 ; Bassianus Caracalla, fils de Septime Sévère, empereur de 211 à 217.

[201] Suétone, *Vie d'Auguste*, II 65 (allusion à *L'Iliade*, III 40).

[202] La phrase est ambiguë, mais le texte de Lando (f° signé E6 r°-v°) n'est pas très clair non plus ; l'histoire est sans doute celle d'Orodes, tué par son fils Phraates IV, roi des Parthes de 37 av. J-C. à 9 apr. J.-C., après que celui-ci eut mis à mort ses trente frères pour mieux sauvegarder son pouvoir (Justin, XLII 5, Dion Cassius, XLIX, *et al.*).

[203] C'est-à-dire Pélopidas, général thébain († 364 av. J.-C.), ami d'Épaminondas.

[204] Anecdote trouvée chez Cornelius Nepos, *Vie d'Épaminondas*, X 1-2.

[205] Il semble s'agir ou de Mithridate Ier (302-266 av. J.-C.), roi de Pont (précision absente du texte de Lando, f° signé E6 v°), ou de Mithridate satrape de Pont (IVe siècle av. J.-C.), qui livra son père Ariobarzane Ier à Artaxerxès.

de Lotaire, filz d'un Roy Loys, lequel ayant suspicion de n'estre tant aymé que Charles son frere, trouva moyen d'emprisonner son pere[206]? Je produiroye en cest endroit le fait de C. Thuranius[207] Antipater [*sic*][208], de Gallienus filz de l'empereur Valerien[209], et d'autres infinis homicides, ou plustost parricides. Mais tous ces exemples ne me semblent tant faire à ce propos, que celuy de l'Evangile, par lequel nostre Seigneur appela bien heureuses les femmes steriles[210]. Vous semble il chose de petite consequence, d'avoir par la promesse du Redempteur ce don de vie eternelle?

M'en croye qui voudra, mais je tiens pour chose indubitable que la sterilité soit un tressingulier remede à l'encontre des espines de mesnage, lesquelles par meilleur moyen que cestuy-là ne pourroyent estre chassées ou evitées, et croy pour certain que ce soit une souveraine medecine contre la malice des enfans, si par fortune l'on n'avoit recouvrée ceste divine plante appelée hermetie, de laquelle quiconque useroit (si Democrite n'est menteur) non seulement il engendreroit des enfans honnestes et bien complexionnez, mais encor bien **[92]** beaux et gracieux[211]. Mais je me doute que ceste herbe soit

---

[206] Il s'agit de Lothaire Ier, fils de Louis Ier le Pieux (emprisonné en 833-834), empereur d'Occident en 840, vaincu finalement, par ses frères Charles (II, le Chauve) et Louis le Germanique, à Fontenoy en 841 (l'année d'avant les «Serments de Strasbourg»).

[207] Il s'agit. de C. Thoranius (ou Toranius) ; partisan des triumvirs, au cours des bouleversements de 43 av. J.-C., il fit proscrire et tuer son père, ancien préteur, afin de jouir de son héritage (Valère Maxime, IX 11, Orose, VI 18).

[208] En effet, ces deux noms se lisent comme un seul. Antipater, fils de Cassander, roi de Macédoine, et beau-fils de Lysimachus ; responsable de la mort de sa mère, il fut lui-même assassiné par Démétrius, ami de son frère Alexander (Justin, XVI 1 ; [*Dict.*, 53 r° b]).

[209] Publius Licinius Gallienus (Gallien), fils de l'empereur Valérien, et lui-même empereur de 260 à 268 (Aurélius Victor, XXXIII, Trebellius Pollio in *Script. hist. Aug.* ; [*Dict.*, 214 v° b]).

[210] Luc 23 : 29.

[211] Souvenir de Pline, XXIV 102, qui aurait tiré ses commentaires du *Chirocmeta* de Démocrite : «Hermesias ab eodem [= Democrito] vocatur ad liberos generandos pulchros bonosque, non herba sed compositio...».

perdue, car qui est celuy des plus sçavans et diligens herbiers de nostre temps qui l'ait congnuë? Ou qui est la main qui jamais la planta ou cultiva? S'en trouve il rien en Dioscoride[212]? En Crescence[213]? Ou au Plateaire des apoticaires[214]? Je pense pour certain que ceste plante est du tout perdue pour nostre temps, puis que par experience nous voyons maintenant les enfans tant desobeissans, menteurs, taverniers, joueurs, jureux, et pour conclusion, ennemis capitaux de toute vertu, et ne fais doute, que le bon Democrite n'ait imaginé ceste herbe, en songeant à quelque autre chose, ou bien qu'il ne l'ait veu et congnu depuis qu'il s'estaignit la veuë pour mieux philosopher.

Je concluray donc que trop mieux vaut avoir femme sterile que feconde, et ne nous mettons plus en soucy de faire si grand nombre d'enfans, puis qu'il en prent mal à tant de personnes. Quant à moy, j'ay bien esté autresfois de contraire opinion, mais je m'en suis apres du tout repenty, voyant qu'autant d'enfans que l'on faict, s'ilz sont puissans, ilz ne servent que d'autant de serviteurs pour les princes, et s'ilz sont sçavans, et d'esprit, ilz ne tiennent compte de parens qu'ilz ayent. Les uns s'adonnent **[93]** aux proces, et aux estatz de justice, les autres à crocheter benefices, et les autres aux nouvelles opinions, qui quelquefois les font trebucher de bien haut en lieu plus chalureux qu'ilz ne voudroyent, et si les voluptez les accueillent, Dieu sçait l'honneur qu'ilz font à leur lignée[215]. Je me suis quelquefois trouvé en un païs d'assez steriles montagnes, duquel coutumierement sort un grand nombre de portefaix et gaignedeniers, desquelz journellement

---

[212] C'est-à-dire, dans le *Materia medica* de Dioscoride.
[213] Dans l'ouvrage de Pietro de' Crescenzi (Petrus de Crescentiis) connu en français sous le nom du *Bon Ménager*.
[214] C'est le nom commun donné aux adaptations de l'ouvrage de Matteo Plateario, le *Circa instans* ; une de ses adaptations en français s'appelle *Le Grant herbier*.
[215] Ces dernières considérations (à partir de «s'ilz sont sçavans...») sont de la plume d'Estienne. Pour ce qui est des «nouvelles opinions», il en connaissait les résultats par son expérience familiale...

vient à Venise une bien grande nuée, de sorte que quand quelque
enfant naist sur terre en ce païs là, les habitans dient, par
commun proverbe, que c'est un asne pour le Venicien. Si je
vouloye reciter les dernieres consolations que nous baillent les
enfans, je diroye le mot usité en France, qu'ilz font en leur
jeunesse assotir peres et meres, et quand ilz sont grans, ilz les
font enrager[216]. Penseriez vous le passe temps qu'ils donnent à
leurs parens, quand on oyt nouvelles d'eux, qu'ilz ont esté ribler
toute nuit, et retournent à la maison la teste cassée, les bras
avallez, les oreilles coupées. Ou quand on vient rapporter à leurs
peres qu'ilz sont en prison, pour quelque batterie, ou que l'on
les meine aux galeres, pour larcin? Ou qu'ilz ont la verolle? Ou
que pour satisfaire à leurs mechance- [94] tez, ilz ont battu les
serviteurs de la maison, rompu par force le comptoir de leur
pere, et s'en sont fuis avec l'argent? Puis eux retournez, si le
bon homme en groingne, encor dit-on qu'il a tort. J'ay sur la
langue un nombre infiny de travaux à reciter, qui sourdent de
ceste belle lignée, lesquelz pour le present, je suis deliberé
omettre, et du tout m'en taire, pour eviter l'ennuy, tant de vous,
que de moy, qui trop mal voluntiers parle de telles matieres.

---

[216] Ajout «local» d'Estienne.

Pour l'exil

Declamation IX.

Qu'il vault mieux estre banny qu'en liberté.[#]

Si les gens fors et vertueux ne reçoivent aucun ennuy d'estre banniz ou envoyez en exil, que doivent craindre ceux qui n'ont tant à perdre, et n'ont le cœur si haut, ny adonné à si grandes entreprises? Un philosophe, un homme de conseil et de prudence, exercé aux affaires de la chose publique, un capitaine, un gouverneur de ville, doit avec quelque raison trouver mauvais et se douloir[217] d'estre eloigné par rap- **[95]** port, envie, ou autrement, de ce à quoy il s'exercitoit au grand profit d'un chacun, et où (quelque travail qu'il y eust) il y prenoit son plaisir. Et toutesfois il s'en trouve des plus anciens et expers qui ont reputé l'exil à l'honneur et contentement de leur esprit. Tesmoing en est l'honneste responce du bon Diogenes à celuy qui luy reprochoit, comme pour chose ignominieuse, que les Sinopiens l'avoyent banny de leurs païs : «Ce te devroit (dist-il) tourner à plus grand honte, de n'estre jamais party hors du tien, en ce resemblant aux oistres, qui jamais ne veulent sortir de leur escaille, et sont continuellement attachées contre les pierres et rochers»[218]. Tel injurieux estoit à mon advis de trop petit

---

[#] «Meglio è vivere mandato in esiglio, che nella patria longamente dimorare. Paradosso IX» (f. E7 v°-F2 v° ; on notera le décalage entre les deux titres). — Dans sa première partie, ce paradoxe est ostensiblement dérivé du merveilleux éloge satirique de Lucien, le *De parasito* — voir à ce sujet C.-A. Mayer, *Lucien de Samosate et la Renaissance française*, *ouvr. cit.*, p. 103-123. L'idée même du *paradosso* fut peut-être suggérée par l'opuscule de Plutarque *De l'exil* (voir n. 218), mais le thème, traité parfois paradoxalement, appartient à la tradition humaniste : voir G. H. Tucker, *art. cit.*

[217] se douloir : s'affliger.

[218] Interprétation plutôt libre de Plutarque, *De l'exil*, 602 (cf. Diogène Laërce, VI 49) ; l'image de l'huître, empruntée par Plutarque à Platon (*Phèdre*, 250C), figure plus loin, 607.

courage, et ignorant du grand nombre de privileges qu'ont les
banniz en leur exil, lesquelz en bref je vous veil reciter, à ce que
n'ayez occasion de vous emerveiller, si plusieurs des anciens ont
de leur bon gré choisi l'exil, et les autres l'ont patiemment porté.

Pour le premier je puis dire que les exilez et banniz ne
donnent aucune occasion à autruy de tomber au peché d'envie,
et que pendant le temps de leur fuite et absence, peu de gens
prennent ceste hardiesse de leur demander argent à interest, bien
sachant un chacun que pauvres exilez ont tous [96] jours affaire
du leur. Pour laquelle cause ilz peuvent sans rougir, ny faire
autre conscience, emprunter des plus aysez, et importuner et
inquieter ceux à qui ilz ont affaire, car soubz cest avantage
d'estre hors et loing de leur païs, et de donner à entendre leurs
biens estre confisquez. Ilz peuvent sans autre harangue requerir
l'aide et secours d'un chacun. Le banny se trouvera hors de
peine de loger estrangers, ne sera tenu ny obligé à faire
banquets, à se vestir somptueusement, porter les armes jour et
nuit, aller honnorablement accompaigné pour l'honneur de sa
maison, et se monstrer brave et magnifique, mais bien se pourra
vanter, si bon luy semble, que quand il estoit en son païs il tenoit
table à tous venans, faisoit merveilles, estoit richement et
honorablement vestu, et menoit train d'un gros chevalier.
Davantage, cela ne tourne à aucun deshonneur à celuy qui est en
fuite s'il ne tient tousjours sa promesse, et ne rend ce qu'il luy
est presté, au temps par luy accordé. Comme ainsi soit, qu'assez
semble satisfaire en recongnoissant les biensfaits, et avec bon
vouloir prometant de rendre le tout, si jamais il peut estre de
retour en son tant desiré païs. Et ne fais doute que plusieurs ne
desirent jouyr de ce beau privi- [97] lege, pour espargner les
despens, et se delivrer de plusgrandes facheries, car les exilez ne
sont plus tenuz d'entretenir maison garnie de tant de provisions,
sont hors de continuellement tenir compagnie à leurs femmes,
qui sans cesse crient, batent, tansent, puis l'un, puis l'autre,
selon la complexion des plus mesnageres. Ilz n'oyent si souvent

leurs petis enfans braire, hoingner[219], argner[220], demander puis
une chose, puis une autre, ne voyent les cachettes des serviteurs
et chambrieres, qui est le mal dont les plus rusez en mesnage ne
se sçauroyent quelquesfois garder. Ce que cognoissant le bon
Anasangris de Sparte, et que l'exil n'estoit chose si facheuse
pour les privileges susdits, feit responce à un sien amy, qu'il
n'auroit en mauvaise part d'estre envoyé hors de son païs, «mais
plustost (disoit-il) je devroye estre ennuyé d'abandonner la
justice, guide et conduite de toutes bonnes choses, que le païs,
que tu estimes si cher, l'eloingnement duquel te devroit estre
moins facheux, d'autant que quand tu le delaisses, tu delaisses
pareillement infinies tribulations et ennuiz qu'il apporte à ceux
qui tant en sont assotez»[221].

Et à la verité, moins nous sont ennuieuses et molestes
les calamitez qui aviennent au païs, nous en estant **[98]** loing,
que quand nous sommes pres, et n'en est si grief le rapport de la
mort ou blessure d'un vray amy ; on est loing des discordes
civiles, et de la gravité des bourgeois ; on ne se soucie point de
se trouver au conseil, ne si les officiers de ville font bien leur
devoir, et tiennent bon compte. L'on n'oyt point les differens
des paisans entre-eux ; l'on n'est point mis aux empruns ; l'on
n'a soucy des querelles et envies des voysins. Mais au contraire,
l'on vit hors de toute solicitude, et quelquefois on rencontre sur
les champs de meilleures fortunes que l'on ne feroit à la ville.
J'en ay congnu quelques uns qui ont plus aiséement et
commodément vescu hors de leurs maisons, que s'ilz y fussent
demourez, et n'en ont laissé à faire grand chere, sans avoir dit la

---

[219] hoingner = grogner.
[220] argner = gronder (à moins qu'il ne s'agisse d'une coquille = arguer).
Adaptation pittoresque du texte de Lando, qui ne parle que des «tristi portamenti
de figliuoli» (f° signé E8 v°).
[221] Anaxandride, roi de Sparte (vers 560-520 av. J.-C.) (Plutarque, *Apoph. Lac.*,
216, Pausanias, III 3, *et al.* ; [*Dict.*, 45 r° a]).

patenostre sainct Julien[222], ou fait le demy crucifix. Il se trouve tousjours quelqu'un qui a pitié de l'estranger, et ne sçauroit on penser la douceur et tendreté de cœur que montrent les pauvres petites vefvettes aux exilez et banniz. Agamemnon retournant de la guerre de Troye, et menasé par son pere Telamon d'estre envoyé en exil : «Je ne sache (dit il) mon pere autre païs que celuy auquel on est le mieux venu»[223]. Si l'exil eust esté estimé par les sages et prudentes personnes du temps **[99]** passé chose fascheuse ou mauvaise (ainsi que plusieurs par faute d'autre propos ont voulu alleguer), trouverions nous tant d'honnestes gens l'avoir si voluntairement desiré et embrassé, comme feit Metel, Numidique[224], et plusieurs autres gens de grand renom. Calastre, envoyé en exil par les Atheniens, receut ce bannissement à si grand heur, qu'à son partir il n'en voulut rien faire entendre à ses plus grans amis, auquelz de paour d'estre revoqué au païs, il defendit bien etroitement, par ses rescriptions, de ne se travailler aucunement de son retour, aymant beaucoup mieux finir ses jours en pauvreté tranquille et joyeuseté hors du païs, qu'en richesse pleine de tribulation, et negoces de ville, languir au lieu de sa naissance[225]. Demetre Phaleren, envoyé en exil à Thebestrop desplaisant de sa fortune, ne s'osoit montrer au philosophe Crates, pource que (selon la coutume des Ciniques) il vivoit fort pauvrement et honteusement. Un jour entre autres, le philosophe Crates le vint visiter, et le saluant bien hautement, se print à luy reciter tant de bien à la louange et recommandation de l'exil, que soudainement Demetre reprenant son meilleur sens, commence

---

[222] Voir Huguet *sub voce* «patenostre».

[223] Agamemnon est bien entendu fils d'Atrée. Le texte de Lando (f° signé F1 r° de l'édition de 1543, mais aussi dans toutes les éditions complètes) parle de «Tenero». coquille sans doute pour «Teucro», c'est-à-dire Teucer, fils de Télamon et demi-frère d'Ajax (Euripide, *Hélène*, v. 87 ss. ; [*Dict.*, 421 v° b]).

[224] Quintus Cæcilius Metellus, *Numidicus*, célèbre pour ses victoires contre Jugurtha (Valère Maxime, III 8 ; [*Dict.*, 301 v° b]).

[225] C'est-à-dire Callistrate, général athénien opposé aux armées lacédémoniennes, exilé en 361 av. J.-C. (Sénèque, *Des bénéfices*, VI 37).

à reputer à grande gloire d'avoir esté banny, et tantost qu'il fut arrivé à ses domestiques, il **[100]** commence à blasmer bien fort l'opinion et jugement trop oblique qu'il avoit eu au precedent, et les grandes molesties des affaires qui tellement l'avoyent detenu et occupé, de n'avoir peu jouyr d'un si excellent philosophe que cestuy[226].

L'on trouve peu de gens de fait et de valeur avoir eschappé ceste fortune. Et si l'on veut confesser la verité, ce mal (si mal se doit appeler) est le plus communement et ordinairement tombé sur les gens de vertu que sur autres personnes. Qu'ainsi soit, Hannibal, apres avoir enduré tant de travaux au service de son ingrate republique, ne fut-il pas banny par les Cartaginois? Ne fut-il pas privé de sa tant aymée cité, par les Atheniens? [*sic*[227]] Le bon Theseus, qui tant avoit des choses memorables, et dignes de grandes et eternelles louanges par le moyen de sa vertu, ne fut-il pas chassé hors de son païs, qu'il avoit tant amplifié et dilaté?[228] Le pareil fut fait à Solon par les Atheniens, auquel pour recompense de leur avoir dressé leurs loix et maniere de vivre, ilz feirent finir ses derniers jours en l'Isle de Cypre[229]. Le vertueux et puissant Milciades, par le moyen duquel furent desfaitz environ trente mille Persiens, mourut en cest honneste exil[230]. Autant en avint pour guerdon au vaillant Camille, apres a- **[101]** voir tant donné de secours à son païs[231]. Trajan le juste, lors qu'il fut elu Empereur, estoit en

---

[226] Démétrios de Phalère, orateur, homme d'État, et historien grec (vers le milieu du IIe siècle-vers 280 av. J.-C.) (Érasme, *Apoph.*, V 35 et VII 10 ; [*Dict.*, 181 v° a-b]).

[227] Cette dernière phrase se rapporte évidemment à l'exemple de Thésée, qui suit. Hannibal fut proclamé hors-la-loi par Carthage, selon Cornelius Nepos, XXIII 7.

[228] Suivant Valère Maxime, V 3.

[229] Selon Valère Maxime, V 3.

[230] Il s'agit de Miltiade, général athénien, vainqueur des Perses à Marathon, mort — en prison plutôt qu'en exil — en 489 av. J.-C. (Valère Maxime, V 3, *et al.* ; [*Dict.*, 303 v° b]).

[231] Camillus Lucius Furius (Camille), «second fondateur de Rome» (IVe siècle av. J.-C.), fut en effet exilé par les Romains à cause de son faste après la

exil[232]. Banny fut le bon Aristote ; le vaillant Themistocles fut
contraint se retirer[233]. Le semblable avint à Alcibiade[234] ; et
n'eurent aucun regard les Ephesiens à la bonté d'Hermodore[235],
qu'ilz ne le bannissent de leur païs. Ne telle fortune peut onc
eviter Rutile[236], et moins le pauvre Ciceron, à qui les Romains
rendirent ce bien pour recompense, d'avoir conservé leur chose
publique, outre plusieurs autres innumerables bienfaitz[237]. Et qui
est celuy, qui ne desirast de bon cœur estre en perpetuel exil,
avec si belle et honorable compagnie? Sera possible quelque
couart, sans cœur, sans force, sans courage, et sans conseil. Je
seroy plus long à vous montrer en diverses manieres et
exemples, l'exil n'estre chose mauvaise ou deshonneste, mais il
est force de m'en deporter pour le present, non tant pour eviter
l'ennuy de voz delicates oreilles, comme pource que j'ay
souvenance que le treseloquent maistre Jehan Bocace, escrivant
à un sien amy florentin, a desja traité cest argument assez
amplement[238].

Et pourtant je feray fin à ce propos, apres vous avoir
supplié vouloir, par ce que cy dessus a esté dit, apparier les
grans biens qui procedent de l'exil et bannissement, avec le
[102] peu de dommage et ennuy qu'un cœur trop foible et remis
y pourroit recevoir, et que partant il devroit par raison estre plus

---

conquête de Véies en 396 (Plutarque, *Vie de Camille*, XII, Tite-Live, V 32,
Valère- Maxime, V 3, *et al.* ; *Dict.*, 125 r° a).

[232] Trajan, empereur romain (52-117).

[233] Plutarque, *Vie de Thémistocle*.

[234] La vie mouvementée d'Alcibiade (450-404 av. J.-C.) fut effectivement
terminée en exil en Bithynie, où il fut assassiné sur les ordres du satrape
Pharnabazos (Thucydide, V-VII, *et al.* ; [*Dict.*, 31 r° a]).

[235] Hermodore, philosophe d'Éphèse (Cicéron, *Tusculanes* ; *Dict.*, 233 v° a).

[236] Rutilius Rufus, consul romain de l'époque de Sylla, qui l'envoya en exil à
Smyrne (Valère Maxime, VI 4, *et al.*).

[237] Marcus Tullius Cicero (Cicéron), célèbre orateur romain (106-143 av. J.-C.)
(Plutarque, *Vie de Cicéron,* VII 30, *et al.* ; *Dict.*, 151 v° b).

[238] Allusion sans doute à la lettre de consolation adressée par Boccace au
Florentin Pino de' Rossi, un des chefs du coup manqué de 1360.

desiré, ou pour le moins liberalement suporté et enduré, que ceste facheuse licence et liberté, qui par le tesmoignage de l'ancien comique[239], nous rend coutumierement plus mechans et adonnez à tous vices, et ne reveille jamais ny excite[n] tant l'esprit des hommes bien nez, et instruis à toutes vertus que fait ce gracieux exil[240].

---

[n] 1553 : exercite

---

[239] Il s'agit de Térence, *Héautontimorouménos*, 483 : «nam deteriores omnes sumus licentia».
[240] Ce paragraphe de conclusion est tout entier de Charles Estienne.

Pour l'infirmité du corps

Declamation X.

*Qu'il vaut mieux estre maladif que
tousjours sain.*[#]

L'advis des plus sages anciens a tousjours esté que la foiblesse et imbecille complexion de noz corps a de tout temps servy de souverain avertissement à la sainte sobrieté et parsimonie, et oseray bien maintenir, contre celuy qui s'efforcera maintenir le contraire, qu'elle a perpetuellement esté adversaire aux vaines plaisances et lubricitez des hommes, comme tressouveraine maistresse de toute humilité et modestie. [103] Vray est, que de prime face elle semblera à d'aucuns mal plaisante, et quelque peu facheuse, mais ilz ne considerent pas le grand bien qu'elle fait aux hommes, de les continuellement enhorter à toute constance et espoir d'immortalité, reduisant tant de fois en la memoire de cest esprit la tant piteuse misere et fragilité de nostre terrestre corps.

C'est ce qui meut le philosophe Stilbon à faire la comparaison de l'homme maladif à celuy qui se trouve dans une prison fort caduque, et cassée en plusieurs endrois par le moyen de l'evidente ruine, de la quelle bien promptement il en espere sortir, et entrer en liberté perpetuelle[241]. Aussi je croy, que gens

---

[#] «Meglio è l'esser debole e mal sano, che robusto e gagliardo. Paradosso X» (f. F2 v°-F5 r°). — Adaptation du paradoxe par excellence élaboré par Alcibiades dans *Le Banquet* de Platon, et popularisé par Érasme dans son adage «Sileni Alcibiadis» (III, 2, 1). Rabelais s'en était déjà fameusement inspiré dans le prologue du *Gargantua*.

[241] Stilpon, philosophe de Mégara, mort vers 300 av. J.-C. ([*Dict.*, 410 r° a]) — la source de l'allusion, peut-être médiévale, nous échappe.

maladifs et infirmes ont tousjours ceste bonne esperance, de
bien tost partir de leur mortelle prison, quand ilz se voyent si
souvent subjets à catarres, mal d'estomach, coliques, gouttes, et
autres imbecillitez naturelles. Et tout ainsi que dans un fourreau
bien desciré et desrompu se trouve souvent un couteau de bonne
trempe et parfait acier, aussi par experience nous voyons le plus
communement, dans un corps maladif et cassé, un excellent
esprit et riche en toute noblesse, un courage magnifique et elevé
propre (nonobstant la foiblesse de ce corps) non seulement de
commencer, **[104]** mais de mettre à chef beaucoup de belles et
honorables entreprinses. Ne voyons nous pas qu'aux galeres
l'on baille la rame aux plus fors et puissans galiots? Et aux plus
debiles et foibles de membres (qui souvent sont les plus sages et
entenduz) l'on laisse la charge et conduicte du gouvernail? N'a
pas plustost esté abatue la force du Milo[242], Ajax, et Hercules,
que celle de Solon, Nestor[243], Caton,[244] ou Socrates? Aussi,
qu'est-ce autre chose ce corps, duquel nous tenons si grand
compte, que la maison et pauvre logis de ce tant riche et noble
esprit? Laquelle jaçoit qu'elle se trouve aucunefois fragile et
caduque, cela toutesfois n'y fait rien, car aussi bien ne luy est-
ce qu'un hostel pour peu de temps.

      Pauvres et miserables que nous sommes, qui jamais ne
congnoissons bien à droit ce que nous devons parfaitement
souhaiter ou desirer, tousjours blasmans, et nous mescontentans
des corps foibles et mal sains, qui neantmoins sont
communement de plus longue vie et durée. En experience des
Italiens, qui pour mieux faire cuyre une tourte d'herbes, ont
coustume fendre et casser la cloche de terre dont elle est

---

[242] Milon, célèbre athlète de Crotone en Italie (VIᵉ siècle av. J.-C.), sujet du
renommé groupe en marbre de Puget (Aulu-Gelle, XV 16, Valère Maxime,
IX 12, *et al.* ; *Dict.*, 303 v° b).
[243] Le nom de Nestor, roi de Pylos, le plus âgé des princes qui assistèrent au
siège de Troie, fut déjà à l'époque antique un synonyme de la longévité (*Dict.*,
316 v° a).
[244] Caton l'Ancien ou le Censeur (234-149 av. J.-C.), sujet du célèbre dialogue
de Cicéron *De la vieillesse* (*Dict.*, 137 r° a).

couverte, pour luy bailler air, meilleure cuisson et saveur, et
neantmoins ce pauvre tais[245], ainsi cassé, sert et dure plus long
temps qu'un bien entier **[105]** et nullement brisé, comnme si par
moyen de ceste cassure ou rompure, il en acqueroit quelque plus
longue durée. Le mesme se peult dire de noz corps, desquelz les
plus forts et de plus dure texture se trouvent plus infects que les
autres, qui sont de peau rare et deliée. A raison, que si aiséement
ne se peuvent evaporer ou exhaler les superfluitez d'iceux, dont
avient que plus soubdain et plussouvent meurent les gens
robustes, que les delicatz et maladifz.

Pline en son histoire naturelle[246], fait le nombre infiny
des grieves et perilleuses maladies, qui coustumierement nous
travaillent, et toutesfois, nous sommes de si petite consideration,
que pour une simple douleur de teste, ou pour un seul accez de
fievre nous entrons en une impacience nompareille, et nous
plaignons de la fievre quarte, de laquelle plustost nous devrions
resjouir, ou pour le moins ne nous en douloir et ennuyer si
estrangement. Attendu que si elle nous est mauvaise mere pour
un jour, elle nous est bonne deux apres, et que quiconque en
guerit (ce disent plusieurs anciens medecins) il en vit apres plus
sain et mieux disposé. Si pour si peu nous forçons patience,
nous la devrions donc bien perdre du tout, s'il nous en advenoit
autant qu'au philosophe Pherecides, et que de noz **[106]** corps
sortissent innumerables serpens[247], ou autant qu'il advint au bon
Mecœnas, que noz yeulx ne fermassent de trois ans entiers[248],
ou que nous eussions une fievre etique qui durast
perpetuellement, et qui jamais ne nous laissast jusques au

---

[245] tais = débris de pot (tesson).

[246] Livre XXVI surtout de *L'Histoire naturelle*.

[247] Phérécydes, philosophe de Scyrus, disciple de Pittacus et puis maître de
Pythagore (VIᵉ siècle av. J.-C.), mort, selon Estienne, «pediculis toto corpore
enascentibus» (Diogène Laërce, I 118 *et al.* ; *Dict.*, 347 vᵉ a-b).

[248] Caius Cilnius Mecœnas (Mécène) (69-8 av. J.-C.), célèbre pour sa protection
des lettres et des arts sous Auguste. Selon Pline, VII 51, Mécène ne dormit pas
pendant trois ans; Crinito en fait le commentaire, *De honesta disciplina*, XI 13 ;
[*Dict.*, 294 rᵉ a-b].

tombeau. Il y auroit alors bien crié contre ce bon Dieu, combien que tout au contraire nous en devrions fort resjouyr, puis que l'apostre mesme nous dit que jamais ce corps n'est bien fort que quand il est bien malade[249]. Qu'il soit ainsi, le personnage affligé de quelque maladie ne s'enfle jamais d'orgueil, n'est jamais combatu de luxure, d'avarice, ou d'envye, ny alteré d'ire, sufoqué de gourmandise, retardé de paresse, ny surprins d'ambition. Et pleust à Dieu que telz nous feussions en santé, comme souvent nous promettons d'estre en maladie.

Le bon sainct Basile, pource qu'il se sentoit debile et de peu de santé, aprint tresbien l'art de medecine, en laquelle il profita tellement, qu'il fut tenu des plus experts et sçavans physiciens de son temps[250]. Le philosophe Platon, pource qu'il se sentoit robuste, et de trop forte nature à bien philosopher, esleut pour son demeure un lieu marescageux, un aër troublé et bruyneux, un ciel nebuleux et obscur, pour devenir maladif, et par ce **[107]** moyen refrener les facheux et perilleux assaux de la chair, desquelz il se sentoit aucunefois picqué. Car son advis estoit qu'un bon esprit ne pouvoit florir, si premierement la chair n'estoit surmontée.

Toutes les fois que je pense à la foiblesse de tant delié fil, auquel tient et est attachée ceste mienne pauvre et miserable vie, je me resjouy grandement, et m'en sens saulteler le cœur, du desir qu'il a de se partir promptement, et bien tost s'en voler là hault, où il print ceste belle ame[251].

---

[249] II Corinthiens 12 : 9.
[250] Basile (Saint), évêque de Césarée (329-379) ([*Dict.*, 95 v° a]). C'est Grégoire de Naziance, *Orationes*, XLIII 23, qui fournit la source de cette allusion.
[251] Parodie du néo-platonisme poétique tant italien que français. Les anecdotes anciennes concernant la vie et les expériences de Platon sont légion ; voir par exemple Diogène Laërce, III 6-7. Celle-ci figure chez Rhodiginus, *Lectionum...*, XI 44.

Voyons, pour conclusion, de combien de felicitez se trouve estre cause l'infirme et debile complexion des hommes. En premier lieu, elle est moyen de nous faire longuement vivre en ce monde, qui est la chose que la plus part des personnes souhaitent de meilleur courage. Car encor que le cas avint (comme il y a des gens de diverses complexions, et plus coleres et impatiens les uns que les autres) que l'homme maladif desirast se partir de ce monde, pour l'ennuy et fascherie qu'il y reçoit, ce sera alors qu'il y trouvera plus d'empeschemens qui l'en destourberont et retarderont. Mais s'il luy avient de souhaiter de vivre pour l'utilité et profit des amis, il en eschapera beaucoup plus longuement que ne feroit un bien sain, par ce que le pauvre **[108]** maladif, considerant qu'il est debile et cassé, se contregardera bien diligemment, et ne fera aucun exces, et vivra plus sobrement que ne feroyent les plus robustes et mieux temperez. Car ce sont ceux à qui avient bien souvent, par se trop fier à leur force et bonne disposition, de temerairement s'excuser à mille griefz perilz et dangers, et user de viandes prohibées à la santé des hommes, prendre au soir le serain, ou sans aucun besoing endurer tempeste, pluye, gresle, vent, orage, et s'aventurer depuis le matin jusques au soir. Qui pis vault, par la confiance qu'ilz ont à leurs corps, lesquelz ilz sentent robustes et puissans, ilz ne craindront sans aucune discretion, battre l'un, frapper l'autre, despouiller, outrager, et faire mille maux, qui pour toute recompense les reduisent en ceste piteuse main de justice, laquelle sans aucun esgard de leur force, dexterité, parenté ou richesse, les fait miserablement et honteusement finir leurs jours devant le temps.

C'est donc grande folie de si grandement desirer ceste force et santé de corps, puis qu'elle est cause de tant de maux, quand ce ne seroit que pour le regard des guerres, que l'on ne verroit jamais si cruelles ny si enflambées, sans la confiance que les hommes mettent en leur santé et force **[109]** corporelle, de laquelle les gros seigneurs se jouent les uns contre les autres, et

en tiennent aussi peu de conte, que d'esteufs blancs sur le rabat
de quelque bracque ou tripot.[252]

---

[252] L'«esteuf» est bien entendu la balle du jeu de paume, le «rabat» est la
maison où ce jeu se joue, et le «tripot» est la salle qui y est affectée. Tout cela
pour dire que les seigneurs tiennent autant de compte de leur santé que de balles
dans un jeu de paume.

Pour les pleurs

Declamation XI.

*Qu'il vaut mieulx souvent
plorer que rire.*[#]

Ce n'est sans bien grande occasion que puis
asseurément et à bon droit confesser le plorer estre meilleur que
le rire, puis que Salomon en ses tressainctz proverbes nous a
laissé par escrit que mieulx vault dormir et reposer en la maison
de dueil qu'en celle de joye et de plaisance[253]. Par le ris,
plusieurs ames se sont parties de leurs corps, avec douleur
infinie de leurs bons amys, et par tristesse, jamais une seule (que
je sçache) ne s'en retira que bien-contente. Le ris a tousjours
esté propre et particulier à la bouche des sots, et gens hors du
sens. Et ne list-on en aucun endroit des sainctes escritures, que
jamais nostre Seigneur ayt ry, mais en plusieurs passages des
bons et fideles evangelistes, pour ceste cause a-il promis
eternelle felicité à ceux qui plo- **[110]** rent, et ceux qui rient, il
les a menacez à mort[254]. Le plorer est signe de penitence et
componction, à quoy bien souvent nous enhorte et invite la voix
des sainctz prophetes, mais le ris a souvent esté cause de se faire
mocquer de soy, comme indice de temerité. Si nous voulons

[#] «Meglio è di piangere, che ridere. Paradosso XII» (f. G1 r°-G2 r°). — Lando
s'inspire dans une certaine mesure de l'ouvrage de son compatriote, Antonio
Fileremo Fregoso, *Il riso di Democrito e pianto di Heraclito...*, Milan, 1506, qui
sera traduit entretemps en français par Michel d'Amboise, *Le Ris de Democrite,
et le pleur de Heraclite, philosophes sur les follies, et miseres de ce monde...*,
Paris, Gilles Corrozet et Arnoul L'Angelier, 1547. Sur ce thème, fréquemment
repris chez les moralistes du XVIe siècle, voir une n. dans l'édition
Villey-Saulnier des *Essais* de Montaigne (à propos de l'essai I 50), p. 1261. —
Rappelons qu'Estienne omet ici le «Paradosso XI» de Lando, «Non essere cosa
detestabile ne odiosa la moglie dishonesta» (f. F5 r°-G1 r°).

[253] Allusion en fait à l'Ecclésiaste 7 : 2 (la précision est d'Estienne).

[254] Allusions à Luc 5 : 21 et 25, ou encore à Matthieu 5 : 4.

prendre garde aux commoditez de larmes, combien de desdaings, combien de fureurs ont esté estaintz par une seule petite larmette d'œil? Combien a elle rassemblé et remis de pauvres amoureux qui au paravant ne vivoyent qu'en tristesse et langueur? Combien a elle refrené et attendri de cœurs cruelz et embrasez les uns contre les autres? Et combien de grandes et honnestes recompenses ont esté impetrées et mesurées au poix de ces larmes?

Je suis en ceste opinion, que toute la force et puissance des hommes assemblée en un, ne pourroit jamais tant gaigner ou acquerir sur ceux de qui elle a eu besoing, qu'une seule larme a conquis et souvent obtenu à l'endroit des obstinées et mal pitoyables personnes. Qu'ainsi soit, Heraclite a tousjours plus esté estimé pour son plorer, que ne fut onc Democrite pour son rire. Voyez combien Crassus (qui par sa vertu acquist le nom d'irrisible) a fait des choses dignes d'eternelle louenge?[255] Et s'il faut pro- [111] duire les utilitez des larmes, et de souvent plorer, considerez qu'il est cause de faire croistre noz corps, quand ilz sont encores jeunes et tendres, dont est ce que plusieurs nourrisses ne se soucient pas beaucoup d'appaiser leurs petis enfans, quand ilz crient au berceau, à fin de leur laisser par ce moyen dilater les membres, et leur donner plus soudaine croissance. Et où les preuves me defaudroient contre le ris, je me contenteroye d'une seule de ce bon Hippocras, qui nous a laissé par escrit, que les malades qui ont pour accident un ris sans aucune cause manifeste sont les plus difficiles à guerir[256].

Laissons donc ceste risée à part, puis qu'elle messiet tant à l'homme, et ne tient rien de sa gravité et honnesteté, joint que nous ne trouvons pour le jourd'huy entre tant de calamiteuses ruines que nous voyons regner, aucun lieu, ne

---

[255] Marcus Crassus, dit *Agelastus* (IIᵉ siècle av. J.-C.), grand-père de Marcus Licinius Crassus triumvir (Pline, VII 19 ; *Dict.*, 25 vᵒ b et 167 vᵒ b).
[256] Allusion peut-être au livre des *Épidémies*, V 95 et VII 121.

opportunité de bien rire. Et concluons, que le ris faict envieillir et rider le visage, contrefaict la personne, estonne le cerveau, blesse les poulmons et les parties du ventre, tant qu'apres longue risée plusieurs douleurs s'ensuyvent, dont l'on ne se doute point, quand l'on y est, en sorte que si le ris est effrené, il faict cheoir la luette, esgargueter[257], enrouer, et souvent esclatter la personne, dont apres survient [112] fievre avec douleur de teste, et quelque fois pis. Aussi disoit tresbien le sage, que la fin du ris estoit douleur et pleurs, qui coustumierement durent plus long temps, et ont plus longue queuë que n'avoit la risée. Mais la fin des pleurs continuelz, apres ceste vie mortelle, est une joye et delectation perpetuelle, qui jamais ne finit, et telle nous a esté promise par celuy qui est la verité mesme[258].

---

[257] esgargueter: probablement < gargoter = «faire du bruit en mangeant ou en buvant».
[258] Voir ci-dessus, renvois à la n. 254.

Pour la cherté

Declamation XII.

Que la cherté est meilleure que
l'abondance.#

Tout homme de commun sens et advis vous asseurera que pour l'aise et en bon point de sa personne et continuation de ses plaisirs, l'abondance des biens de la terre doit estre de bien grande requeste. Mais pour un voluptueux[259] qui se trouvera de ceste opinion, je vous en fourniray un cent de bien bon esprit et parfaict jugement, qui liberalement maintiendront la fertilité et abondance des biens de ce monde estre mere et nourrice de tous maulx, ennemye de toute modestie et honnesteté, et adversaire de la so- [113] brieté. Vray est que la bonne dame de Haynaut[260], se lamentant de la grande cherté que la turbulence de ces guerres luy apporte, regrettera bien fort entre autres choses la fertilité des années precedentes, ausquelles il luy souviendra y avoir eu tant de bleds et de vins qu'il ne se passoit sepmaine qu'elle et tous ceux de sa maison ne s'en yvrassent deux fois pour jour. Mais le sobre et fatal Soloignau dira bien au contraire que moins de vivres y a en un pays, et moindre en est l'insolence des habitans, qui en temps d'abondance se desdaignent° du service de leurs superieurs, et a l'on lors plus

---

«Essere miglior la caristia, che l'abondanza. Paradosso XIII» (f. G2 r°-G3 v°). Voir la n. pour le *paradoxe* I.

[259] Ce début apparemment illogique n'est pas chez Lando. On notera le lien qu'Estienne établit entre «homme de commun sens» et «un voluptueux» et encore l'opposition entre «commun sens et advis» et «bien bon esprit et parfaict jugement».

[260] Selon Lando (f° signé G2 r°), la dame aurait été de Picardie et il l'aurait entendu s'exprimer ainsi en 1543, lorsqu'il suivait la cour. L'adaptation généralise le cas précis pour l'opposer à l'exemple du Solognais, qui suit.

grande peine à recouvrer un serviteur (si pauvre et mal complexionné soit-il) qu'un homme de sçavoir et de bonnes lettres. D'avantage, que pensons nous que soit l'abondance d'une ou de deux années (dont nous faisons si grande feste) si non unes[261] arres pour la cherté de celles qui doivent venir puis apres? Tesmoing en est l'interpretation que feit le bon Joseph le juste du songe de Pharaon[262]. Qu'est-ce qui donne mieux à congnoistre la valeur et pris d'une chose excellente que la cherté d'icelle? Aux pays d'orient et des sauvages, l'on ne tient non plus compte d'or ne de pierres precieuses que nous faisons en ces quartiers [114] du fer, du plomb, ou du cuyvre. En Madere, Cipre, et autres isles où croist le sucre, ils en baillent à manger aux porceaux, ainsi qu'aux pays de pardeça on leur baille des fruictz, par ce qu'il y en a grande abondance. Pourquoy se[p] fait cela, si ce n'est pour l'abondance qui donne le mespris de l'excellence des choses? Par experience, quand le temps nous vient à souhait, combien y en a-il à qui il souvient de son Dieu, et qui l'en remercient de bien bon cœur, si ce n'est par maniere de contenance? Mais quand le temps nous vient mal à propos, c'est à l'heure que nous retournons à luy, et luy crions mercy, congnoissans tant seulement alors sa divine et non pareille bonté, grandeur et excellence.

Infalliblement la valeur du pain et du vin (qui nous sont choses necessaires à la nourriture des corps et entretien de l'ame en iceux) ne se congnoit jamais en temps d'abondance, auquel on en fait degast, jusques à les mettre aux pieds, et aux plus viles nourritures des bestes, et me suis laissé dire qu'en quelque

---

[o] 1554[4] et 1561 : desdaignant
[p] 1553, 1554[4], 1561 : ce

---

[261] Forme fréquente devant un substantif employé seulement au pluriel.
[262] Genèse 41 : 25-31 (les sept vaches grasses et les sept vaches maigres). Allusion absente du texte italien, comme d'ailleurs toutes les considérations qui suivent jusqu'à l'exemple de Hircanie.

pays de grand vignoble, une année de fertilité entre autres, ils furent si depravez et glorieux que de foetter le vin par les carrefours. Mais quand il y a bien peu de vin et de grain, l'on les gouste, l'on les savoure tant bien, l'on en prend en si petite portion, que [115] rien n'en est perdu. On en loue tant Dieu, on l'en remercie tant c'est alors que l'on s'adonne le plus à congnoistre ses grandes vertus. Les corps en sont à lors plus sains et alaigres, d'autant qu'il est besoing tremper le vin et que l'on ne mange le froument si pur qu'il puisse engendrer opilations de foye, ne d'autres parties. Et quant à la vivacité de l'esprit, je dy que tout ainsi qu'en temps de jeune et de diette les esprits sont choses meilleures et plus grandes, aussi en temps de la cherté ilz n'engendrent si grand nombre de fumées, qui les empeschent à faire leurs divines operations. C'est pourquoy entre autres choses les jeusnes et le Caresme furent premierement instituez en bonne saison et temps d'abondance, apres bon vin bon cheval, mille noises, mille batteries, mille proces et querelles. Mais qu'un portefaix ait un double, pour avoir pinte, il vous quitte là ses crochetz, tant qu'il se soit desenyvré, et n'y a lors si petit qui ne vueille tenir table d'hoste, et vivre comme en festin de noces franches, et puis de la panse, la danse.

Faisons maintenant un petit rapport des pays fertiles et abondans en tous biens avec ceux qui sont steriles ou mal fructueux, et voyons si les habitans d'iceux [116] sont mieux complexionnez, que ceux qui se trouvent en desers et regions mal cultivées infertiles. Premierement en Hircanie (s'il est vray ce que la tant veritable Grece escrit en son histoire[263]) un seul sep de vigne rend environ un muy de vin, et chacun pied de figuier remplit pres de quarante tonneaux de son fruit, sans ce que le froument tombant naturellement de son espy, sans autre industrie ou labeur humain y recroist tous les ans en abondance,

---

[263] A l'époque, la Grèce est au contraire bien connue pour être «menteresse» — voir par exemple ci-dessus le paradoxe V, p. 104.

et les mouches y font naturellement le miel sur les arbres, lequel comme manne du ciel, distille continuellement par terre, et n'a l'on que la peine de le resserrer. Ce neantmoins, les gens de ce pays là ont esté tenus pour les plus cruelz, les plus fiers, et les plus mechans de tout le monde[264]. Au pays des Indes, la terre porte deux fois l'année, et y a deux saisons pour recueillir les fruits, toutefois si vous congnoissiez les gens du pays, vous les trouverez fantastiques menteurs et trompeurs au possible[265]. En Babylone, chacun petit grain de froument en produit deux cens autres, outre ce que le millet et le pain (pour la grande et merveilleuse fecondité de ce terrouer) viennent à hauteur d'arbres parfaits, et nonobstant toutes ces choses, les habitans du pays sont encores plus fertiles [117] en meschancetez et malheurs que toutes autres nations[266]. En Tacape, grande cité de l'Afrique, l'on trouve telle habondance et multitude de ce que l'on sçauroit souhaiter en ce monde pour le vivre et nourriture des hommes, que tout y est au petit pris, qu'on n'en tient compte. Aussy trouve l'on grandissime abondance de larcins, adulteres, trahisons et infidelitez[267].

Conferons maintenant de l'autre part les regions steriles, ou moins fertiles en biens, et voyons si elles ne sont pas toutes industrieuses, amies de vertu, et grandement endurcies aux peines et travaux corporels, et si d'elles ne sourdent pas (ainsi que des petis et bas lieux) les grandes legions de gens de proësse et industrie. En premier lieu, considerons[268] quel est le pays de Dannemarc, et quelz ont esté les Franconiens et Danoys qui en sont yssus. Considerons encores les Scithes, qui vivoyent au jour la journée, sans habitation certaine, tantost en un lieu, tantost en un autre. Combien et quelles gens de guerre sont

[264]   Strabon, II 1, et XI 7.
[265]   Pline, VI 56.
[266]   Strabon, XVII.
[267]   Tacape (aujourd'hui Gabès en Tunisie) : Pline, XVI 27, XVIII 22.
[268]   Les régions considérées par Estienne sont toutes autres que celles que l'on trouve chez Lando, qui renvoie presque exclusivement à des pays italiens.

partis de ces peuples, ainsi que de nostre temps mesme nous
voyons sortir des isles d'Irlande, Souave[269], et pays infertiles,
froids et voisins en partie de l'Escosse? Et toutesfois esdits païs
se trouve pour la nourriture des habitans, sans plus, que le lait et
les poissons **[118]** et de mollesse et delicatesse pas un brin.

       Mais s'il fault laisser les estrangers pour discourir
seulement des nostres, combien de gens de sçavoir et autorité
pensez vous de nostre memoire estre yssus des pays non cultivez
et montaigneux, de Savoye, Daulphiné, Auvergne, Gascoingne,
Limosin et Perigueux? Estimez vous que les rabioles[270],
oignons, et favadez[271] desdits pays leur ayt en rien diminué le
bon esprit? Trouverez vous que pour cela ilz en doivent rien à
noz mignons de la court et d'ailleurs, qui sont nourriz et
entretenuz en toutes mignardises et choses friandes? Combien
de chanceliers, presidens, conseillers, chevaliers, capitaines, et
autres gens, avez vous veu, et voyez tous les jours en honneur de
tels quartiers plus que d'ailleurs? Neantmoins leur pays est de
telle nature, que les chevres et mulets, les raves et les chataignes
y prennent plus de nourriture que ne fait le froument et le grain
le plus precieux. C'est bien pour inferer, et vous prouver
apertement, que sans ceste cherté et frugale parsimonie qui leur
est naturelle, jamais ne seroient telz qu'ilz sont. Je vous
accorderay tresbien que depuis qu'ilz se sont une fois habituez
en pays plus abondant, ilz en deviennent plus fins et fretez[272],
[119] ainsi que les Espagnolz sauvages, lesquelz, sortans de leur
region non cultivée, chaussez de souliers de cordes, y retournent
en escarpins de veloux. Mais cela leur procede de la premiere
nourriture, qui leur donne ce cœur et industrie de ne se rendre en
rien inferieurs aux nations estranges.

---

[269] Souabe sans doute.
[270] rabioles = choux-raves.
[271] fèves?
[272] fretez = rusés.

Je diray pour conclusion que la grande fertilité et abondance des biens de la terre ne nous sert que de nous afetardir[273] et aneantir par attentes de successions, censives[274], dismes, rentes et revenus, ausquelz nous mettons tant d'espoir le plus du temps que nous en devenons nonchalans, et hors de toute affection de vertus et sciences. Vray est que la trop grande abondance de ce grain, à ceux qui en sont convoiteux, leur sert nourrir force volailles, pigeons, passereaux et autres oyseaux, tant de courtil[275] que de passage, desquels la chair puis apres ne leur fait qu'abbreger et acourcir la vie. Mais il leur doyt aussi souvenir que le grand nombre d'iceluy en granges et greniers entretient un million de ratz, souris, calendres, charentons, et autres vermines, desquelz n'y a si bonne maison que quelquefois n'en soit empuantie et gastée, sans la peine qu'il donne à se faire demesler d'avec la nyelle, vesse et aveneron[276], et quand il est **[120]** cueilly, il met son maistre en si grande subjection de l'en fermer, que tel en a beaucoup qui pour la peine de le serrer et garder seroit quelquefois bien content quitter la terre pour le grain, à raison des fascheries, ennuis et maladies qu'il en reçoit pour recompense de ses labeurs.

Somme, la cherté des vivres rend les pauvres gens soingneux et asidus à leur labeur, et contens de si peu qu'ilz apprennent[q] pour la necessité à bien partir et mesurer pour le temps advenir ; entretient et augmente les bons espris en leur devoir et vivacité, au grand profit de la chose publique, qui autrement n'en jouyroit, si à l'occasion de l'abondance ilz

---

[q] 1553[2], 1554[4] et 1561 : appreuvent

---

[273] Verbe composé sur l'adjectif «faitard, fetard» = paresseux. Le texte de Lando, qu'Estienne délaisse presque entièrement ici, ne comporte pas de jugement pareil.
[274] La «censive» est généralement une redevance que l'on doit à son seigneur.
[275] Voir n. *30*.
[276] Nielle, vesce, avéneron : végétations souvent parasites dans les champs de céréales.

pouvoyent entrer en liberté ; donne à congnoistre la bonté, force et vertu de celuy qui de rien faict des choses moult grandes, rabaisse l'orgueil des plus haut montez ; et fait sembler meilleur ce que l'on gaigne et que l'on reçoit par son moyen, que si de la main de ceste grande affluence, il estoit elargy et donné pour neant. Bref en temps de cherté, les choses bonnes croissent et augmentent, et en temps d'abondance, elles diminuent et amoindrissent.

Pour le desir de mourir

Declamation XIII.

*Qu'il vault mieux souhaiter tost mourir
que longuement vivre.*[#]

   Si grande est la pitié et misere des choses de ce monde
que le long ennuy et trop fascheuse compassion d'icelles, sans
autre espoir de prompt amendement, fait maintenir et affermer à
beaucoup de personnes estre plus expedient à l'homme
craingnant Dieu, desirer le[r] bien tost mourir que plus
longuement demeurer en ces travaux. Car quand la mort, vray
ministre de justice, fin de tous ennuis, et voye tressure de nostre
salut eternel, ne feroit autre bien en faveur des hommes que de
les retirer hors des afflictions de ce monde, les empescher
d'offenser Dieu si estrangement et les delivrer de la subjection
des cruelles et ravissantes mains d'aucuns tyrans, si seroit elle
pour ceste seule raison bien grandement à priser et extoller. Sans
elle nous estions miserablement condamnez et estouffez de
bruyne incroyable. Sans elle nostre vie n'estoit rien. Sans elle
nostre esperance eternelle seroit esteinte. Sans elle, qui est le
pecheur, si grand **[122]** prince et seigneur soit il, qui craingnist
et congneut Dieu? Par elle nous vivons eternellement, par elle
nous sommes hors de prison, d'ennuis et de tout malheur. C'est
la raison pourquoy l'ancienne coutume du peuple de Thrace
estoit de faire grand dueil à la naissance d'un enfant, et au
contraire, quand quelque grande ou aagée personne se mouroit,

---

[r] 1554[4], 1561 : de

[#] «Meglio è morire, che longamente campare. Paradosso XIIII» (f. G4 r°-G6 r°).

ilz en faisoyent la feste, et selon sa dignité ils luy celebroient des jeux, triomphes, festins et autres singularitez[277].

Si une nation barbare telle que celle là, privée de tout usage de philosophie et bonnes lettres, a faict si grand honneur à la mort, ne nous sera ce pas honte d'estre tant amoureux de ceste vie, qui n'est (selon l'opinion du gentil poëte) qu'une obscure prison pour les bons et nobles espritz? Monsieur sainct Paul, vaisseau d'election, ne desire il pas mourir pour vivre avec son maistre?[278] Et nous, pour avoir le loisir de commettre dix mil exces, adjouter journellement peine sur autre, et augmenter le registre de noz faultes, serons nous si obstinez et affectionnez à ce tant court et dangereux plaisir (si plaisir se doit appeler, qui nous meine à la mort eternelle) que de vouloir pour cela perdre la vie celeste, divine, et plus que nompareille? Ezechiel desiroit la mort pour jouyr des beautez et excellen- [123] ce du ciel[279], et nous desirons ceste vie, pour plus avant nous enveloper dans les ordures de ce monde. Simeon, ce bon, juste et sainct vieillart, desira la mort du bon du cœur[280], et nous aveuglez, et du tout privez de discours naturel, la hayons et en disons tant de mal. Pourquoy pensez vous la mort avoir esté appelée des anciens *thanatos*, si ce n'a esté pource qu'elle nous rend à la fin tous joyeux et bien contens de ce que nous devons desirer?[281] Sommes nous donc pas bien bestes et ignorans de ne recongnoistre l'abondance de ses bienfaicts, quand elle nous tire hors de ce tant ennuyeux labyrinthe? Puis que ainsi est, que celuy qui plus long temps rechappe, et demeure en ce monde, y apperçoit tous les jours plus de fascheries et ennuyz, que de joyes et recreations? Si vous ne produisez la noblesse de l'aage

---

277 Selon Hérodote, V 4.
278 Philippiens 1 : 23.
279 Allusion en réalité, comme l'indique le texte italien (f° signéG5 r°), à l'histoire du roi Ézéchias : II Rois 20 et Ésaïe 38.
280 Luc 2 : 25-35.
281 Le texte italien cite plutôt en exemple le nom latin «Letum», qui correspond mieux à l'explication qui suit.

et longueur de la vie, pour la grande experience des choses passées, qui servent à descouvrir et prevoir celles qui sont à venir, de combien sommes nous plus heureux de prévoir nostre malheur, et congnoistre que bon gré malgré il nous faut patiemment endurer ce que nous ne sçaurions eviter? Et voir ce dont noz yeulx sont tant estrangement offensez? Mais qu'est-ce que l'on doit appeler la vieillesse, si- **[124]** non une continuelle douleur et languissante maladie? Quel surnom donnerez vous aux viellars, si vous ne les appelez mouvantes anatomies, et vivans mortuaires, avec tant de distillations et catarres, qui ne leur laissent une heure de bien le reste de leur pauvre vie? Et si la seule memoire et souvenance de la mort nous fait un avantage si certain, et nous asseure tant que de nous permettre l'immunité de peché, que devra faire d'avantaige la presence d'icelle, que craignent tant ceux qui ne la congnoissent, et n'entendent ses beaux passedroictz, qui sont tels que la memoire des hommes ne sçauroit aucunement estaindre, si elle ne vouloit par mesme moyen effacer toutes les histoires sacrées et profanes, desquelles ceste vie est tant contente et recrée?

Qu'eust ce esté de ce gentil peuple romain si le chevaleureux Horace Cocles eust craint ceste mort[282]? Si Quint Curse eust esté paoureux et timide, et n'eust preferé le doux mourir au tant[s] ennuyeux vivre du monde? N'estoit pas sans luy la grande ville de Rome subjecte au plus dangereux enfer que l'on sçauroit nommer sur la terre[283]? Que diray-je de ceux qui pour la liberté et seureté de leur patrie vont à la mort, le tabourin sonnant, et au bruit de la hautaine trompette, **[125]** tout ainsi que

---

[s] 1554[4], 1561 : autant

---

[282] Publius Horatius Coclès, qui se fit célèbre par sa résistance contre l'armée du roi d'Étrusque, Porsenna (VIe siècle av. J.-C.) (Tite-Live, II 10, Valère Maxime, III 2 ; *Dict.*, 158 v° a). Ajout d'Estienne.
[283] S'agirait-il plutôt de Marcus Curtius, adolescent romain qui sauva la ville vers 360 av. J.-C. (Tite-Live, VII 6, Valère Maxime, V 6 ; *Dict.*, 172 v° a)? L'allusion, comme la précédente, n'est pas chez Lando.

si l'on les menoit aux noces? Aussi veistes vous onc homme qui craignist la mort estre digne de grande reputation et honneur? C'est bien pourquoy les anciens historiens tant priserent et extollerent la coutume de quelques nations barbares, lesquelz avec pareille promptitude et alacrité d'esprit couroyent à ceste mort, comme s'ilz se fussent presentez à quelques triomphes publiques, ou autres grands plaisirs et tresjoyeux spectacles. Pourquoy penseriez vous que les Alemans soyent entrez en si grand credit en nostre endroit, si ce n'est pource que c'est une nation prodigue de sa vie, et convoiteuse de ceste mort si precieuse? Celuy qui nous a premierement introduit ceste coutume de mesler la musique, avec sa batterie de la guerre comme des fiffres, tabourins, trompettes, clairons, et harpes (combien que de la harpe l'usage en soit desja perdu) ne le feit pour autre occasion que pour donner ce tesmoignage aux soldatz que le mourir est comme qui s'en iroit joyeusement à la fontaine de toute consolation et perpetuelle jouyssance des eternelz et immortelz biens de là haut.

Concluons donc que mieux vaut promptement mourir que si longuement languir en ce monde, et affermons la mort estre trop **[126]** plus noble et excellente que la vie, par ce qu'elle estend sa puissance par tout, sans aucun choix ou exception, et encore qu'elle est maistresse de ceste vie, dont non sans cause et bien bonne raison un philosophe interrogé que c'estoit que la mort, respondit bien promptement que c'estoit un somme perpetuel, un accident et passage inevitable duquel ne pour pleurs, ne pour prieres, ne pour souspirs on ne se peut aucunement delivrer.#

Dans le texte qu'adapte Estienne, on lit, au f° signé G6 r° : «Il fine del primo libro.».

Pour le villageois

Declamation XIV.

*Que le pauvre villageois est plus à son
aise que n'est le citoyen.*[#]

Au paravant que les grandes villes et citez fussent
edifiées pour loger et retirer les plus aisez et accommodez du
peuple, et ceux entre autres qui apres les grandes guerres
emportoient les plus gros gages et butins, chacun vivoit
indifferemment content de sa fortune, cultivoit la terre, et
recevoit le profit de son labeur, ne s'enfermoit de l'ennemy[t],
n'avoit peine de se lever la nuit pour le danger des larrons,
communiquoit son sçavoir sans aucun salaire au premier **[127]**
venu, n'elisoit superieur que le plus ancien et de meilleure vie,
qui sans espoir d'aucune utilité donnoit la loy et bon regime de
vivre selon le danger qu'il voyoit advenir, pour la multitude du
peuple croissant en grand nombre. Mais depuis que l'avarice a
jetté les racines au milieu de ceste simplicité populaire, les plus
grans et plus druz[284] pour se passer plus aiséement des menuz,
se sont retirez et enfermez à part, et ont voulu pour leur argent
avoir la jouyssance du labeur des petis enfans sans prendre autre
travail que de nombrer et enregistrer le gaing qui journellement
leur venoit et multiplioit de la sueur du villageois, eux dormans
et reposans à leur aise.

---

[t] 1553 : de peur de l'ennemy

[#] «Il Secondo libro de Paradossi. Che meglio sia nascere ne luoghi piccioli, che
nelle populose città. Paradosso XV» (f. G7 r°-H1 r°). Tout ce début développe
rapidement le thème de l'âge d'or, inspiré du livre I des *Métamorphoses* d'Ovide
et qui sous-tend, par exemple, le *capitolo* de Mauro *in dishonor dell'honore*
(1538, trad. française en 1547 — voir notre introduction, p. 15-16).
[284] druz : forts.

Ainsi est demeuré le petit pasteur inventeur de toutes bonnes choses, et semblablement le pauvre laboureur sans autre cloture emmy les champs, comme pauvre, vil et abject de tout le peuple, dont il a esté surnommé vilain[285], à la difference de ceux à qui il sert, qui toutesfois de luy sont descenduz, et prennent à gloire et honneur qu'ilz voyent plus de noblesse et d'honnesteté aux cours et grands citez qu'ailleurs. Et disent que c'est là où toutes arts tant liberales que mecaniques sont en plus grande fleur et excellence, mais le plus souvent la [128] moindre ombre ou scintille de vertu qui se puisse montrer et reluire en un petit villageois se rend autant gracieuse et resplendissante qu'une fort clere estoille se montrant en lieu anguste et estroit. Là où si sa naissance estoit bien haute, et en lieu celebre et excellent, d'autant luy faudroit il prendre extreme labeur et nonpareille industrie pour se faire valoir et acquerir bruit par dessus les autres.

Encores voit l'on communement plus grand nombre de gens d'excellence avoir esté engendrez et procreez es petis lieux, et de peu de memoire, qu'aux bien estimées et superbes citez, dans lesquelles le plus de bien que l'on y voit ne sont que querelles, proces, homicides, trahisons, larcins, seditions, et autres meschancetez. La petite isle de Cos située en l'Archipelago, quasi de nulle grandeur, engendra le divin Hippocrates, imitateur de nature avec l'excellent peintre Appelles, Philette, poëte tresexcellent (ainsi qu'il plaist à aucuns) fut d'un village du païs de Naples[286]. Severe nasquit en un petit chateau de Numidie[287]. Trajan vint d'une petite place

---

[285] vilain : l'«étymologie» de ce mot, qui ne comporte à l'origine aucune valeur péjorative, est proposée par Estienne.

[286] Philetas, poète et grammairien de l'époque de Philippe de Macédoine et d'Alexandre, fut en fait originaire de Cos, comme le dit le texte italien (f° signé G8 v°) (*Dict.*, 348 v° a).

[287] Lucius Septimus Severus (Septime Sévère), empereur romain de 193 à 211, né à Leptis en Afrique.

assise pres de Gades, que l'on nomme aujourdhuy Calice[288].
Titus naquit en un petit bourg[289], et Auguste en un petit village
dit Velitres. Du bourg d'Arpin nous avons ce grand Marius, qui
surmonta les Cim- **[129]** bres[290], et encor le tant eloquent
Ciceron. D'un petit boys mal plaisant vindrent Remus et
Romulus, desquelz Rome fut si heureusement construite et
edifiée, et en laquelle toutesfois nasquit et trop longuement
vescut ce meschant Catilina, qui se meit en peine de la subvertir
et destruire jusques aux fondemens. Bias, l'un des sept sages de
Grece, vint d'un village de Prienes, et Aristote (qui au jugement
de plusieurs est tenu le plus sage, poly et artificiel qui ait escrit
en ce monde) vint de Stagire ; Pithagoras, et le sçavant
Democrite vint d'Abdere ; le divin Theophraste fut de Lesbos,
Vespasian nasquit en un petit village reatin.

Et s'il faut discourir en nostre temps, combien de
papes et empereurs trouvez vous aux histoires anciennes et
modernes yssuz de petis villages et basses maisons, et avoir plus
fait en leurs temps, que ceux qui sont partiz des villes et grandes
citez? Combien de simples soldatz venuz des moindres villages
de leur païs avez vous veu monter aux plus grans honneurs de
capitaines et lieux de noblesse? Un citoyen se contente de son
bien et bourgeoisie, et s'il est tant soit peu aisé, il ne changeroit
pas sa **[130]** fortune à celle de Midas. S'il vit de ses rentes, il
regarde les petis par dessus l'espaule, et hause la teste au
moindre mot qu'on luy sceust dire. Un villageois de bon esprit
vit en vray philosophe, et n'a si petit de rente qu'elle ne luy
semble bien grande, ne si petit bastiment qu'il ne luy vaille
autant pour le profit de l'esprit et de l'ame qu'un bien grand
chateau, auquel il s'est à bon droit retiré et distraict, pour
s'esloigner des pompes et damnables ambitions de ce monde

---

[288]   M. Ulpius Crinitus Trajanus (Trajan), empereur romain de 98 à 117, né à
Italica en Espagne.
[289]   Titus, fils de Vespasien, empereur romain de 79 à 81.
[290]   Caius Marius, vainqueur des Cimbres à la bataille d'Aquæ Sextiæ en 102
av. J.-C. (Valère Maxime, II 2).

sans plusieurs autres tresutiles bienfaits que luy rapporte cest heur, d'estre sorty et nourry en petis lieux, lesquelz pour le present je ne puis reciter[291].

Concluant pour dernier propos que nul ne se doit plaindre d'estre yssu d'un lieu encloz de petites et foibles murailles, puis que si souvent du temps des anciens, et encores de present sont sortiz de petis lieux et pauvres villages plusieurs belles lampes et excellentes lumieres de vrayes gloire et sciences, dignes, à la verité, ausquelles les plumes des meilleurs escrivains de ce monde soient employées et empeschées, et dont les langues des plus excellens et famez orateurs de cest aage tiennent bons et honorables propos. [131]

---

[291] Ce paragraphe est de l'invention d'Estienne.

Pour l'estroictement logé

Declamation XV.

*Que le petit logis est plus à priser que ne
sont les grans palais et maisons
de plaisance.*[#]

Pour les petis logis, l'habitation desquelz je soustiens
en cest endroit, je dy que leur bastiment se fait à moindres frais
et despens, et qu'en moins de temps ilz sont elevez, plus
aiséement appropriez, et avec plus grande commodité hantez et
habitez, que ne sont les grandes seigneuries et chateaux de
plaisance, que la proportion[u] d'un petit logis fait que par dehors
il s'en remontre mieux et en est de plus mignonne apparence.
Qu'il est moins subject aux dangers des larrons que ne sont les
vagues et spacieux palais, entourez de parcs, grandes courtz,
basses et hautes offices, escuiries, venneries, chenils,
heronnieres, fauconnieres[v], et autres delices superflues. Que le
bas et petit logis ne peut si promptement estre touché de la
foudre et tempeste du ciel, et que l'on y habite plus aiséement,
qu'aux belveders[292] seigneuriaux, garnis de tant de jardins,
vergers, tourelles, donjons, montées de pied droit, et autres
curiositez, qui ne font que lasser et af- **[132]** foiblir les
personnes.

---

[u] 1554⁴, 1561 : proposition (Lando, f° signé H1 v° : proportione)
[v] 1561 : fauconneries

[#] «Che meglio sia habitare nell'humili case, che ne gran palagi. Paradosso
XVI» (f. H1 v°–H4 r°).
[292] Italianisme qui, en ce sens de «grande maison», date d'avant 1512 (Hope,
ouvr. cit., p. 164).

Le petit logis est plus tost et à moindres frais ameublé que le grand, et excuse son maistre de faire banquetz et festins à ceux qui le plus souvent par moqueries s'en invitent. Le petit logis est hors la marque des fourriers et mareschaux des princes, cardinaux, et autres qui tiennent grande court et maisons. Et pensez, là où ilz ont fait long sejour, l'amendement qu'ilz y laissent, et s'il y arreste rien à l'entour, non plus que si la tempeste ou la gresle y avoit passé, voyez comment voz serviteurs en deviennent mieux aprins, vostre menage mieux en ordre, et l'honnesteté de vostre logis mieux observée et entretenue. J'avoye oublié qu'ilz mettent le plus souvent leur hoste au danger des empruntz, incitent les gros milours[293] à s'en faire quelque jour proprietaires, s'ilz peuvent avoir le moyen (pour recompense du bon traitement) de mettre le bon hoste en terme de confiscation, pour le moindre mot qu'il pourroit avoir inconsideréement prononcé, ou de la foy, ou du prince.

C'est ce qui fait que je ne me puis assez esmerveiller de la folie et pauvre jugement d'aucunes personnes qui desirent pour leur logis et demeure les grans palais et maisons somptueuses, et leur ennuye de **[133]** faire sejour aux petis lieux et maisons populaires, comme si nostre ame, pleine de toute excellente noblesse, et douée des privileges infiniz que nostre Dieu luy a laissez, demeuroit logée en ce corps par trop estroictement, et comme si en briefve espace de temps (vueillons ou non) il ne nous falloit rendre ce corps en un bien plus petit logis, pour en trouver un trop plus excellent et magnifique pour l'ame. Peut empescher le petit logis ou estroite maison que nostre esprit librement et à son aise ne face son discours par toutes les plaisances celestes, et autres amenitez que l'on sçauroit souhaiter en ce monde, sans estre aucunement tenu aux inconveniens, ausquelz sont subjetz les habitans des grans palais et logis seigneuriaux? Au commencement de ces guerres, quand il estoit question de bruler et gaster le païs d'une

---

[293] milours = hommes riches (variante de «milort» = milord).

part et d'autre, à qui plus facheroit son ennemy, les soldats et gastadours[294] n'avoient charge de s'attacher aux petis hameaux, ny aux petites cabanes des bergers, mais aux plus belles et magnifiques maisons des princes et gros seigneurs. Voyez aussi que s'il est mestier de faire quelque assemblée de camp ou autre compagnie de princes et seigneurs en quelque part que ce soit, les beaulx cha- **[134]** teaux et sumptueux logis sont les premiers prins et occupez. Et posé que de ce degast la maison du laboureur s'en sente le plus souvent, si est-ce qu'elle a ce privilege par dessus les chateaux, que le plus souvent elle ne demeure non plus à reveler que le camp avoit duré à asseoir. Mais le grand logis ruiné servira vingt et trente ans apres de colombier aux fuyartz et bizetz ; de garenne aux serpens et lezartz ; et de jardin aux nouveaulx bacheliers[295].

Je ne puis faire que je n'aye pitié et compassion des affections de l'homme qui met tant son cœur en une chose dont il n'en peult avoir aucune gloire ou louange. Comme il soit ainsi, que l'honneur du beau bastiment ne tourne à celuy qui l'a fait faire, mais plustost à l'architecteur, qui pour ceste cause en retient ce nom de maistre des œuvres. Et posé ores que le personnage à qui est le bastiment en emporte quelque tiltre, n'est-ce pas petite gloire et grande vanité de vouloir acquerir cest honneur d'estre Seigneur sur des pierres, qui sont choses insensées et inanimées? D'estre maistre sur des pieces de bois, et (quand tout est dit) seigneur de chaux et de sable? Vauldroit il mieux se faire nommer seigneur de plusieurs belles arts et honnestes sciences, ou acque- **[135]** rir honneur de quelques beaux faits heroïques et vertueux? Et qu'il soit ainsi, que les anciens princes et grans seigneurs, plus amateurs de prouesses et vertuz que des choses terriennes et caduques, n'ayent aucunement mis leurs affections aux sompmeux bastimens, mais se soient du tout estudiez et adonnez à l'excellence de vertu et

---

[294] pilleurs, ravageurs.
[295] Tout ce développement est de la plume d'Estienne.

prouesse, ne fut pas la maison du grand Evander, petite et pauvrement bastie? Laquelle toutefois, pour l'excelence de son maistre vivant, ne fut lors tenue de moindre pris que les autres grans palais royaux, et merita de loger ce tant fameux et hautement renommé Hercules[296]. Jules Cesar ne feit onc bastir qu'une bien petite maison, ne pource luy fut empeschée la voye aux singulieres vertus, et finalement au grand empire Romain. Ce grand Scipion, qui conquit la tant obstinée Afrique, n'eut jamais logis particulier, mais habitoit tantost en un village, tantost en un autre, pour se desennuyer et se retirer des molesties de ses grandes affaires[297]. Le philosophe Diogenes, qui fut d'esprit autant bon et excellent qu'oncques homme de son temps, n'estoit logé que soubz un petit taict[298], pour se defendre de la pluye et du grand soleil. Le bon, et tant devot Hilarion se logea fort estroitement aux deserts d'orient, en une petite **[136]** celle, qui avoit (ainsi que recite sainct Hierosme) plus vraye forme d'un sepulchre que d'une maison commune[299]. Galba logeoit en une maison si rompue et fendue de tous costez, et descouverte en tant d'endrois, qu'un jour estant requis par quelqu'un de ses amis de luy prester son manteau, fut contraint respondre qu'il ne le pouvoit faire, à raison qu'il luy servoit à contregarder son logis, ce qu'il disoit en regardant un grand pertuis au dessus de sa teste, qui de nouveau s'estoit fait à la couverture, et voyant de loing une obscure nuée qui menassoit bien tost une grande pluye[300]. Jule Druse Publicole eut en pareil cas une maison si fort endommagée et fendue, que quiconques

---

[296] Évandre, fils de Mercure et de Carmente et prince du Latium ; il accueillit Hercule après la bataille de Géryon (Tite-Live, I 7, *et al.* ; [*Dict.*, 203 v° b]).

[297] Publius Cornelius Scipio (Scipion l'Africain) (235-183 av. J.-C.).

[298] taict = sans doute «toit» dans le sens spécial d'«abri de cochon».

[299] Hilarion (Saint), instituteur de la vie monastique en Palestine (291-372) (Jérôme, *Vie de saint Hilarion*, III ; (*Dict.*, 236 r° b)].

[300] Servius Sulpicius Galba, empereur romain (3 av.-C.-69). Ce successeur de Néron fut d'un caractère avaricieux, austère et inflexible, et fut finalement assassiné par les prétoriens. Sa vie est racontée par Suétone, Tacite et Plutarque, mais cette anecdote se trouve plutôt chez Érasme, *Apoph.*, VI 57.

estoit dehors pouvoit aiséement discerner et compter les meubles de leans, et voir ce que le bon homme faisoit en sa maison[301].

Ceulx, à vray dire, me semblent avoir grande portion de folie et ambition, qui veulent et desirent loger aux grans palais, et ont en mespris et desdaing les petites casettes et basses maisons, comme si les beaux lieux et bien bastiz nous defendoyent mieulx à l'encontre des assaulx de la mort, infinies malheuretez de maladies et ennuys de ce monde. Dites moy, je vous prie, vous qui entendez les histoires, et qui y prenez quel- [137] que plaisir, où estoit Tulle Hostile, quand il fut frapé du tonnoirre? N'estoit-il pas dans son palais royal?[302] Quand Tarquin Prisque fut tué, ne s'estoit-il pas retiré dans son logis magnifique?[303] Combien en trouverons nous d'autres qui ont esté deffaicts en leurs propres chasteaulx par divers accidens et fortunes? Le duc d'Urbin, qui feit bastir un si beau et si riche palais, en fut il pourtant hors du danger d'estre de son temps un temple de calamité à un chascun[304]? Le beau palais de Trente, qui n'a son pareil à cent lieues à la ronde, peult il jamais faire que celuy qui l'edifia ne fut subject à autant de dangers et fortunes que le moindre varlet de ce monde[305]? De quoy

---

[301] Il s'agit de (Marcus) Livius Drusus, tribun du peuple (Plutarque, *Œuvres morales*, 800 — «Julius» est une variante de «Livius» qui se trouve dans certaines éditions — ; *Dict.*, 191 r° a).

[302] Tullus Hostilius, troisième roi de Rome, que la tradition fait régner de 670 à 630 av. J.-C. La manière dont il mourut est un peu conjecturale (Tite-Live, I 22, *et al.* ; [*Dict.*, 436 v° a]).

[303] Tarquin l'Ancien, cinquième roi de Rome de 616 à 579 av. J.-C., fils de Demaratus, originaire de Grèce. Il fut assassiné par les fils de son prédécesseur, Ancus Martius (Tite-Live, I 31, *et al* ; *Dict.*, 416 v° a-b).

[304] Le palais ducal d'Urbino forme bien entendu le décor serein du *Cortegiano* de Castiglione, mais connut, au cours des premières décennies du siècle, de fort mauvais moments. A la famille des Montefeltro succéda en 1508 les della Rovere, puis Lorenzo II de' Medici (1492-1519), et enfin, en 1522, la ville fut reprise par Francesco Maria della Rovere (1490-1538).

[305] Sans doute s'agit-il du *Magno Palazzo*, construit par Andrea Crivelli et d'autres pour le compte du cardinal Bernardo Cles entre 1528 et 1536. Le

servirent tant de beaulx et excellens edifices à Luculle[306] et Metel?[307] Dequoy en furent plus nobles et plus riches Caligula et Neron, d'avoir maison de si grande estendue, qu'elles occupoyent et comprenoyent quasi toute la cité? Ce bel ouvrier qui bastit le palais de Paris, se peut il onc excuser qu'il n'estrenast[308] le mont Faulcon, qu'il avoit aussi erigé pour les malfaicteurs[309]?

Nous conclurons donc celuy devoir estre tenu pour un sot, qui se desdaigne loger et habiter aux pauvres et petites casettes, et cerche avec si grand appetit et ardeur de- [138] mourer en grosses et magnifiques maisons, ausquelles le plus souvent (mais quasi tousjours) habite meschanceté, fraulde, dissimulation, calomnie, trahison et misere.

Et qui ne m'en vouldra croire, si en face un moys l'experience, et il trouvera que je ne seray point menteur en ceste part. Car veritablement ce sont les lieux où le plus communement on joüe à boute hors, soit par quelque potage mal assaisonné, ou par le pouvoir de quelque couteau trop affilé, ou autrement. Ce sont les lieux où l'on plante le plus souvent les cornes sur le chef de son compagnon, et là où le plustost s'allume le feu, et le plus tard se destaint. Fuyons les donc le plus diligemment qu'il nous sera possible, comme si c'estoyent logis de quelques astarots[310], et nous rengeons à ces petites

---

cardinal, qui souffrait depuis longtemps de catarrhe et de paralysie, mourut du *morbus gallicus* le 30 juin 1539.

[306] Lucius Licinius Lucullus, général romain (vers 109-vers 57 av. J.-C.), rendu surtout célèbre par son luxe et son orgueil.

[307] Difficile de savoir de quel membre de cette illustre famille il s'agit.

[308] estrenast : étrennât (= ne fît les étrennes de).

[309] Il s'agit sans doute d'Enguerrand de Marigny (1260-1315), grand chambellan, contrôleur des finances royales et chargé des bâtiments royaux sous Philippe-le-Bel, exécuté au gibet de Montfaucon qu'il avait, selon une légende, lui-même fait ériger.

[310] Ici, sans doute, = démons (Lando, f° signé H3 v°: «gli alberghi di pessimi dimonii»). Astaroth est Astarté, idole associée à Baal dans la Bible (Juges 2 : 13).

maisonnettes tant propres et pleines de toute paix et tranquillité.
Par ce moyen ne serons obligez ne tenuz à ces grans
architecteurs, tant prisez et estimez de leurs maistres, mais bien
ensuivrons les ouvrages et bastimens de Doxius, filz de Celius,
qui le premier trouva l'invention d'edifier les logis à la mode
des arondelles[311]. Et nous souviendra de faire noz bastimens
comme les hommes mortelz doivent faire, non pas comme s'il
nous y convenoit [149 = 139] loger perpetuellement, esperant un
jour apres ce petit voyage de ce monde heriter et avoir part en
un autre logis basty de meilleure façon et ordonnance que ne
sont ceulx que dressent les mortelles et caduques mains des
hommes.

---

[311] Il faut comprendre : Toxius, fils d'Uranus (ou Cœlus), premier bâtisseur
d'une maison de boue (Pline, VII 56).

Pour le blessé

Declamation XVI.

Que celuy qui est blessé se doit plus resjouyr
que s'il estoit sain et entier.[#]

Je ne sçay bonnement qui faict que nous avons les
corps si tendres et delicatz, veu que nous monstrons avoir le
courage plus dur que fer, et plus insensible que pierre, et n'y voy
aucune occasion pourquoy nous devons tant craindre les
blesseures et estocades puis qu'elles peuvent seulement percer
les mailles et corseletz, et ne peuvent offencer la force et duresse
du cœur des personnes, qui communement ne sont offencées ou
blessées que par elles mesmes. Ce sont les coups qui leur livrent
plus grieve douleur, et plus tormentent leurs esprits. Je me suis
beaucoup de fois ry en moymesme de ceulx que je voyois
s'esmerveiller **[140]** et plaindre fort amerement quand
quelqu'un de leurs amys ou parens avoit esté mortellement
blessé en plusieurs endroictz, par ce qu'ilz ne consideroyent pas
que de toutes les playes il n'y en a jamais qu'une seule mortelle.
Et ne peut un mesme corps endurer plusieurs coups mortelz. Car
s'il en y a un à mort, il est de necessité que les autres soyent ou
moindres ou bien petis, ou que pour le moins ilz soyent hors de
danger. Jules Cesar eut vingt et troys playes, et toutesfois il n'y
en eut jamais qu'une seule qui luy feit perdre la vie[312]. Mais à la
mienne volunté, que tout ainsi que plusieurs ont les membres
debiles et rompuz de coups, ainsi leur fut abbatu l'orgueil, et la
gloire refroidie et debilitée. Le prophete chante si bien : «Tu as,
dit-il, Seigneur humilié l'orgueilleux, ainsi que l'on voit estre

---

[#] «Che mala cosa non sia l'esser ferito et battuto. Paradosso XVII» (f. H4 r°-
H5 r°).
[312] Plutarque, *Vie de César*, LXVI.

humilié celuy qui a esté bien battu et blessé»[313]. De ma part, toutes les fois que je vois quelqu'un qui a esté taillé le nez, fendu le frond, avallé la joüe, je ne metz jamais à considerer la playe, mais trop bien la cause et occasion d'icelle. Car comme l'on voit et prise es visages des vaillans soldatz et capitaines de guerre plusieurs taillades et ballafres, qui leur sont autant de beaulx diamans ou rubiz, aussi contraire à ceulx **[141]** qui sont blessez pour quelques meschantes querelles et combats deshonnestes, ce leur est autant d'ordure et corruption en leurs faces. Marc Serge, en se combattant vaillamment et en homme de bien, perdit une main, et apres s'en estre faict forger une autre de fer, n'en laissa depuis estre aussi vaillant champion qu'au precedent[314]. Cela pourra tousjours estre observé par gens de bien grande diligence et sçavoir, que là où la fortune donne licence de battre et blesser, c'est là aussi que la vertu a plus de peine et de torment, et nous voyons coustumierement advenir aux hommes ce qui advient aux precieuses odeurs et fines espiceries, lesquelles plus sont battues et pillées, mieulx en sentent, et sont de penetrante et gracieuse force. Et pour ne vous alleguer les noyers et autres arbres, qui amendent à coups de pierres et de gaules, ainsi que les draps au fouler[315], qui est celuy qui ne voit les gens blessez et battuz nous faire apperte remonstrance de la grandeur de leur cœur et de leur prouesse et vaillance?

Confessons donc que mal ne soit d'estre blessé ou battu, et prenons plustost garde à ses playes et blesseures qui viennent de nous mesmes, et à ces malheureux coups qui procedent de noz meschantes opera- **[142]** tions, qu'aux navreures exterieures qui viennent de force de cœur et vaillance de corps, car les playes interieures qui procedent de noz faultes

---

[313] Ésaïe 10 : 33 (paraphrase).
[314] Marcus Sergius (Silus), arrière-grand-père de Catiline, héros de la deuxième guerre punique (Pline, VII 28).
[315] fouler : foulage.

sont veritablement celles ausquelles ne servent les emplastres ne medicamens que le meilleur chirurgien de ce monde y sçauroit appliquer.

Pour le bastard

Declamation XVII.

Que le bastard est plus à priser
que le legitime.[#]

Les grans privileges que je voy aux bastardz et enfans illegitimes (que les Italiens par grande contumelie ont voulu appeler mulets[316]) font que j'ay prins ceste hardiesse de les preferer, et par bonnes raisons vous les monstrer superieurs aux legitimes.

En premier lieu, je vous supply considerer, messieurs, que tous les bastards en general sont procreez en plus chaulde et ardente amour, plus conformes et accordantes voluntez, et avec plus grande union d'esprits, que ne sont la plus part des legitimes. Considerez encor que leur conception se faict d'un infiny nombre d'ingenieuses astuces et actes amoureux, ce que ne voyons ad- **[143]** venir à ceulx qui sont nez et conceuz en loyal mariage, desquelz les plus grands nombres sont engendrez sans aucune gayeté de cœurs, sans plaisir ou saveur des parties, et à la seule intervention et conjonction corporelle, sans quelque fureur ou plaisant acte de recreation, ou affection amoureuses, qui est la cause (ainsi que je pense) pour laquelle le plus du temps on les voit plus mornes d'esprit et mal bastiz de corps. Au contraire, vous ne trouverez bastard qui ne soit ingenieux, spirituel, et de fort bon jugement, le plus souvent accompagné de belle corpulence, avec pronostic de bonne adventure et fortune. Et semble certainement que nature ayt eu quelque particuliere solicitude des bastards, quand elle a permis à la plus

---

[#]   «Non è cosa biasmevole ne odiosa l'esser bastardo. Paradosso XVIII» (f. H5 r°-H8 r°).
[316] Ni ce terme ni la première phrase ne se trouvent chez Lando.

part d'eulx estre faicts et construictz aux beaux logis et edifices
de magnificences, et leur a faict fondations de grandes maisons
publiques et solennelles aux villes plus celebrées et
magnifiques, comme ayant soing de ce qu'elle sçavoit devoir
quelquefois venir à bien grande requeste et honneur.

Qu'ainsi ne soit, nous voyons par evidence que toutes
choses bastardes, soit en fruitz, ou en chevaulx, ou quelque autre
chose que l'on vueille alleguer, sont trop plus belles **[144]** et
meilleures que les autres, commençeant aux mules ou muletz,
qui sont bestes que l'on ne sçauroit, quand encores on le
vouldroit, honnestement blasmer ou vituperer. Car qui sera
celuy qui ne pourra nier que ceste espece de bestial n'endure
patiemment toute molestie et ennuy que l'on luy sache donner?
Et ce nonobstant mangent beaucoup moins, portent faiz plus
griefz et pesans, et marchent trop plus doucement et à l'aise
pour les personnes, que ne font les chevaux naturels. Qui est la
cause pour laquelle les prelats et gens de judicature, mesmement
les medecins (pour estre plus doucement portez) font leur
ordinaire monture de ce bestial. Et s'il faut parler des fruits,
vous trouverez que les plus excellens sont ceux qui sont entez de
tige en autre, que l'on appelle bastardeaux et antenaiz[317],
desquels le fruict est plus gros et communement plus odorant et
savoureux que des savageaux[318] ou naturels. Et quant aux
choses insensibles, vous trouverez que ce nom de bastard a esté
baillé aux bastons de guerre et instrumens d'excellence comme
aux choses grandes entre les autres, tesmoing l'espée, arbaleste,
et coulovrine bastarde[319], et autres qu'il seroit long à racompter.

Retournons aux personnes, et commençons à **[145]** ce
grand Roy Salomon, lequel (ainsi que tiennent la plus part des

---

[17]   Sans doute = «antenois», c'est-à-dire âgé d'un an.

[18]   savageaux : sauvageons (plants d'arbre qui n'ont pas été greffés).

[19]   «bastard» a ici le sens de : «qui tient de deux genres différents».

sçavans) fut illegitime, et toutesfois n'eut onc son pareil en prudence[320]. Romulus et Remus, fondateurs de la plus grande ville de ce monde, ne furent ilz pas bastards?[321] Que furent Ismaël[322], Hercules[323], Perses[324], Ramires Roy d'Aragon, prince sur tous autres de son temps le plus vertueux ou fameux?[325] Que fut le roy Arthus[326], et l'empereur Alexandre, pour ses faits surnommé le grand?[327] Et pour n'alleguer Jugurthe[328], parlons de Constantin Empereur des Romains[329], de Mercure Trismegiste[330], et d'autres du temps des anciens, qui de leur memoire ne furent d'inferieure reputation à ceux que l'on estimoit legitimes, mais pour passer jusques au temps present, nous trouverons les plus grosses maisons des princes de France, Italie, Alemaigne, Espaigne et d'ailleurs, avoir esté renommées des bastards, et les histoires remplies des prouesses et faits chevaleureux d'iceux, tesmoings le duc Guillaume qui

---

[320]   Salomon, fils et successeur de David et de Bethsabée, et qui régna de 970 à 931 av. J.-C. ; il est bien entendu réputé pour sa sagesse. Cet exemple figure chez Agrippa, ch. LXIII, «De arte meretricia», du *De vanitate*, dont tout ce passage semble s'inspirer d'ailleurs.

[321]   Romulus et Rémus, fondateurs légendaires de Rome, furent fils jumeaux de l'union de Mars et de Rhea Silvia.

[322]   Ishmaël, fils d'Abraham et de la concubine Hagar (Genèse 16).

[323]   Hercule, fils de Jupiter et d'Alcmène, femme d'Amphitryon.

[324]   Persée, fils de Jupiter et de Danaë.

[325]   Ramiro Ier (vers 1000-1063), fils naturel de Sancho III le Grand, de Navarre, roi d'Aragon de 1035 à 1063.

[326]   Selon une légende racontée par Geoffroy de Monmouth, Arthur ou Artus, héros du *Cycle breton*, fut le fils illégitime d'Uther Pendragon et d'Igerna de Cornouailles.

[327]   Alexandre le Grand fut fils de l'union de Philippe II de Macédoine et d'Olympias.

[328]   Jugurtha (vers 160-104 av. J.-C.), roi de Numidie, fils naturel de Manastabal.

[329]   L'empereur Constantin le Grand (274-337) fut le fils illégitime de Constance Ier Chlore et de Flavia Helena.

[330]   La généalogie d'«Hermès-Trismégiste» est en réalité des plus obscures ; voir p. ex. Cicéron, *De la nature des dieux*, III 2.

conquesta l'Angleterre[331], le duc Borse[332], le seigneur Jean
Sforce[333], et plusieurs autres.

   Voyons maintenant combien de gens lettrez nous ont
donné les furtifs et desrobez embrassemens des dames. Et
commençons à ce bon Pierre Lombard, que l'on appelle en-
[146] cores pour le jourd'huy par honneur «Maistre des
sentences», qui eut aussi deux freres, ornez de pareille doctrine
et saincteté que luy[334]. Ces embrassemens nous ont encor laissé
le sçavant Jason de Mayn, qui fut tenu pour un nompareil
repertoire et vray prothocolle du droit canon et civil[335]. Nous
avons aussi eu par ce moyen Erasme de Rotardan, que l'on peut
maintenir avoir esté divinement envoyé à l'ayde et ouvrage d'un
venerable abbé de Flandres[336]. Et toutesfois il n'en laissa d'estre
selon le jugement des gens de lettres, sçavant en theologie, et
plus que moyennement facond es arts de rethorique et
grammaire, l'industrie duquel non seulement merita resveiller
les bonnes lettres en Alemaigne, Brabant, et Angleterre, mais
encor de racoustrer et restituer une infinité de bons autheurs
corrompuz et depravez, et de ses belles et excellentes œuvres
remplir toutes les estudes et librairies de l'Europe.

   Me tairay-je du sçavant Christofle Longueil de
Malignes, qu'un vertueus et bon evesque nous a laissé pour un
vray Ciceron de nostre temps, outre sa grande cognoissance que

---

[331] Cet exemple de Guillaume *le Bâtard* remplace utilement celui, plus douteux,
que l'on trouve chez Lando (f° signé H6 r°), du pape Clément VII.

[332] Borso d'Este (1413-1471), fils naturel de Niccolò III d'Este; il devint duc de
Modène et de Reggio en 1452 et duc de Ferrare en 1471.

[333] Giovanni Sforza, premier mari de Lucrezia Borgia, fut le fils naturel de
Constantio Sforza, et mourut en 1501.

[334] Pierre Lombard, évêque de Paris (vers 1100-1160), auteur du *Livre des
Sentences*.

[335] Jason Maino (1435-1519), célèbre jurisconsulte, fils illégitime d'Andrea
Maino et de sa servante.

[336] Desiderius Érasme (1467-1536), fils illégitime du prêtre rotterdamois
Gerhardt Geerte.

il avoit des loix Imperiales?[337] Diray-je rien de Jacobus Faber restaurateur de la philosophie Aristoteli- **[147]** que et extirpateur de l'ancienne et tant barbare sophisterie?[338] Que diray-je de Celius Calcagnin, tenu de son aage (tant pour la civilité des bonnes mœurs que pour la profonde intelligence des meilleures sciences et disciplines) comme un vray ornement et splendeur de la cité de Ferrare[339]?

Veritablement celuy qui naist en innocence, suivant la voye d'honneur, et cheminant au sentier de vertu, ne peut estre dit mal engendré en ce monde. Comme il soit ainsi, que celuy qui l'engendra ne luy puisse avoir sans son consentement imprimé en ce bel esprit les ordes taches de son impudicité tellement que ce nonobstant, celuy qui est ainsi né, quelque bastard qu'il soit, peut tresbien en vivant saintement et vertueusement ensevelir le nom et impudicité de ses parens, et memoire de leur intemperance. Et qui est celuy si despourveu de bon jugement qui n'aimast mieux estre honneste et bien moriginé, venant de parens impudiques, que reputé mechant et malheureux, venant d'honneste parenté, ainsi que le plus souvent on voit avenir. Quant au pauvre bastard, il ne se trouve aucunement en coulpe et n'a commis aucun erreur contre les sainctes loix touchant sa naissance. **[148]** Et s'il y a faute, elle doibt du tout redonder à[340] ses parens, lesquelz transportez de luxure trop effrenée contrevindrent à l'ordonnance de la divine justice. Et outre, vous trouverez que la naissance illegitime a souvent esté cause de rendre les enfans humbles, benins et affables.

---

[337] Christophe de Longueil, humaniste (vers 1488-1522), fils d'Antoine de Longueil, évêque de Saint-Pol-de-Léon, et d'une paysanne.
[338] Jacques Lefèvre, d'Étaples (1450-1536) — ajout acerbe d'Estienne, mais l'origine familiale de Lefèvre n'est pas bien établie.
[339] Celio Calcagnini (1479-1541), fameux auteur humaniste ferrarais, fils d'un protonotaire apostolique et de Lucrezia Costantini.
[340] redonder à : tomber sur.

Si concluds que d'estre bastard, cela ne devroit tant desplaire à d'aucunes personnes, veu qu'à nostre seigneur (à qui l'on ne sçauroit imaginer personne plus haute, ne qui plus ayt hay les choses ordes et deshonnestes) n'a pas despleu, que en sa tressainte genealogie y ayt eu quelques pauvres pecheurs ainsi qu'il en appert par le tesmoignage de sainct Mathieu tresfidele et diligent secretaire de sa majesté[341]. Je pourroye en cest endroit plus longuement m'estendre et dilater à la description des louanges que meritent les dames de joye desquelles procedent ces fruits bastards dont est question, n'estoit que ces jours passez en a esté faite en vostre presence assez ample mention[342], qui sera cause de m'en faire deporter pour le present, et me contenter de ce que brievement pour ceste heure je vous en ay peu reciter.

---

[341] Matthieu 1.
[342] Allusion, paraît-il, à un éloge (satirique?) des filles de joie que nous n'avons pas retrouvé.

Pour la prison

Declamation XVIII.

*Que la prison est chose salutaire
et profitable.*#

Si les biens enfermez et recluz es estroites maisons sont
de plus grand pris et requeste et en plus grande diligence
conservez que ne sont les desployez et exposez à l'arbitre de
ceux à qui touche la volonté d'offencer autruy, j'ay bien grande
occasion d'affermer que la prison soit meilleure que la liberté,
laquelle tourne bien souvent au grand domage de celuy qui
ardemment l'a autresfois desirée. Et doivent, soubz correction,
ces parolles de prison et prisonnier tant offencer les oreilles
d'aucunes personnes, comme si c'estoit quelque poignante
espine, et à leurs cœurs si desplaisante et moleste, qu'elle les
facent souvent trembler, pallir, et quelquefois pasmer de
frayeur? Attendu qu'en quelque cité où nous habitons, chacun se
peut bien maintenir et dire prisonnier, et mesmement qu'en ce
monde nul ne se doit appeler libre, jusques à l'heure de la mort.
Qui fut la cause pour laquelle le sainct Apostre de Dieu,
demandoit à haute **[150]** voix, qui seroit celuy qui le delivreroit
de ceste mortelle prison?[343] Il entendoit la prison de ce corps
charnel, laquelle ne me semble de rien moins utile à la vie de
l'homme qu'est la prison de pierre, qui luy sert de vray rampart

---

«Meglio è d'essere in prigione, che in liberta. Paradosso XIX» (f. H8 r°-I2 v°).
— Ce thème avait été développé accessoirement par Francesco Berni dans son
capitolo «Del debito» (1538), dont Lando d'ailleurs se souvient (voir plus bas).
Le paradoxe d'Estienne sera traité en vers par Jean de La Jessée en 1583 (voir
Tomarken, *ouvr. cit.*, p. 148-151, et Trtnik-Rossettini, *ouvr. cit.*, p. 193-195), et
en 1588 par Odet de La Noue (voir notre introduction, n. 80).
[343] Romains 7 : 24.

et sauvegarde à l'encontre de tous les dangers qui le peuvent
journellement assaillir.

Par exemple de plusieurs grans personnages ausquelz
la prison porte cest heur de les tenir en seureté de leurs ennemis,
et par ce moyen leur servant de tranquillité à leur pauvre vie,
finablement leur estant ennuyeuse, monstra tres-bien dequoy
elle leur servoit, quand si tost qu'ilz furent delivrez et mis en
liberté ilz furent miserablement occis de leurs adversaires. Les
pauvres ignorans du bien de la prison n'entendoyent point ces
privileges, qui sont que jamais elle ne donne aucune fascherie à
un homme, qu'elle ne l'en recompense puis apres en vertu,
gloire et honneur, si ce n'est en ce monde, pour le moins en
l'autre, qui est perpetuel et perdurable, ainsi que l'on a veu de
plusieurs sainctes et justes personnes, lesquelles apres la prison
de ce monde sont indubitablement entrées en eternelle liberté. Et
pour preuve de ceste recompense que la prison a faite aux gens
de bien, prenons exemple au consulat de Ma- **[151]** rius, au
grand empire de Cesar, au Roy Matthias, lequel apres avoir esté
detenu en Hongrie par un Roy Ladyslaus, de la prison soudain
entra en la couronne[344]. Loys douzieme à peine estoit-il remis en
seure liberté et hors de prison qu'il fut incontinent fait roy de
France[345]. L'on trouvera infinies personnes, lesquelles apres
avoir esté restituées en liberté sont devenus [*sic*] plus
excellentes et glorieuses qu'au paravant.

Je ne vueil toutesfois affermer que la prison, le sep[346],
les chesnes et menottes, ne puissent aucunement empecher noz
bonnes operations, mais j'oseray bien soustenir qu'elles
n'empechent en sorte que ce soit [les] sainctes et honnestes

---

[344] Il s'agit de Mátyás Ier (1443-1490, Matthias Corvinus), emprisonné par son
prédécesseur László (Ladislaus) V.
[345] C'est ce que dit le texte de Lando (f° signé H8 v°) : en fait, emprisonné par
Anne de Beaujeu après la «Guerre folle» en 1488 et pardonné par Charles VIII
en 1491, Louis d'Orléans fit les guerres d'Italie avant de devenir roi en 1498.
[346] sep : variante orthographique de «cep» = entrave pour serrer les pieds des
prisonniers.

cogitations des hommes, ne les nobles vertueuses conceptions
d'iceux, ou leurs hautaines et excellentes entreprinses,
lesquelles, au despit de qui les en voudra empescher, non
seulement ont credit au Chastelet et à la Conciergerie de Paris, à
la cohue roueniste[347], aux scinques[348] de Florence, au fort de
Monce, ou à la pierre de Lucques, mais encor ont bien puissance
de saillir sur la croix de Theodore Cyrenée[349], entrer dans le
taureau de Phalaris, et penetrer dans le cruel tonneau d'Attile
Regule[350]. Que ainsi soit, le seigneur Ascaigne Colonne, detenu
aux prisons d'André Daurie, en fut-il **[152]** pourtant empesché
de faire par le moyen de sa tresrare prudence que sans longue
dilation ledict Daurie devint de capital ennemy, tresfidelle et
affectionné serviteur de l'empereur[351]?

　　Considerons les biens infiniz desquelz est cause la
prison. Premierement elle garde l'esprit de l'homme de faire
plusieurs enormes pechez, ses yeux de voir spectacles qui luy
puissent envoyer ou l'esmouvoir à concupiscence charnelle, ses
oreilles d'ouyr souvent ambassades facheuses et molestes, ou
ces tant ordes et infectes voix, blasphemantes le nom de Dieu
tres-puissant. Sans ce que la personne en vit beaucoup plus
sobrement et temperément, et en est en plus grande seureté, soit
paix, soit guerre, ou pestilence. Les prisonniers sont exempts de
payer tailles, emprunts, et louages de maisons, et ne peuvent
estre soupçonnez de hanter meschantes compagnies, la suitte
desquelles est souvent cause de dix mil exces. Finalement en ce

---

[347] Ces exemples français sont ajoutés bien entendu par Estienne.
[348] C'est-à-dire, prisons ; Lando (f° signé I1 r°) écrit : «nelle stinche»,
réminiscence textuelle du *capitolo* de Berni déjà cité (voir Tomarken, *ouvr. cit.*
p. 90), et dont il se souvient de nouveau dans sa conclusion.
[349] Théodorus de Cyrène (IIIᵉ siècle av, J.-C.), menacé de cette mort par
Lysimaque (Diogène Laërce, II 86 et 101, Valère Maxime, VI 2).
[350] Marcus Attilius Regulus (voir n. 6) : ce «cruel tonneau» est celui où le captif
des Carthaginois fut incarcéré avant sa mort.
[351] Ascanio Colonna (149?-1557), emprisonné à Gênes par Andrea Doria,
influença, selon certains rapports, la décision de celui-ci d'abandonner le parti
de François Iᵉʳ et de passer à Charles-Quint en juin 1528.

sainct lieu, l'on y peut acquester les belles vertus d'humilité et patience. N'avons nous pas veu, et voyons encores tous les jours, que les bons peres, pour chastier l'inobedience et orgueil de leurs fascheux enfans, les font serrer pour quelque temps en prison, **[153]** dont puis apres ilz en sortent mieulx moriginez et complexionnez que s'ilz avoient esté par grande espace de temps à l'academie de Socrates, ou à l'escole de quelque sçavant philosophe? N'est-ce pas merveille du vicomte Palavicin, lequel rendu (pour quelque cas dont il fut accusé) captif soubz la puissance du duc François, s'adonna du tout à l'estude des sainctes lettres? Ausquelles durant son emprisonnement il devint si fervent et assidu que l'on trouve peu de moynes de sa religion qui le passent en ceste science, qui estoit chose à quoy il n'avoit paraventure pensé de sa vie, jaçoit qu'il eut au precedent jouy d'un tresbon evesché et d'une meilleure abbaye[352]. Je me suis laissé dire à ce propos que monseigneur des Rosses, evesque de Pavie, des l'heure qu'il entra en la prison, il se mit du tout à Dieu, en sorte qu'il semble maintenant estre devenu un droit hermite[353]. Le Galatien devint en la prison comme un petit sainct François[354]. Pierre Fatinel, citoyen de Lucques, ayant plusieurs années vescu si miserablement que jamais il ne s'estoit confessé, et n'avoit bien recongneu Dieu pour son superieur, si tost qu'il fut entré en la

---

[352] Sans doute s'agit-il de Battista Pallavicini (mort en 1463), évêque de Reggio, surtout connu pour son poème *Carmen in historiam flendæ crucis* dédié au pape Eugène IV.
[353] Sans doute s'agit-il de Giangirolamo de' Rossi (1505-1564), incarcéré par Paul III en 1539 et qui perdit l'évêché de Pavie suivant sa condamnation pour homicide en 1541. Réhabilité en 1551, il devient par la suite gouverneur de Rome sur la nomination de Jules III. Il est l'auteur d'une «vie» de Giovanni de' Medici *delle Bande Nere*. Des doutes planent sur la «conversion» décrite ici.
[354] S'agirait-il de Piero Galatino (vers 1460-1539/1540), qui embrassa jeune l'ordre de saint François et devint un savant théologien. Il est surtout connu pour son *Opus ... de arcanis catholicæ veritatis* (1518), écrit à la défense de l'hébraïste Reuchlin.

prison il requist avoir un prestre pour luy communiquer de son salut, et de là en-a- [154] vant, il devint plus doux qu'un petit aigneau[355]. Que dirons nous d'un Chancelier de France qui en peu de jours y acquist le poil blanc avec saincteté de mesme, en sorte que ni aux cheveux, ni à la barbe, ny^w aux mœurs et sainctes parolles, l'on ne le congnoissoit plus pour tel qu'il avoit esté au paravant?[356] Le pareil se peut dire d'un^x president italien[357], qui à ses dernieres heures party de la prison, monstra par ses parolles et divines exclamations une saincteté nonpareille. Se trouve-il donc plus grande escole en philosophie, ou plus singuliere academie, pour aprendre toutes vertus morales et chrestienne profession, que la divine et tant louable prison?

O saincte et glorieuse maison, en laquelle se daigna loger le facteur et redempteur de ce monde, maison de toutes bontez et vertuz, et qui plus doit estre desirée pour sa tresgrande saincteté que les palais et somptueuses maisons des roys et seigneurs, qui sont par trop plus semblables à quelque enfer et mort eternelle que n'est le lieu sainct et devot de la prison, en laquelle l'on a occasion de vivre plus sainctement qu'en un couvent de freres de l'observance! Car là, vous n'oyez point que l'on y plaide, ou que l'on y face querelles. L'on [155] n'y jure que bien peu, vous y orrez continuelement faire infiny nombre de beaux veuz, et jour et nuict mille devotes supplications et prieres. O vie trop douce et pleine de repos, combien plus de consolation trouve-l'on en toy qu'à suyvre les cours des grans seigneurs? Esquelles il ne trouve endroit où l'on voye autre bien

---

[355] Peut-être s'agit-il de Piero Faitinelli («Pietro Fatinello» chez Lando), poète de la première moitié du XIVe siècle : exilé de Lucques dès 1314, il pratiqua par la suite les thèmes religieux les plus élevés. M. Corsaro (voir notre introduction, n. 109) nous signale par contre le cas du protestant Pietro Fatinelli, agent de V. Orsini, arrêté à Madrid et exécuté en 1543.

[356] Sans doute s'agit-il de Guillaume Poyet, chancelier de France : accusé de malversations, il fut arrêté le 2 août 1542 et emprisonné à la Bastille. Condamné en avril 1545, il mourra en 1548. L'allusion vient de la plume d'Estienne.

[357] Le texte de Lando (f° signé I2 r°) précise : «Rinier Gentil», qui nous est inconnu.

que tout travail et inquietude, tant de corps que d'esprit. Puis donc qu'ainsi est, que la prison porte quant et soy tant de commoditez, que je vous ay cy dessus recitées, je concluray bien aisément qu'il ne nous doit aucunement facher ou ennuyer, d'y entrer, ains nous en faut grandement remercier le nom de Dieu, comme du plus singulier benefice que puissions de luy recevoir.

Pour la guerre

Declamation XIX.

Que la guerre est plus à estimer
que la paix.[#]

Quoy que plusieurs honnestes personnages ayent par cy devant abondamment traicté des louanges de la paix, entre lesquels avez peu ouyr Erasme de Roterdam[358], **[156]** Romule Amoseo[359], et Claude Ptolomei[360], orateurs de non gueres moins de doctrine que de bonne langue et faconde, desquels les deux premiers en langue latine, l'autre en la touscane, se sont honnestement employez, je n'en laisseray toutesfois, pour leur dire, de soustenir aujourd'huy le contraire en vostre presence, et asseureement affermer eux tous s'estre grandement abusez à la description de telle louange, la multitude des argumens de laquelle je ne vueil point pour le present m'empescher à confuter ou reprendre, mais tant seulement vous produire et

---

[#]   «Esser miglior la guerra, che la pace. Paradosso XX» (f. I2 v°-I5 v°). — Ce thème paradoxal remonte aux anciens (Polycrates, Favorin, Synésius). Lando doit peut-être quelque chose à l'*Oratio in laudem belli* publiée par Thomas Lineus en 1531, et aux *capitoli* «Del dishonore» de Mauro (1538) ; en 1544 Claude Colet, qui connaissait bien les sources italiennes, fit paraître son éloge paradoxal *L'Oraison de Mars aux dames de la Court* (Paris, Wechel). Voir Tomarken, *ouvr. cit.*, p. 87-90, 145-148 et, sur l'adaptation française des *capitoli* de Mauro (1547), son article «The Lucianic blason : a study of an edition by Jean de Tournes», in Smith et McFarlane, *Literature and the Arts..., ouvr. cit.*, p. 207-236.

[358] Allusion (absente chez Lando) au *Querela pacis* de 1513.

[359] Romolo Quirino Amaseo (1489-1552), auteur, entre autres choses, d'une célèbre *Oratio de pace* prononcée lors de la réunion de Charles-Quint et de Clément VII en 1530.

[360] Claudio Tolommei (1492-1555), littérateur italien qui adressa une *Orazione della pace* au pape Clément VII en 1534.

vous avertir de ce peu qui me viendra en memoire, en faveur de la discorde et au discredit de la paix.

Pour la premiere de mes raisons, je dy qu'en temps de paix se perd et aneantit la discipline militaire qui s'est trouvée de tout temps tant necessaire à la conqueste, augmentation et conservation des empires, provinces et grandes jurisdictions de ce monde en tesmoignage de Maraton, Salamine, des Thermopiles, de Plates, de Leuce[361], et autres places tant excellentes et bien renommées. Par le moyen de la guerre fut faict Horace Cocles[362] immortel, et furent les deux Deces tenuz pour demy dieux.[363] D'elles sourdent les grandes et infinies **[157]** louanges (si hautement chantées et celebrées par tous les anciens historiens) des deux Scipions[364], et de ce gentil Marcel[365], ausquelles, soubz correction, n'approchent celles que par lesdictz historiens ont esté recitées en l'honneur des gens de longue robe, tant amateurs de ceste paix. Nous voyons aussi par experience quasi toutes les statues antiques figurées en habits militaires, et n'estoit licite par la coustume des nobles et anciennes nations à un citoyen se vestir d'autre habit que de bureau[366], jusques à ce qu'il eut occis et surmonté pour le moins

---

[361] Marathon (défaite des Perses par les Athéniens sous Miltiade), 490 av. J.-C. ; Salamine (victoire navale de Thémistocle sur Xerxès), 480 av. J.-C.; Thermopyles (où Léonidas et 300 Spartiates essayèrent d'arrêter Xerxès), 480 av. J.-C. ; Platée ou Platées (défaite des Perses par Aristide et Pausanias), 479 av. J.-C. ; Leuctres (victoire d'Épaminondas et des Thébains sur les Spartiates), 371 av. J.-C..

[362] Voir ci-dessus, n. 282.

[363] Il s'agit de Decius fils de Decius Mus, mort sur le champ de bataille en 296 av. J.-C., et son propre fils Decius, mort en 280 av. J.-C (*Dict.*, 180 r° a).

[364] C'est-à-dire, Scipion l'Africain (235-183 av. J.-C.), vainqueur d'Annibal à Zama (202), et son fils adoptif Scipion Émilien (185-129 av. J.-C.), vainqueur de Numance et destructeur de Carthage, et de ce fait surnommé *le Second Africain* (*Dict.*, 391 v° a-b).

[365] Marcus Claudius Marcellus, général romain, cinq fois consul ; il prit Syracuse en 212 av. J.-C. (mort d'Archimède), et mourut en 208 en combattant contre Annibal (*Dict.*, 287 v° b).

[366] bureau : grosse étoffe de laine, signe de basse condition.

deux des ennemys du pays. Qu'ainsi soit, les Carthaginois souloient faire present à leurs soldatz d'autant d'agneaux qu'ilz s'estoyent trouvez de fois aux batailles contre les ennemys, et ne leur fut licite, par ordonnance publique, de soy marier s'ilz n'avoient premierement assisté à plusieurs batailles et bien longuement guerroyé pour le pays[367]. Considerons le grand honneur que la guerre faict encor de present à ceux qui ont porté et portent journellement les armes pour la saincte foy chrestienne. Pour laquelle defendre furent anciennement establiz les nobles et saincts chevaliers de Hierusalem, de Rhodes, sainct Iacques, [158] de sainct Lazare, de Jesuchrist en Portugal, et tant d'autres ministres de ceste saincte guerre desquelz avons veu et voyons de present sortir actes fort merveilleux et excellens, et qui en temps de paix seroient par eux-mesmes convertiz en actes insolens et superbes. Qu'il soit vray que ceux qui en guerre font actes vertueux, en paix facent bien souvent le contraire, nous le voyons par ce grand Marius subjugateur des Cimbres, lequel en temps de guerre n'avoit son pareil en prouësse et valeur, et en temps de paix fut le plus mechant et dangereux de tout le pays[368]. Aussi trouverons nous que la paix estaint ce qui se trouve de meilleur en la personne, et maintient et nourrit ce qui s'y trouve le plus dommageable.

Dictes moy par courtoysie, vous autres, qui tant blasmez et deprimez la guerre, que devez vous appeller les haynes, les inimitiez et les seditions, sinon les vrays instrumens desquelz bien souvent nature s'aide à faire tant de louables operations, pour le support d'un chacun? Croyez que ce ne fut sans bien grande raison que la guerre fut par les Latins appellée Belle, car telle est la verité. Quoy que les nouveaux maintiennent que ce soit par sens [159] contraire, mais s'il est besoin faire comparaison des dommages de la paix avec ceux qui proviennent de la guerre, combien de grosses armées ont

---

[367] Selon Justin, XVIII.
[368] Caius Marius (voir n. 290).

esté rompues et destruictes par le moyen (je ne diray point de la paix) mais seulement de la tréve qui luy est bien proche parente et ennemie de toute prouësse et valeur? La vigueur et force de laquelle donne les moyens (ainsi que fait la paix) de diminuer les villes et citez par tant d'estranges loix et ordonnances, outre ce qu'elle engendre infinies haynes secrettes et maintient les princes en severité et rudesse contre leur peuple. En temps de paix, les mœurs des personnes, qui sans elle seroient haut elevées et se monstreroient braves et magnifiques, deviennent mornes, endormies, fetardes[369] lascives et effeminées.

Mais que la guerre ayt esté prisée et estimée de nostre souverain Dieu, ne fut-il pas appellé par les enfans d'Israël le Seigneur des batailles[370]? Comptez au vieil testament combien de grosses defaites et occisions furent executées en son nom contre les adversaires de son peuple? Combien de gens furent deffaits par Moyse, Josue, Gedeon, Samson, et plusieurs autres? Combien en tuerent Abraham, David, Judas **[160]** Machabée, et ceux qui furent de ce temps? Que dirons nous de sainct Michel, qui au ciel mesme feit un si aspre combat contre le dragon? Et pour continuer ce discours jusques à nostre loy nouvelle, si Dieu eust desprisé la guere, eut-il commandé à ses apostres de vendre leurs manteaux, pour acheter chacun une espée?[371] Si sainct Jean Baptiste eust hay les soldats, et la discipline militaire, leur eust-il faict ceste loy et ordonnance (lors qu'ilz luy demanderent le chemin qu'ilz devoient tenir pour parvenir à leur salut) de se contenter de leurs gages, et de ne piller et voler le pauvre peuple?[372] Leur eut-il pas plustost commandé de laisser cest estat et se rendre tous en hermitage, ou bien de soy mesler de quelque marchandise, ou autres cas semblables? «Contentez

---

[369] fetardes : paresseuses.
[370] Voir par exemple I Samuel 1 : 3, 1 : 11, 4 : 4, 15 : 2, 17 : 45...
[371] Luc 22 : 36.
[372] Luc 3 : 14.

vous (dist-il) de voz garnisons et soultes[373] ordinaires, et ne
faictes aucun tort, violence ou extorsion à autruy, car vostre
estat, qui est l'art militaire, ne vous peut empecher de faire
vostre salut, puis que plusieurs de ceste vacation y ont faict leur
sauvement.» C'est en somme, et à mon avis, ce que vouloit dire
le bon sainct Jean si je ne suis mauvais paraphraste ou
interprete. Car qu'il eust voulu ou daigné despriser la guerre,
[161] il ne l'eut jamais faict, quand ce n'eust esté que pour le
profit qu'elle apporte, de donner et chasser hors des cœurs des
riches personnes l'orgueil et insolence qu'ilz ont en temps de
paix. Combien voyons nous de fors gentilz-hommes, de
marchans, paisans, et autres gens de tous estats, qui souloient
estre tant superbes et arrogans, estre soudainement adoulciz et
humiliez par le moyen du frein de la guerre? C'est celle qui nous
delivre du grand nombre de meschants larronceaux, gens oysifs,
ribleurs[374], pipeurs, brigueurs, naquets[375], ruffiens, et guetteurs
de chemins. Elle sert à eveiller et aguiser les espritz des
hommes, et rendre leurs corps plus robustes, legers, patiens, et
endurciz à tout mal et fortune. Estimez la douceur et grand
passe-temps que les Cimbres[y] trouvoient en ceste guerre qu'ilz
entretenoient pour la conservation de leur pays, quand en allant
combattre, ilz se prenoient à chanter comme s'ilz eussent esté
aux noces[376]. Pensez à l'esbat qu'y prindrent ce furieux
Hannibal, ce vaillant Marcel, ce vertueux Scipion, ce courageux
Camille, et chevaleureux Alexandre. Je diray d'avantage que
quiconque ignorera que c'est de donner ordre aux affaires
publiques, il ny'a lieu ny en- **[162]** droit où il le puisse plus
facilement apprendre qu'à voir dresser et conduire une armée. Et

---

[y] On lit «Combres» dans toutes les éditions de contrôle..

---

[373]   soultes : soudes ou souldes = paie des soldats.
[374]   ribleurs = vagabonds, voleurs de nuit.
[375]   naquets = valets.
[376]   Selon Valère Maxime, II 6 ; *Dict.*, 152 v° a.

quiconque ne sçaura que c'est d'astuce, ruze, et subtile prudence, se tenir sur ses gardes, et congnoistre ce que l'on doit fuir, et ce que l'on doit principalement suivre, celuy là voise à la guerre un moys ou deux par esbat, et il en aprendra plus que les livres ne la paix ne luy en sçauroient enseigner. D'avantage qui desirera congnoistre que c'est d'obeissance inviolable, et bien estroite diligence incredible et non pareille vigilance, extreme promptitude de cœur, et force de corps inestimable, celuy là prenne le loisir de suyvre quelque temps un camp bien equippé et ordonné, et là sejourne et considere attentivement ce qu'il verra estre pour son profit ; s'il ne s'en tient bien informé et plus que content en bien peu d'heure, je suis content de perdre ceste cause.

Qui sera pour conclurre (messieurs) que la guerre doit estre preferée à la paix, bien grandement louée, et à haute voix exaltée, et que à bon droit nous devons bien remercier Dieu le createur d'avoir donné ce bon cœur à noz princes de ne nous laisser longtemps en disette de ceste si precieuse et excellente bague. **[163]**

Contre celuy qui lamente la mort de sa femme

Declamation XX.

Que la femme morte est chose utile à l'homme.[#]

Je desireroye[z] ce que j'ay à dire cy apres ne pouvoir aucunement prejudicier à la faveur de celles, l'inimitié desquelles j'ay tousjours plus hay que le feu, et plus fuy que la tempeste. Car de soustenir aujourd'huy en voz presences que la mort d'une femme soit si peu de cas, cela semble tourner au grand interest de celles que l'on tient pour honnestes, chastes, et moriginées. Mais je ne puis bonnement pour ceste fois commander à mon affection, et demanderoye volontiers à celuy qui se plaint de tel dommage et incommodité, s'il a souvenance que quand il print femme il la trouvast bonne et sage, ou au contraire despiteuse et mauvaise. S'il me respond l'avoir trouvée de bonne complexion, ne pense-il point pour une perdue deux en recouvrer, et qu'il y en ayt plusieurs pareilles en ce monde? N'espere-il pas **[164]** avec la mesme industrie et bonne fortune qu'il a eu de l'avoir rencontrée, en pouvoir encor trouver une semblable? S'il dit l'avoir euë facheuse et mauvaise, a-il perdu l'esperance de pouvoir avec la mesme diligence et modestie qu'il a eu de changer les mauvaises complexions de sa

---

[z] 1554[4] et 1561 : desiroye

[#]   «Non esser da dolersi se la moglie si muoia, et troppo stoltamente far chiunque la piagne. Paradosso XXI» (f. I5 v°-K1 v°). — Encore plus que le *paradoxe* XXIV «Pour les femmes», celui-ci se rattache à la polémique anti-feministe millénaire, et rappelle peut-être surtout la célèbre diatribe de saint Jérôme *Contre Jovinien*.

premiere en bonne et louable nature d'en faire autant de la seconde, dont il en pourra un jour rapporter plus grand gloire et honneur envers Dieu et les hommes? Et posé ores qu'il demeurast veuf, penseroit il luy estre rien moins touchant son profit et credit, j'entends s'il est de lettre et mesnage?

Marc Tulle, supplié par ses amys de soy remarier (apres que sa desloyale Terence, ayant si legerement mis en oubly la fervente amour qu'elle luy avoit portée par si longues années, se fut miserablement accointée d'un Saluste, son mortel ennemy) feit response de ne pouvoir par un mesme moyen entendre à sa femme et à l'estude de vraye et noble sapience[377]. Aussi est-ce (à mon avis) chose fort ennuyeuse ou difficile à supporter (à ceux principalement qui ayment le doux repos de la nuict, et continuellement ruminent en leurs esprits choses magnifiques et hau- **[165]** taines), de trouver leur lict empesché d'une telle compagnie. L'on m'alleguera (ce qui pourroit possible tirer ameres larmes des yeux de quelque bon mary) qu'en nombre de femmes il n'est possible qu'il ne s'en trouve de bien sages, chastes, de bon mesnage, et possible de trop grande amour envers leurs parties, la perte desquelles il est bien dificile à l'affection de l'homme se garder de plorer et lamenter. A cela je respons que par le moyen de telles femmes le repos et tranquillité de la maison en est en plus grand danger qu'autrement. Car là où il y a si fervente amour, là y a semblablement grand ardeur et jalousie. Qui ne sçait que les mieux aymantes sont coustumierement les plus souspeçonneuses? Je vous laisse penser le tourment qui s'ensuit de jalousie. Et me semble que la maison bien gouvernée doit estre hors de telz discords et ombrages, qui souvent la ruynent et mettent par terre, tesmoing le propos du bon Mitio en la comedie de Terence.

---

[377] Cicéron répudia sa femme Terentia en 46 av. J.-C. à cause de sa prétendue infidélité avec l'historien Salluste, qu'elle aurait épousé par la suite ; Cicéron se remaria bientôt avec Publilia. Voir Plutarque, *Vie de Cicéron*, XLI 3.

> *Ce dont fortune est de moy plus prisée,*
> *C'est que je n'euz oncques femme espousée.*[378]

Puis donc qu'en se mariant, l'on perd sa tant regretée fortune, ne
vient-il pas à propos à un homme de la pouvoir recouvrer par la
[166] mort de sa femme? Ce seroit bien grand tort de s'en tant
fascher et ennuyer, et m'en soustienne le contraire qui voudra.
Oyons encor à ce propos que dict un autre bon veillard de ce
mesme auteur.

> *Depuis que j'euz femme et enfans aussi,*
> *Jamais je n'eu que travail et souci.*[379]

J'estime grande, sans comparaison, la calamité d'un pauvre
mesnager, car s'il se rue sur la gentillesse, il sera contraint en
matiere de damoiselage endurer de la hautesse, et par trop eslevé
courage, que l'on voit ordinairement soubz ces atours et beaux
paremens des mignardises ; s'il la prend sage et prudente, bien
peu souvent avient qu'avec ce beau tiltre de sagesse elle luy
apporte grans biens, joint qu'en presumant de son sçavoir et
singulier esprit, estant de luy appellée et requise, elle ne luy
daignera tenir propos, et le tiendra pour fin de beste.

S'il la cerche bien riche, elle commencera du beau
lendemain de ses noces à luy reprocher le gros mariage qu'il
aura eu avec elle, sans cesse luy objectant la genealogie de ses
parens, leurs belles entreprinses, leur gaing par mer et par terre,
les grans testamens par eux faicts, et leurs grans revenuz
acquestez sans main **[167]** mettre. S'il la prend tant soit peu
belle, Dieu sçait la peine qu'il aura de contregarder l'honneur
d'elle, et la tenir subjecte au logis, ou luy chercher compagnie
qu'elle puisse hanter seurement, pour ne donner occasion au
monde de mal parler. Et la tenant ainsi recluse, il est bien
asseuré d'ouyr tantost ces propos. «Si je l'eusse pensé, je me
fusse rendue religieuse, au danger de vivre emmurée toute ma

---

[378] Térence, *Les Adelphes*, v. 43-44.
[379] Le «bon vieillard» est, selon le texte de Lando, Chrémès. Un vieillard de ce
nom figure dans *L'Andrienne*, *L'Héautontimorouménos* et le *Phormion* de
Térence, mais nous n'avons pas trouvé de phrase qui corresponde à la citation.

vie au pain et à l'eaue, j'eusse possible eu aussi bon temps que j'ay en ce malheureux mesnage.» S'il la rencontre laide et mal gracieuse, Dieu sçait quel vouloir souvent luy prendra de changer de giste. Et considerez le grand regret que peult avoir un homme de cœur, de se voir jour et nuict acompagné d'un monstre naturel, sans y pouvoir mettre autrement remede que de se retirer de bonne heure, et quitter les champs et les armes.

S'il l'ayme joyeuse et gaillarde, elle le molestera continuellement de nouveaux habitz et affiquetz, ausquelz son esprit sera plustost adonné qu'à entendre aux affaires de son mesnage, mais que la mignonne dame se trouve souvent en festins, et aux visitations d'accouchées, qu'elle rie et rage son saoul, avec sa commere la telle, ou **[168]** madamoiselle de tel lieu, voise comme il luy plaira. S'il la demande bien serrante et grande mesnagere, ce sera un astarot[380] domestique, le pauvre homme n'osera amener personne à boire ou à manger en sa maison, et n'aura maille que par ses mains, et n'osera rien vendre ny acheter sans son congé. Encor le plus souvent, pour avoir paix, il sera contrainct quitter la terre pour le sens, et lors elle demourant seule avec ses gens, et n'ayant personne sur qui descharger sa colere, il n'y aura serviteur ne servante qui puisse durer avec elle, incessamment elle tencera, criera, frappera, faisant de sa maison un droit astelier à massons, tout le jour on n'y orra que la pierre et le marteau. Je mets que par fortune il en trouve une bien douce et fort simple, la bonne dame, faute de soing, laissera tout aller par escuelles, et par negligence de n'oser reprendre sa chambriere, le mesnage sera un an entier sans essuyer ou escurer. Outre ce que des affaires de la maison il ne luy en souviendra du bout de son nez. Encor si elle devient bigote, on la trouvera tout le jour barbottant à l'eglise, et sera bien souvent la pauvre homme disné de patenostre. S'il la prend de bon esprit, elle vouldra tout gouverner, et faudra que **[169]** tout passe par ses mains, elle se fera tantost maistresse du

---

[380] Voir ci-dessus, p. 169 et la n. 310.

comptoir, et se voyant l'argent en maniement, elle achetera de
jour en jour, sans aucune discretion, choses nouvelles pour se
faire bien jolie, bien dorée, et diaprée, au contentement de son
esprit. Oultre ce qu'elle en prestera et donnera à ses parens, pour
les secourir en leurs affaires, le tout aux despens du pelerin. Et si
pour quelque doute qu'il en ayt il luy prend vouloir de luy
reserrer la bride, et reformer ses curiositez, elle trouvera le
moyen de contrefaire une clef, esgarer une piece de
marchandise, vendre grain ou vin en cachete, ou faire quelques
autres cas de finesse, pour recouvrer deniers, et subvenir à ces
plaisirs. Pour exemple d'un quidam beaucoup plus riche en bien
que en sçavoir, la femme duquel, se sentant traictée oultre son
gré, espioit continuellement sa bourse ou escarcelle, pour avoir
dequoy fournir à ses menuz fatraz, quand par mesgarde, il
laissoit de soir ou de jour ses besoignes sur la table, ou qu'il
changeoit d'abitz, ou se despouilloit pour aller à ses affaires,
puis quand le bon patelin venoit à demander son compte, toute
ceste nuée tomboit sur les pauvres valetz et chambrieres. Ce
mesme cas (à **[170]** ce que j'en puis entendre) se pratique tous
les jours en beaucoup d'endroits. Et puis allez regretter la
consolation que vous donnent les femmes, et les soubhaitez
apres leur mort.

      Pour plus avant vous racompter la subjection et misere
des mariez. Si le pauvre mary se tient ordinairement en la
maison, l'on dira qu'il est jaloux, casannier, ou qu'il a paour que
sa femme le desrobe. Si pour ses affaires il s'absente souvent du
logis, elle se plaindra de son mauvais menage, ou que quelque
compagnie le desbauche, ou qu'il en ayme une autre qu'elle. S'il
prend plaisir de la voir bien vestue et jolie, toutes les chesnes de
ce monde ne la retiendront, qu'elle ne vueille troter aux foires,
aux noces, aux jeux et aux pelerinages. S'il la laisse aller
simplement vestue, Dieu sçait les maudissons qui luy en seront
donnez, sans les regrets et comparaisons d'elles aux autres de sa
sorte.

S'il monstre de l'aymer bien ardemment, elle en fera de la mignarde, tantost elle faindra d'estre grosse ou malade, et avoir perdu son appetit, il ne pourra durer à elle sans luy complaire du tout. Finalement elle fera tant par ses journées qu'elle entrera en plaine possession de maistresse, [171] et n'en tiendra plus conte en derriere, en en devant, contrefera la jalouse, avec grand'fascherie d'esprit. Continuellement elle luy reprochera l'amour d'un autre, s'il demeure trop à venir au logis, ou qu'il ne la carresse cinquante fois par jour. Quelle pensez vous, messieurs, avoir esté la fantasie des poëtes, quand ilz faignoyent Megera, Tisiphone, et Alecto princesses des enfers[381], si ce n'est pour monstrer que l'on ne sçauroit imaginer plus grand enfer en ce monde que d'estre lié avec une femme en ce piteux mesnage? Voyez donc lesquelz sont les plus sots, ou ceulx qui pleurent la mort de leurs femmes, les voyans pour la derniere fois sortir de la maison, ou bien ceulx qui pleurent le premier jour qu'ilz les y voyent entrer, estimans à ce bel avenement le feu y entrer et la tempeste. Les anciens autheurs de grammaire nous ont laissé par escript que ce mot *uxor* valoit autant à dire comme *onsor*[382], pource que quand les femmes entroyent le premier jour de leurs noces en la maison des mariz, l'on avoit de coustume gresser et huiler les gonts et les gasches des portes, par où elles entroyent. Mais c'estoit (comme je croy) pour souvenance que la femme estant maistresse en un logis, [172] elle est le plus souvent cause de faire passer la maison par les fenestres. A ce propos, Pomponius Atticus, priant un jour par ses lettres le bon Ciceron, de vouloir entendre à pourvoir son frere Quintus, et luy mettre en fantasie de se marier, il respondit, qu'il ne trouvoit rien meilleur ne si doulx que la liberté de sa

---

[381] Mégère, Tisiphone, Alecto, les trois Furies.

[382] Le texte de Lando (f. 17 v°-18 r°) porte : «...la moglie fu detta uxor ab ungendo, quasi volessero dire Onsor...», c'est-à-dire qu'un faux lien étymologique est établie entre le mot pour «épouse» et celui pour «onguent» ou «graisse». Souvenir de Polidorio Vergile, *De inventoribus rerum*, I 4 : «ab ungendo uxor dicta, quasi unxor».

petite couchette[383]. Mais qui me dira que tous les sages n'ayent esté de ceste fantasie? Nous en appert-il point par l'oraison de Metel, par laquelle les Romains furent grandement dissuadez de se marier, et de poursuivre plus avant l'infinité des angoisses que donnent les femmes à leurs mariz?[384]

Je n'auroye de long temps achevé ce propos, pour la repetition qu'il me conviendroit faire des choses trop communes et evidentes. Car qui est celuy qui ne sçait la calamité des pauvres mariz, non seulement au moyen des enfans supposez, mais encor des mauvaises complexions, obstinations, menteries, vindications, caquet, baveries, et dix mil autres imperfections de leurs femmes, plus odieuses à souffrir qu'à les reciter et produire? De façon que ce mot de femme est à d'aucuns mariz autant gracieux, comme qui diroit un ours, un dragon, un loup, un tigre, [173] une panthere, ou un griffon, qui sont bestes desquelles les hommes ne s'approchent sans le grand danger de leur vie.

Pour ceste cause Pithagoras un jour que l'on l'invitoit aux nopces d'un sien amy, feit ceste responce, qu'il n'auroit jamais le courage de se trouver à un tel obit, estimant qu'espouser une femme, autant fust comme d'espouser un cercueil, se mettre en un tombeau, et prendre un linceul pour commencement de sa sepulture[385]. Ce qui ne me semble fort loing de raison, attendu la tant fascheuse et diverse nature des

---

[383] C'est-à-dire, que Quintus ne trouvait rien meilleur... Titus Pomponius Atticus (109-32 av. J.-C.), ami intime de Cicéron, qui lui adressa de nombreuses lettres. Voir *Lettres à Atticus*, XIV 13.

[384] Quintus Cæcilius Metellus, *Numidicus* : en réalité, Metellus, censeur en 102 av. J.-C., fit un discours en faveur du mariage, mais certains, selon Aulu-Gelle (I 6) soutinrent qu'il aurait dû plaider contre.

[385] Les différentes *vies* de Pythagore (Jamblique, Porphyre, Diogène Laërce) ne conservent pas ce mot du philosophe.

femmes, de laquelle endurer plusieurs années semble que soit autant de fois mourir, et passer de ceste vie en l'autre[a] .

Je n'entens toutesfois par ce propos aucunement affermer ne s'en trouver quelques unes meilleures que les autres, mais c'est si peu que rien, comme pour exemple environ deux ou trois entre dix mil, desquelles celuy qui en peult recouvrer une se peult bien dire à haute voix trois et quatre fois bienheureux. Et pour vous donner avertissement de la fraude des plus mauvaises, quel malheur est-ce à une femme, pour crainte de ne succeder aux biens de son mary, ou pour autre meschanceté, faire semblant d'estre grosse, garnir son **[174]** ventre de force linge et cussinets, pour le monstrer haut et enflé, jusques au terme de neuf mois, et iceluy escheu secretement supposer un enfant de l'hostel Dieu, et l'attribuer à son mary comme legitime? Ou bien si elle est grosse, et qu'elle sache son mary desirer un garson trouver moyen à l'heure de son travail de faire apporter de quelque endroit secret un filz né de ce mesme temps, et en son lieu (au moyen d'un petit escu) envoyer la fillette, et donner à entendre au pauvre idiot ce petit estranger estre sien, qui soubz ceste couleur succedera tresbien à l'heritage, et sera la fillette bannie de sa meilleure aventure? Que me servira vous produire les brevages amatoires que d'aucunes femmes donnent à leurs mariz, ou ramentevoir les actes de Fredegonde et Brenehault[386], et les tromperies recitées en Boccace, de celles qui plantent les cornes à leurs mariz? Ausquelles folies (peult estre par son instruction) coustumierement s'en faict de pareilles. Je n'auroye jamais faict,

---

[a] 1553 : passer de vie en l'autre

---

[386] Frédégonde (vers 545-597), femme de Chilpéric Ier, ne recula, selon la légende, devant aucun acte pour arriver au trône, ce qui la mit en conflit avec Brunehaut (ou Brunhilde, vers 534-613), sœur de Galswinthe, deuxième femme de Chilpéric, laquelle Frédégonde avait fait étrangler. L'allusion à cette rivauté légendaire n'est pas chez Lando.

et ne faut que le moindre acte cy dessus allegué pour monstrer par evidence que c'est sans occasion si celuy qui a perdu telles femmes, dont le nombre en est infiny, les pleure et lamente apres leur deces.

Concluant, pour ne vous tenir plus [175] long propos, que de la mauvaise femme perdue le mary n'a dequoy se plaindre. Et de la bonne mesnagere et femme de bien, l'homme qui l'ayme doit remercier Dieu, quand il la prend et tire hors des peines et miseres de ce monde, consideré que les bons y endurent infiniement plus de maulx que ne font les mauvais.

Contre celuy qui ne se veult passer
de serviteurs

Declamation XXI.

Qu'il vault mieux se servir
qu'estre servy.[#]

Quiconques ayt esté celuy qui premier a dit que d'autant de serviteurs, autant a l'on d'ennemys, il me semble, avec supportation, avoir de bien pres approché de la verité, et suis contraint fermer propos en ceste opinion, que ceulx qui ayment estre accompaignez de grand nombre de valets se peuvent bien tenir pour assiegez de grande multitude d'ennemis. Ce qui n'est sans bien grande raison, si nous prenons garde à la mauvaise coustume d'aucuns serviteurs de desceler par tout le secret des meilleures **[176]** maisons, crochetter coffres et bahutz, yvrongner et paillarder en derriere, et aux despens de leurs maistres corrompre la chasteté domestique, si ce n'est de leur propre fait, à tout le moins par le moyen de leurs messages. Encor pour recompense de leur preudhommie et actes tant honorables, fault que le pauvre maistre leur donne gages, les reveste de pied en cap, les traicte au doigt et à l'œil, et prenne ceste peine de vuider tout à haste les differens qui souvent adviennent entre eulx, et au lieu de maistre d'hostel face office d'advocat, ou de juge en sa maison, qui pour espices et guerdon de telz bienfaitz (soubz occasion d'un petit desdaing, ou mal contentement) en emporte le plus souvent les injures, et quelques fois la perte de sa vie, par la meschanceté de tel valet,

---

[#] «Meglio è non haver seruidori, che hauerne. Paradosso XXII» (f. K1 v°-K3 v°).

que pour cest acte en aura (peult estre) receu quelque bien petit pris ou salaire.

Pour tout certain, les serviteurs ont tousjours porté plus de dommage que de profit aux hommes. Tesmoing en est la rebellion des valetz, pages, et laquaiz à l'encontre des citoyens de Romme[387], oultre l'exemple de Cinna, qui feit crier à son de trompe que tous les serviteurs et banniz se retirassent vers luy, et il leur donneroit ample liberté, [177] dont luy avint que ceux qui s'y estoyent retirez, pour recognoissance du bien que le capitaine leur avoit fait, se meirent tous en bendes pour voler les maisons de leurs maistres, leur faire publique honte et deshonneur, duquel sac et ravage ne se voulans pour menaces ou intimidations aucunement retirer, fut iceluy Cinna contraint de commander à Galates de les tailler tous en pieces[388]. A quelle occasion auroit escript Platon l'esprit des serviteurs n'estre entier, et que l'on ne se y devoit aucunement fier, par ce que Juppiter ne leur avoit laissé d'entendement qu'à demy[389]. Je trouve les Scites avoir surmonté toutes autres nations en ce que pour appaiser la folie des valets, ilz trouverent la coutume de les rendre serfs, et les vendre publiquement, estimans par ce moyen amender leur condition, entendu le commencement qu'avoyent au paravant trouvé les Lacedemoniens, de s'ayder du service d'autruy[390]. Dont advint que ceste nation fut sur toutes autres subjecte aux serviteurs, parquoy ils furent contraintz s'en passer, par leur loy, et se servir eux mesmes.

N'est-ce point à nous grande misere de nous tant assubjectir à noz inferieurs que ne vueillons congnoistre la calamité où ilz nous reduisent perpetuel- [178] lement.

[387] Les révoltes d'esclaves ne furent pas infréquentes ; le texte fait sans doute allusion à celle, la plus célèbre, de 73-71 av. J.-C., menée par Spartacus.
[388] Lucius Cornelius Cinna, tyran de Rome avec Marius et Carbo en révolte contre Sulla (84-87 av. J.-C.). «Galates» vient de la phrase de Lando «furono di Galati uccisi» (f°. signé K2 r°), mais il s'agit en fait de soldats gaulois (Appian, *Guerres civiles*, I 8 ; cf. Plutarque, *Vie de Marius*, XLIV 6). Cf. n. 150.
[389] Allusion peut-être à *La République*, II 371.
[390] Strabon, VIII, 5, 4.

Premierement si le valet te demande congé, tu ne luy sçaurois honnestement refuser, et te dira qu'il n'est que le tien en bien payant. Si tu t'en deffais, pour quelque occasion, necessité, ou mal que tu y ayes veu, que tu vueilles celer pour son honneur, Dieu sçait le tort qu'il dira par tout luy avoir esté faict, et la grande plainte qu'il en fera s'il s'en fault un denier de ses salaires, et encor que tu luy eusses donné, oultre la convention, tous les biens de ce monde, cela ne te sera compté que pour chiffre, et ne lairra à se plaindre que l'on luy retiendra la totalité, et jamais ne s'en taira jusques à ce qu'il ayt eu plus qu'il ne luy fault. Sera-il content jusques à devoir de reste (si quelqu'un toutefois se trouve qui se contiene[b]) on n'orra tout le jour de luy autre propos que «je m'en vois», ou «je ne sçauroye plus durer ceans», et à telle heure tel disner, sans avoir esgard aux affaires ou à la perte de son maistre, ou sans autrement l'en advertir de se pourvoir, ne se faindra luy dire à Dieu. Et puis allez plaider contre un valet.

Ce grand mal a esté cause que plusieurs gens honnestes, et de bonne consideration, se sont du tout privez de la necessité des serviteurs. Car il n'est rien plus certain que si le valet ne sert [179] de bon courage, à jamais il ne fera le proffit de son maistre, et luy face du mieux qu'il pourra, attendu que toute la puissance ou autorité d'un homme, pour grande qu'elle soit, ne sçauroit captiver l'esprit d'un autre, s'il ne luy plaist. Vous ne croyriez le passetemps que me donnent ces gentilz valetz, quand je les oy deplorer leur servile fortune. C'est bien plustost aux maistres à se plaindre qu'à eux. Car la perte de la liberté à un serviteur est semblablement perte de tout ennuy et fascherie pour luy, s'il sçait bien considerer que son maistre luy sert plus qu'il ne sert luy mesme à son maistre. Un valet n'a chagrin de mauvais temps, ne de la cherté des vivres, il ne soucie au soir de ce qu'il mengera le lendemain, ne craint les tailles et emprunts, et ne luy chaut des termes des maisons. Pour

---

[b] 1561 : contene

abreger, il est aymé, defendu, nourry et entretenu [en] paix et aise, et (s'il est bon et loyal) autant choyé et contregardé que la pupille de l'œil de son maistre. Ce neantmoins, le pauvre sot le plus souvent ne peut considerer l'utilité de si profitable dommage, si tel on le doit appeler. Je sçauroye voluntiers de telz bons appliquans lequel de ces deux ilz trouvent le plus moleste, ou de n'estre [180] point en liberté, ou bien d'avoir affaire à tant gracieuses personnes, comme sont la plus part des maistres. Ilz devroyent, à mon avis, bien plus regretter le service qu'ilz font la plus part du temps à leur estrange apetit.

Mais pense tu que ce mot de serviteur soit quelque nom abject ou injurieux? Estimerois tu qu'au cerveau des serviteurs ne fust tombé de toute ancienneté autant (et plus quelquefois) d'excellentes vertuz et sciences qu'en celuy des maistres? Combien pense tu qu'il se trouve de grans personnages, et d'honorables en memoire avoir esté serviteurs, qui toutesfois jamais ne se lamenterent de leur condition ou fortune? Ce qui ne peut proceder d'autre endroit que du bon esprit qu'ilz n'avoyent en quelque façon abject ou servile, consideré que le corps estant serf, jamais l'esprit ne le peut estre. Pour exemple, le divin Platon ne fut-il pas serviteur? Et toutesfois estimé beaucoup plus grand et excellent que celuy qui l'acheta en plein marché[391]. Terence fut un simple valet, vendu au plus offrant, et pource n'en laissa escrire ses tant belles et excellentes comedies, que plusieurs (pour excuser son servil estat) estiment avoir esté faites par Castus Celius son maistre[392]. Mais pleust à Dieu qu'aussi aiseement l'on peust [181] accomplir l'estat de bon Prince ou Seigneur que celuy de bon

---

[391] Platon fut effectivement esclave — voir ci-dessus, p. 88 et la n. 89.

[392] Le maître de Térence s'appelait en fait Terentius Lucanus. Lando (f° signé K3 r°) ne qualifie pas ainsi «G. Celio», et il est permis de se demander s'il n'a pas écrit «G. Lelio», c'est-à-dire Gæus Lelius, auquel, selon Suétone (*Vie de Térence*), on attribua à l'époque une certaine participation dans l'œuvre du comique.

serviteur. Comme il soit ainsi, que l'une des plus difficiles choses de ce monde soit de bien regir et gouverner un peuple.

Puis donc que pour le jourdhuy l'on trouve peu de serviteurs ayans l'esprit et le vouloir à delivre, je suis de cest avis que l'on se passe du plus que l'on pourra du service de telles personnes, et qu'autant soient haiz, par equalité, les serviteurs qui n'ont l'esprit libre, comme ceux qui sont en liberté, et ont l'esprit captif et servile, desquels il y en a tant qu'à peine les sçauroit on nombrer.

Je concluray ce propos par l'exemple de Diogenes, duquel un sien serviteur appelé Manes, ayans prins congé, et luy grandement prié par ses amis le vouloir reprendre et rappeler, en se souriant, il leur feit ceste notable responce : «Ce seroit (dit-il) chose trop estrange, si Manes n'avoit le courage de pouvoir vivre sans Diogenes, et à Diogenes trop peu d'esprit, s'il ne se pouvoit passer de Manes»[393]. Or en bonne heure s'en soit il allé, qu'il ne laisse pas de pourchasser ailleurs sa bonne aventure, car je trouve meilleur, pour la tranquillité de mon esprit, vivre sans valet que d'en estre[c] en telle subjection.

---

[c] 1554[4] et 1561: d'estre

---

[393] Selon Diogène Laërce, VI 55.

Pour l'yssu de bas lieu

Declamation XXII.

Que le bas lieu rend l'homme
plus noble.#

Que la noblesse du corps et du cœur (que les anciens
prenoient pour l'esprit) conjointes ensemble soient des plus
belles parties que l'on sçauroit en ce monde souhaitter en la
personne, je n'en doute non plus que de ce qui est la verité
mesme. Et s'il se trouvoit tel nombre de ceux que l'on dit
gentils-hommes et magnifiques Veniciens, et autres douez de
ces deux vertus assemblées, je confesseroye sans autre debat
n'avoir que dire à l'encontre de celuy qui veut maintenir que la
bonne maison, sans autre tiltre que du seul nom, fait et rend
l'homme noble et gentil. Mais posé ores que la vertu n'y face
rien (que toutesfois se trouvera faux) si est-ce que l'ignoble[394]
personne a cest avantage que l'obscurité du lieu dont elle sort
luy donne ceste liberté de pouvoir sans aucune suspicion
prendre son passetemps en toutes sortes d'esbats et menuz
plaisirs de vertu, **[183]** qui sont usitez pour le jourdhuy, faire
plusieurs entreprinses estranges et hazardeuses, sans que nul
l'en puisse reprendre, et faire rougir (si elles succedent mal)
pour luy ramentevoir sa noble race ou ancienne parenté.

«Che meglio sia nascere di gente humile, che di chiara et illustre. Paradosso
XXIII» (f. K3 v°-K8 v°). A la table, titre un peu différent: «Meglio è d'esser
ignobile, che di sangue illustre». Une bonne partie de ce paradoxe est fondée sur
un thème moral ou satirique fréquent au XVIᵉ siècle, celui de la noblesse-vertu ;
voir P. M. Smith, *ouvr. cit.*, passim. Jacques Tahureau s'inspire dans une
certaine mesure de l'exemple des *Paradoxes* dans ses poésies de 1554-1555 et
ses *Dialogues* — voir notre étude citée, *Nature et Raison...*, pp. 147-157 et les
renvois.
[394] ignoble = de naissance non noble.

J'oseroye dire d'avantage qu'un petit compagnon bien né et de bon cœur est hors de la severité de ces rudes et facheux pedagogues, et de ces tant ennuyeux et difficiles tuteurs, et se peut estimer du nombre des vrays francz et libres hors de ce que tant obscurcit la noble splendeur des fameuses lignées, il ne se trouvera subject aux diverses modes des habits, que voyons changer de jour à autre, et qui rendent le plus souvent les corps et espritz contrains à leurs fantastiques et resveuses façons, ne sera tenu (pour conserver l'honneur de sa maison) elever grand train et gros ordinaire, n'aura honte d'estre veu par païs cheminer à beau pied sans lance. Et s'il luy advient nconvenient, il ne craindra se renger au service d'autruy, plustost que tomber en misere et derniere fortune. Toutes ces choses n'oseroient faire ceux à qui la memoire d'eux ou d'autruy ramentoit la haulteur du lieu de leur naissance, et lesquelz destinez aux mesmes fortunes que les autres en endurent plus **[184]** grand meschef, d'autant que la fumée de leur fameuse maison les contraint à se deporter des charges nferieures à leur noblesse et excellence, en sorte qu'eux tombez et descheuz de leur premiere aventure, jamais ne s'en peuvent (ou à bien grande difficulté) relever.

L'ignoble prendra garde, devant que tomber en pire que sa premiere fortune, à s'aider et revancher de son industrie, au moyen de laquelle, prenant la voye de vertu, et suyvant le chemin de sçavoir, il fera son nom d'autant plus illustre et celebré qu'il estoit au precedent obscurcy de malheur, et s'adonnant aux lettres et sciences liberales, ou bien à la discipline militaire, il y prendra tel labeur et telle diligence que pour l'excellence qu'il y aura acquis il en rapportera finalement quelque grand fruit, duquel à luy seul retournera la splendeur, et ne luy sera ceste louenge ostée d'aucun maistre ou seigneur de qui l'on puisse dire qu'il depende. Vous en avez l'exemple aux faitz d'armes d'un Bayard, Malherbe, Maulevrier, et autres

vaillans capitaines François[395], telz qu'ont esté en Italie un
Castracan, Picin, Carmaignole, et Joannin, la renommée
desquelz montre assez qu'à eux seulz la vaillance **[185]** de leurs
faitz est entierement demeurée[396]. Le pareil se trouvera aux
lettres et sciences, car l'on ne dit pas pour le jourdhuy que
Henry, pere du dernier Roy d'Angleterre[397], a composé
plusieurs beaux livres latins qui sont de l'ouvrage de Thomas
Maure, son chancelier, homme qui mourut en reputation de
grand sçavoir et autorité, toutesfois yssu de bas lieu, et qui pour
le regard du sang et grande maison se pouvoit dire ignoble[398].

Aussi les lettres ne cerchent gueres les tant hauts lieux,
ne les maisons si hautes et magnifiques, ausquelles l'oysiveté et
negligence sont en plus grande recommandation que n'est le

---

[395]   Ces exemples français sont de la main d'Estienne : Pierre du Terrail,
seigneur de Bayard (1476-1524), *chevalier sans peur et sans reproche,* se
couvrit de gloire pendant les guerres italiennes et trouva la mort, le 30 avril, à
Abbiategrasso   ; Malherbe : probablement Guillaume de Balsac, sieur
d'Entragues, Malherbes, etc., lieutenant de la compagnie des gendarmes de
François de Lorraine, duc de Guise, et qui fit le siège de Metz en 1552   ; Louis
de Brézé, comte de Maulévrier, grand veneur de France, mari de Diane de
Poitiers (1473-1531).

[396]   Castruccio Castracani, condottiere italien (1281-1328), chef de la faction
gibeline de Lucques   ; Niccolò Piccinino (1375-1444), célèbre général italien,
sorti pourtant d'une famille distinguée — si ce n'est son fils Francesco († 1449)
ou son autre fils Jacopo (1420-1465), qui, comme leur père, ont travaillé sous les
ordres de Francesco Sforza à Milan   ; Francesco Bussone, dit *Carmagnola* (vers
1380-1432), fut au service de Filippo-Maria Visconti puis de la République de
Venise ; la dernière allusion est obscure, mais en se reportant au texte de Lando
(f. K4 v°-K5 r°) on comprend qu'il s'agit de Giovanni de' Medici, *delle bande
nere,* condottiere (1498-1526), dont l'honneur serait dû (selon Lando) en grande
partie à Paulo Luzzasco, capitaine de basse naissance.

[397]   C'est-à-dire Henri VIII, père d'Édouard VI qui lui succède en janvier 1547 et
meurt le 6 juillet 1553. Cette phrase, ajoutée par Estienne lui-même, indique que
son adaptation fut achevée après cette dernière date, et en situe la publication
dans la seconde moitié de la même année. Voir ci-dessus p. 8 et la n. 5.

[398]   Thomas Morus ou More, fils d'un avocat impécunieux, grand chancelier
d'Angleterre sous Henri VIII (1478-1535). Tout ce passage a été transformé par
Estienne   ; Lando renvoie ici (f° signé K5 r°) implicitement à l'*Assertio septem
sacramentorum* de 1521: «l'opra da lui [sc. Henri] contra M. Lutero scritta ero
di Tomaso Moro huomo singolare…». Estienne omet par la suite bon nombre
d'allusions à des personnages, surtout des humanistes, contemporains.

labeur et diligence des personnes en choses industrieuses et qui dependent de la vertu. Qu'ainsi soit, la noblesse des maisons ne feit jamais le philosophe, ne le poëte ou l'orateur, mais le travail et grande peine que le philosophe a employé à la cognoissance des choses hautes et divines l'ont rendu noble et immortel à la posterité. Socrates fut filz d'un tombier ou polisseur de marbre ; voyez comme il devint excellent polisseur d'espritz, et rabateur des complexions mauvaises et corrompues, plus dures que ne sont le jaspe ou l'aimant[399]. Euripides, ancien poëte tragic, [186] fut de parens bien petis et abjects[400]. Demosthenes, honneur de la grecque eloquence, non seulement fut de bien bas lieu, mais encores de parenté incertaine[401]. Virgile, ce grand poëte latin, fut engendré d'un laboureur mantuan[402]. Et Horace ce nompareil lyrique fut filz d'un trompette de guerre[403]. Quand aux modernes, trouvez m'en un tout seul qui ait escrit en philosophie, poësie, rhetorique ou autre science, qui se soit jamais renommé des ancestres de sa maison. Bien au contraire verrez vous que si d'une maison seigneuriale et magnifique il se trouve un seul qui se vueille adonner aux sciences, l'on l'appelera le resveur et le magister. Et toutesfois il est certain que la maison n'annoblit pas l'homme, si la vertu n'y donne ayde.

S'il m'estoit besoing passer plus avant en propos, j'entreprendroye vous montrer que la vraye gentillesse vint premierement de gens de basse condition, et que plusieurs qui pour le jourdhuy sont par les historiens renommez princes et seigneurs ont prins leur origine des basses et petites maisons.

---

[399] Selon Valère Maxime, Socrate «eut pour mère une sage-femme nommée Phénarète et pour père un marbrier appelé Sophronisque» (III 4).

[400] Euripide (480-406 av. J.-C.) fut en effet fils de parents pauvres, selon Valère Maxime, III 5. Voir aussi ci-après, p. 212. et la n. 413.

[401] Démosthène (384-322 av. J.-C.), fils d'un maréchal-ferrant.

[402] Virgile, né près de Mantoue en 70 av. J.-C., fut le fils d'un petit propriétaire.

[403] Le père d'Horace fut plutôt un affranchi faisant profession de *coactor* (percepteur d'impôts) (Suétone, *Vie d'Horace*).

Pour exemple, Tarquin Prisque fut filz d'un marchant d'estrange païs[404], Serve Tulle fut engendré d'un esclave[405], Septime Severe vint de bien bas lieu[406], Agathocles, **[187]** Roy de Sicile, n'eut honte de garnir son buffet de vaisselle de terre, en memoire qu'il estoit filz d'un potier[407], Elius Pertinax fut premierement un simple marchant de boys[408], Venadius [*sic*] Bassus vint de parens bien pauvres et abjectz[409]. S'il est donc ainsi, que des grans personnages le plus grand nombre se trouve estre yssu de bas lieu, à quel propos la plus grand part des hommes de nostre temps cerchent ilz menteries expresses avec lettres heteroclites et contrefaites pour se dire nobles, et se nommer de bien haute lignée? Qui est la cause que l'on meine tant de bruit et querelle, quand quelque pauvre praticien, par mesgarde ou ignorance, ne met en ses actes judiciaires tous les tiltres et qualitez de sa partie[410].

Ce me seroit un moult grand contentement d'esprit si par mon dire je pouvoye estre cause de refrener ceste vaine et trop folle passion de tant desirer d'estre appelé noble et illustre, à telz principalement qui jamais n'en feirent les armes, et ne monstrerent onc un tout seul acte de vertu. Et me semble chose bien fort estrange d'ouyr si souvent reclamer au païs de Naples ce mot de seigneur, capitaine, et au moindre piquebeuf du païs donner ce tiltre **[188]** de Domferrand en ses lettres, ainsi qu'en

---

[404] Voir n. 303.

[405] Servius Tullius, sixième roi de Rome (vers 578-534 av. J.-C.), fils de l'esclave Ocrisie (Tite-Live, I 41, *et al.* ; [*Dict.*, 398 v° a]).

[406] Cela n'est pas vrai des empereurs Septime et Alexandre Sévère.

[407] Agathocle, roi de Syracuse (361-289 av. J.-C.) (Diodore de Sicile, XI 19 ; *Dict.*, 24 v° a).

[408] C'est-à-dire Publius Helvius Pertinax, empereur romain après Commode (126-193), à ses débuts charbonnier comme son père (Julius Capitolinus in *Script. hist. Aug.*).

[409] C'est-à-dire Ventidius Bassus, né à Asculum, de famille obscure, et qui s'éleva aux plus hautes dignités et vainquit les Parthes en 39 av. J.-C. (Aulu-Gelle, XV 4, Valère Maxime, VI 9, *et al.*).

[410] A partir d'ici, Estienne s'écarte encore plus sensiblement que d'habitude du texte de Lando.

Espagne d'ouyr appeler un pitaut de village, seigneur, chevalier, ou un souillon de cuisine, la seignore Lucrece. En Angleterre, ilz se font tous milords et gentils hommes, de la privée chambre du roy. En Bourgoigne, Flandres et Haynaut, il n'y a si petit soldat qui ne face ses armoiries à plaisir, en heaumées et empennachées à la Saxonique, desquelles les portaux des hostelleries sont fort bravement reparez. En Bretaigne, il n'y a celuy qui ne se face parent du duc. En Escosse, ilz sont tous extraitz du sang royal, et en Anjou, tous gentils-hommes. Faisons ce compte qu'il ne se trouvera lieu en ce monde où il n'y ayt quelque semence de ceste miserable ambition. Et n'y a cité, ville, chateau, ne bourgade qui ne la tienne pour grande amie. Je passoye ceste grande ville de Venise, en laquelle n'y a simple marchant de succre, de cotton, ou d'espicerie, qui ne se face nommer gentil'homme et magnifique messer. Et s'il se void aux biens de l'eglise, tantost verrez qu'il s'intitulera monseigneur reverendissime, illustrissime, colendissime[411], et beatissime, s'il peut. Estimez si en voyant ce deshonneur estre fait à la vraye noblesse et vertu, j'ay grande **[189]** occasion de le supporter patiemment.

Croyriez vous (messieurs) que ceste ambitieuse bruine eust traversé les Alpes, jusques aux Frisons, Saxes, et hauts Alemans? Je vous puis asseurer m'y estre trouvé quelquefois, pour certains affaires d'importance que j'y avoye à demener, mais si tost que je m'aperceuz de ceste misere : «Ô Satan (dis-je alors) tu as bien estendu par tout ton pernicieux venin d'avoir passé ses horribles montaignes et lieux quasi inaccessibles, pour y faire penetrer ton ambition». Je y trouvay que quelques uns de ce païs couroyent en poste jusques aux chambres imperiales, pour acheter ce tiltre de gentillesse, et se vantoyent d'estre nobles, les aucuns de deux, autres de trois, et autres de quatre lignées se glorifians en leurs ancestres, les uns se disans estre

---

[411] Calqué sur le «colendissimo» de Lando (f° signé K6 v°), = le plus digne de révérence.

descendus des Touscans, et les autres des Romains, et quelques
uns se voulans maintenir de la race de Mirmides, d'Achilles, et
les autres pour tiltre et enseigne de noblesse portans armoiries à
mon avis fort singulieres, comme d'un col d'oison en champ de
gueule, couvert d'un heaume à double estage, enrichy de
pennaches, miraculeusement rinsseletz*412* à la tartaresque, et
autres devises de plus estrange façon. Qui m'eust **[190]** juré
qu'en ce grand nombre de gens durs et feroces se fust trouvée
aucune semence d'ambition, jamais je ne l'eusse creu, par ce
qu'au paravant je m'estoye tousjours donné à entendre que toute
ceste folie s'estoit seulement arrestée au païs de Naples et
d'Espagne. Mais est (à ce que j'en voy) par tout si fort
enracinée, qu'il y a bien peu d'esperance de l'extirper pour la
longueur du temps qu'elle commence à croistre.

    J'ay souvenance d'avoir leu que le pere d'Euripides,
fort joyeux d'avoir esté anobly, receut de son filz ceste
responce: «Ne vous en resjouyssez ja tant (mon pere) car le
Prince ne vous a donné chose que chacun ne puisse pour le
jourdhuy recouvrer par argent, et n'est la noblesse de maintenant
sur autre lieu fondée que sur les richesses, de sorte que
quiconque a du bien, il a aussi le pouvoir de se faire anoblir»*413*.
Ce fut ce qui esmeut le bon Socrates à dire que la seule vertu
nous rendoit nobles et excellens, et que rien ne valoit se glorifier
ou renommer de telle ou telle famille, si sans vertu l'on pensoit
estre noble*414*. A ce propos, le bon Ciceron (qui merita ce beau
nom, d'estre par plusieurs fois appelée pere du païs des
Romains) à la reproche que luy fit Saluste en ses *Invectives*,
qu'il ne **[191]** se trouveroit estre yssu de noble race, mais
descendu d'un lieu incongneu des nobles, feit ceste responce,
que sa lignée commençoit par Ciceron, et celle de Saluste

---

412 participe passé = rincelés : partagés en plusieurs branches.
413 Aucune des sources anciennes ne mentionne l'anoblissement du père
d'Euripide (qui était boutiquier ou cabaretier), et cette allusion, d'origine peut-
être médiévale, résiste à tout éclaircissement.
414 Diogène Laërce, II 31.

finissoit par Saluste[415]. Et croy que quand Platon maintint que tous serviteurs estoient descendus de noble sang, si de loing l'on vouloit prendre garde à la genealogie, et que au contraire tous princes ou seigneurs estoient yssuz de gens de basse condition, qui bien entendroient à leur ancienne race, ce fut pour rabaisser l'orgueil d'aucuns insolens de son temps, [qui] d'autre chose ne tenoient conte que de leurs biens et richesses[416]. Ne pensez que la gentillesse soit anciennement tombée du ciel, ainsi que chet la manne à l'Apouille, Calabre, ou Briançon. Les anciens nobles furent faits par la vertu et prouesse qu'ilz montrerent en combatant virilement, et mourans pour l'honneur de leur patrie, ne faisans au surplus chose digne de vilenie ou reprehension. Qui est ce que nous appercevons au jourdhuy en quelquesuns des nobles sans vertu (j'entens en ceux qui tachent à se faire gentilz par voye de trahison, larcins, et autres mechancetez) lesquelz je puis proprement appeler gentilzvilains[417], puis que leur noblesse (en cas si depravez) ne se peut **[192]** autrement nommer qu'un vray gardon de notable iniquité.

Les Egyptiens (pour derniere confirmation et conclusion de mon propos) desquelz ont prins l'origine toutes belles et honnestes disciplines, et dont les bonnes loix et ordonnances sont premierement descendues, tiennent que toutes personnes de ce monde sont nobles en equalité, chacune composée d'une mesme paste, et bastie d'un mesme architecteur et ouvrier, de la main duquel procedoient les ames infuses dans ces corps, estoient de leur naissance capables d'une mesme puissance et vertu, mais que puis apres, selon la disposition de chacun d'iceux corps, ceux qui plus grande portion recevoyent

---

[415] Cette joute verbale figure chez le Pseudo-Salluste, *In M. Tullium Ciceronem Oratio* et *In Sallustium Crispum Oratio*.
[416] Allusion sans doute aux *Lois*, V 734 et 744.
[417] Le terme (et l'idée) est d'Estienne.

de la vertu avoient quelque préeminence par dessus les autres, et
pour difference estoient appelez nobles et gentilz.

Pour le chiche

Declamation XXIII.

Que la vie escharce ^e *est meilleure que l'opulente.*[#]

Peu de gens se trouvent de bon sens naturel qui ne dient que la vie d'espargne soit meilleure que l'habondante et sumptueuse, et à ceulx qui ne voudront rien croire de ceste verité, il vous plaira me permettre leur demander si la vie escharce et bien sobre, que l'on appele diete, ne guerit pas de la goutte sans espreuve d'autres plus dangereux remedes, qui neantmoins est la maladie, au rapport des plus expers medecins, la plus difficile à traiter, et qui moins s'appaise pour quelque remede que l'on luy sache donner. Ne fait pas encor la diette passer le mal de la teste? Par son moyen ne remedie l'on pas aux esbloyssemens, aux catharres, aux vomissemens, à la gale, à la toux, et aux fievres quartes et quotidianes? La vie d'espargne ne rend elle pas les personnes plus esveillées? N'est elle point le plus souvent cause d'un jugement en l'homme beaucoup plus droit et asseuré? De ceste opinion ont esté les plus sages des anciens philosophes, specialement le divin Platon, lequel venu d'Athenes en Sicile ne se peut tenir de blasmer grandement les banquets et tables siracusianes qui, à leur coutume, deux fois le jour **[194]** souloient recevoir grande multitude de gens avec les

---

^e 1583 : d'espargne *partout*. L'adjectif (échars = avare, chiche) est dérivé du latin populaire *excarptus, et fut déjà vieilli vers la fin du siècle, d'où la correction de 1583. Le terme existe encore en un sens monétaire, et est bien entendu à l'origine d'«escarcelle» et de l'anglais «scarce».

[#] «Esser miglior la vita parca della splendida e sontuosa. Paradosso XXIIII» (f. K8 v°-L3 r°). — Éloge de la tempérance.

plus delicates viandes et vins les plus precieux du païs[418]. Que
dirois-tu, pauvre Platon, si tu te trouvois es lieux de ces païs,
ausquelz telle est maintenant la coutume que celuy qui se
contente de deux bons repas par jour peut estre dit faire bien
estroite diette? Je tiens pour seur que si tu voyois ce qui se y fait
en exces de gourmandise, tu pourrois bien exerciter ta divine
eloquence à louer les tables Siracusianes, en comparaison des
nostres, et ne trouverois Epicurus avoir esté tant excessif en
viandes que sont noz nations de Europe.

Je demanderoye voluntiers à ceux qui me semblent
n'estre nez que pour consommer les vivres, dont vient qu'au
temps passé, auquel l'on pouvoit nombrer autant ou plus de gens
que maintenant, l'on trouvoit plus grande abondance de
victuailles, et à meilleur pris, que nous n'avons pour le
jourdhuy? Ne procedoit pas cela de la vie escharce qu'ilz
menoient en ces bons premiers aages? Sainct Hierosme
escrivant de la vie des bons sainctz peres, lesquelz esmeuz de
zele de religion, habitoient es desertz d'Egypte, tant amoureux
de ceste sobre et simple vie, dit que **[195]** seulement le gouster
des viandes cuites estoit reputé en leur endroit pour chose
luxurieuse et lascive[419]. Tesmoing en sera le bon sainct Cassian
en ses escritz de la vie monastique[420]. Et outre encor la maniere
de vivre des anciens, qui estoit de ne manger au matin que du
pain tout sec, et le soir gouster quelque peu de chair en potage,
sans autre surcroist ou dessert, dont avenoit que ilz estoient
moins subjects aux maladies et plus vivoient longuement que ne
fait le peuple de maintenant? Ne pour autre cas furent si
longuement les Romains, Portagulois et Espagnolz sans usage
de medecine, que pour la vie sobre et frugale qu'ilz demenoient,
au moyen de laquelle ilz se defendoient asseuréement contre

---

[418] Cf. *La République*, III 13 (404d).
[419] Jérôme, *Vie des ermites*.
[420] Saint Cassian (vers 360-vers 433), auteur des *De Institutis Cœnobiorum libri XII*.

:outes infirmitez. Aussi est elle moyen que, malgré nous, bien
souvent sommes contraints d'ensuyvre et entretenir, pour mieux
avoir celle qui nous fait trouver la viande si bonne que la
moindre aux plus excellens princes, par le moyen de la diette,
semble plus delicate. Qu'ainsi soit, Ptolomée un jour peregrinant
par les deserts d'Egypte, et à ses gens ne le povans suyvre, pour
le secourir en la diligence qu'il faisoit, il endura si grand faim,
faute de ses **[196]** vivres qui estoient demourez derriere, que de
foiblesse de cœur, il fut contraint prendre repos soubz une petite
logette d'un paisant, où luy fut offert une piece de pain de
seigle, qu'il mangea de si bon appetit que il fut contraint
affermer sur l'heure n'avoir de sa vie mangé viande plus
delicate. Et de là en avant se meit à despriser toutes les friandes
façons de pain que l'on luy offroit, se rengeant tousjours à son
pain de seigle[421]. Les dames[f] du païs de Thrace avoient ceste
coutume, pour faire devenir leurs enfans sains, robustes, et
courageux, de ne manger communément que du lard à belles
orties, au lieu de choux, comme en cas pareil les plus grandes
delices qu'avoient les Spartains, estoit un certain potage noir,
pour l'appareil duquel ne faisoient plus grande despense que de
trois petis solz au plus pour le contentement de plusieurs
personnes. Les Persiens, gens si bien endoctrinez et duitz à la
guerre, ne souloient rien manger avec leur pain qu'un bien petit
de cresson alenois[422]. Artaxerxes, frere du Roy Cirus, mis en
route par ses ennemis, ne mangeoit en exil autre chose que des
figues seiches à beau pain d'orge, viande qu'il trouva lors si
bonne **[297 = 197]** et delicate qu'il se meit à regretter le temps

---

[f] 1561 : admes

---

[421] Il s'agit probablement de Ptolémée VII *Euergète II,* roi d'Égypte de 170 à
116 av. J.-C., cité fréquemment par Athénée, mais la source précise de cette
allusion nous échappe.
[422] Athénée, X 432.

qu'il avoit attendu à experimenter chose si douce et savoureuse[423].

Qui se voudroit arrester à l'appetit de ce ventre ne seroit jamais fait. L'on trouveroit que le plus du temps il demande importunéement et sans cause, et que trop indiscretement par fois il nous moleste et tourmente. Bien est vray que quelquefois il n'est si fort importun qu'il ne se contente de peu de cas, et moins exquisement appareillé, mais aussi fault-il que l'on ne l'acoutume point à tant de friandises, desquelles puis apres il luy est trop dificile à s'en retirer. Aussi dequoy nous sert un pain si blanc et si mollet? Dequoy servent tant de sortes de confitures, dont les tables des mignons, qui veulent vivre à l'italienne, font la courtoisie aux dames? Que servent tant d'entrées, d'entremetz, gelées, saulces, saulpiquetz, aigreselz, salmigondiz, et autres curiositez, si ce n'est pour irriter le foye à mille accidens de fievres, et si j'ose dire, ladrerie, hidropisie, et autres inconveniens? Aujourdhuy si quelqu'un souhaitte rentes, revenuz, benefices, ou autres biens pour son aise, il commencera sa maison par la cuisine, et ne mesure l'on les bonnes **[198]** maisons que par plats et par tables. N'est ce point grand dommage de mettre en peine tant de gens qui se pourroient bien occuper à autre chose meilleure qu'à retirer les pauvres poissons hors de leurs tant doux et solacieux repos, et tout pour satisfaire à cest insatiable appetit? N'est-ce point merveille de veoir, pour un mechant ventre, qui bien tost se doit rendre pasture à la vermine, travailler tant de cuisiniers, despouiller tant de beaux jardins, pour reveiller ce mechant appetit? N'est-ce pas chose pitoyable de veoir tant de chasseurs suer par mons et vaux, dormir dans la neige, coucher sur la glace, se rompre bras et jambes, et arner[424] tant de beaux chevaux qui pourroient bien servir au labeur, ou ailleurs pour

---

[423] Artaxerxès II Mnémon, roi de Perse de 405-359 av. J.-C. (Plutarque,*Vie d'Artaxerxès* et *Apoph. Bas.*, 174a ; [*Dict.*, 74 r° a]).
[424] arner : harnacher.

complaire à ceste malheureuse bouche, qui jamais ne dit «c'est assez»? Qui est celle qui nous a (en commençant du bon pere Adam) mis es plus estranges labyrinthes que l'on ne sçauroit estimer. Et toutesfois nous voulons bien, pour l'amour d'elle, et pour condescendre à ses affections et appetis, endurer tant de mesaises, et souffrir tant d'ennuis, peines et fascheries. Miserable Philoxene, où avois-tu le cerveau, quand tu desirois le col de grue, pour sen- [199] tir plus long plaisir au goust du vin et des viandes?[425] Pauvre Apitius, qui mis si grande diligence et estude à l'appareil des mets et banquetz somptueux, quelle gloire et quel profit t'en est-il avenu?[426] Que diray-je de toy, gentil Maximin, avec tes chaussès de dixhuit aulnes, qui tout seul mangeois trente six livres de chair pour un repas?[427] Et de toy bel empereur Geta, qui si curieusement te faisois traiter et commandois t'offrir les diverses viandes de chair et de poisson par ordre d'alphabet, comme pour la premiere lettre, alouettes, anchois, pour la seconde, butors, brochetz, et ainsi consequemment les autres?[428]

      Qui m'en voudra croire, messieurs, l'on s'arrestera desormais à la sobrieté. Car je ne trouve chose de plus grande fascherie qu'apres avoir le soir trop chargé la navire, sentir au matin, quand on se cuide lever de bonne heure, un goust à la bouche, comme de œufs trop cuits, ou raves fricassées, tournoiement de cerveau, un empechement de veuë, un continuel toussir, cracher et moucher, à la grande honte de ceux

---

[425] Le mot du philosophe Philoxène est rapporté par Aristote, *Éthique*, III 9 ; *Dict.*, 350 v° a.

[426] Marcus Apicius Gavius, glouton célèbre sous le règne de Tibère, s'empoisonna (ou se pendit) de peur de mourir de faim ; il a laissé un *Art culinaire* (Sénèque, *A Helvie*, X 8-9, Juvénal, IV 23, XI 3 ; [*Dict.*, 65 v° a]).

[427] Caius Julius Verus, Maximin Ier, empereur romain en 235-238, de force gigantesque et d'appétits féroces (Hérodien, VII).

[428] Publius Septimius Geta (Géta), empereur romain (189-212), fils de Septime Sévère et frère de Caracalla, qui le fit mettre à mort. Cette anecdote est racontée par Élien Spartien in *Script. hist. Aug.*, mais elle est reprise par Pietro Crinito dans son *De honesta disciplina*, XIV 11 ; Montaigne y fera allusion : I 56.

qui le voyent, et au grand dommage de l'estomac de celuy qui
mal s'en sent. Au contraire, ayant peu prins le soir, on se trouve
le lendemain gay, leger **[200]** et prompt à toutes choses, l'esprit
tant bien deliberé, et de rien estonné ou abbatu. Un bon vieillart,
aagé de pres de six vings ans, et neantmoins encor bien disposé
de sens et bon appetit, se trouvant un jour à la table d'un grand
seigneur qui l'avoit appelé pour curiosité, et se sentant traité
bien somptueusement et delicatement, ne se peut contenir de luy
dire ces parolles : «Si j'eusse de ma jeunesse entretenu
l'ordinaire de manger en si grand appareil que porte vostre table,
croyez (monsieur) que je ne fusse jamais parvenu en cest aage,
et avec la vigueur que tant vous monstrez esmerveiller en
moy»[429]. Voyla comment la vie escharce est (outre les biens
susditz) cause de nous faire longuement eschapper, et maintenir
en prosperité. Qui fait que je conclus que ceux qui furent
anciennement ennemis de la vie escharce ont esté pareillement
hayneux d'honneur et de la vertu. Ce qui appert en Caligula,
Eliogabale, Claude Tragio, Vitelle, Vere, et Tibere[430]. Au
contraire, les amateurs de frugalité se sont trouvez quasi tous
divins et vertueux tels qu'ont esté Auguste, Severe, Paule,
Emile[431] [*sic*], et autres.

Mieux vaut donc la vie d'espargne que la trop liberale
et som- **[201]** ptueuse, et m'en dient ce qu'il leur plaira noz
Sardanapales du jourdhuy, car jamais ilz ne me persuaderont le
contraire, de ce que la loy de nature, la raison, les bons

---

[429] Selon le texte de Lando (f. L2 v°-L3 r°), cette anecdote lui fut racontée à
Messina par Antonio Doria à propos d'un vieillard espagnol qu'il avait invité à
dîner.
[430] Caligula (12-41), Élagabale (204-222), Vitellius (15-69), Verus (130-169),
Tibère (42 av. J.-C.-37), tous empereurs ou césars romains réputés pour leur
extravagance. Pour ce qui est de «Claude Tragio», nous demeurons perplexe :
Lando (f. signé L3 r°) renvoie, en tête de cette liste, à l'empereur Claude, puis à
«Claudio Tragedo».
[431] Auguste (63 av. J.-C.-14), Alexandre Sévère (205-235 — plutôt que Septime
Sévère), empereurs romains ; Paul-Émile, *Macédonique* (230-160 av. J.-C.),
consul connu pour sa sobriété et son stoïcisme (plutôt que son père, vainqueur de
Cannes).

exemples des gens vertueux, me monstrent et enseignent. Je vous dy qu'ilz ne me le persuaderont jamais, eussent ilz toutes les rhetoriques grecques et latines de ce monde.

Pour les femmes

Declamation XXIV.

Que l'excellence de la femme est plus grande que celle de l'homme.[#]

On ne tient conte bien souvent des choses procrées par nature, faute de diligemment congnoistre et cercher l'excellence d'icelles, et plus est une chose vulgaire et commune, et moins elle en est estimée et prisée[g] d'un chacun. Asseurez vous (messieurs) que qui voudroit rechercher par le menu la grande excellence qui est aux femmes (lesquelles bien souvent nous sont, par trop grande familiarité, plus communes que de raison) l'on en feroit beaucoup plus **[202]** d'estime, et les en priseroit on d'avantage que de coustume. Et ne me semble estre (soubz correction) recevable en dits mon adverse partie, quand il allegue les fautes qui se trouvent en ce sexe, qui sont bien moindres toutesfois que ne sont pas celles des hommes. Car cela ne fait rien pour inferer et persuader, que nonobstant quelques petites fautelettes, il n'y ayt des excellences au corps et esprit des femmes trop plus grandes qu'à ceux des hommes, lesquelles peuvent de beaucoup surmonter ce peu de fragilité que l'on trouve en elles.

---

[g] 1554[4] et 1561 : purifiée

[#]   «Che la donna è di maggior eccellentia, che l'huomo. Paradosso XXV» (f. L3 v°-M2 v°). — Ce paradoxe se situe bien entendu autant dans le vaste sillage de la littérature antiféministe (voir le paradoxe XX), qui présente presque toujours des arguments en faveur des femmes même si ce n'est que pour les écraser, que dans la tradition des défenses de la femme. Lando connaissait peut-être certains des textes participant à la «Querelle des Amyes», dont cette merveille d'ironie *L'Amye de Court* de Bertrand de La Borderie de 1542.

Et pour vous en informer, j'en prens ma premiere preuve à la formation de la femme, qui n'est faite d'un ord et sale limon ainsi que le corps de l'homme, aussi de la pureté et netteté, assez en appert par le visage qu'elle represente, tant doux et gracieux, sans aucun poil ou ordure, qui monstre assez le chef d'œuvre de la tresgrande fontaine de beauté, sans ce que la divine proportion du gentil corps feminin, beaucoup mieux compassé que celuy de l'homme (au rapport de tous les maistres de la perspective) monstre encores d'abondant les mesures celestes n'y avoir en rien esté deniées. Que dirons nous de leur tant singulier es- **[203]** prit, qui coustumierement se monstre plus constant en adversité, plus gratieux et amoureux en felicité, que celuy des hommes? Combien de fois ont-elles (si les anciennes et modernes histoires sont veritables) esté cause de bien grandes victoires? Et combien de fois ont-elles courageusement resisté à l'encontre des trouppes et esquadrons de la foible vertu des hommes, et les ont renversez, rompuz, et mis en fuite? Qui fut onc le capitaine de quelque nation que l'on me sache produire, qui en valeur, proësse, et conseil, peust estre apparié à la victorieuse Camille[432], ou à la puissante Pentasilée[433]? Quelle diligence et sagacité incredible me sera parangonnée[434] à celle de Semiramis?[435] Fut-il onc parlé de vertu qui resemblast à celle de Zenobie[436], de Valasque[437], et de plusieurs autres dames fameuses de l'ancien temps, si noble et

---

[432] Camille, reine des Volsques, fameuse pour sa légèreté à la course (Virgile, *Énéide*, VII 803, XI 435 ; *Dict.*, 125 r° a).

[433] Penthasilée, reine des Amazones, fille de Mars, tuée par Achille au cours de la guerre de Troie (Virgile, *Énéide*, I 495, XI 662, Justin, II 4, *et al.* ; *Dict.*, 341 r° a-b).

[434] parangonnée : comparée (favorablement).

[435] Reine légendaire d'Assyrie et de Babylonie, connue pour sa prudence et sa beauté (Diodore de Sicile, II, Valère Maxime, IX 3, *et al.* ; *Dict.*, 396 r° a).

[436] Zénobie, reine de Palmyre, finalement vaincue et réduite en captivité par Aurélien en 273 (*Dict.*, 452 v° b-453 r° a).

[437] Valasca, reine des Bohémiens, qui gouverna son pays à l'instar des Amazones (*Dict.*, 439 v° b).

florissant en toutes excellences? Qui est celuy qui les surmonte, ou (pour plus proprement parler) qui ne leur soit inferieur quant à la fidelité et constance? De ma part j'ay fueilleté d'un bout à l'autre les historiens, tant de l'une que de l'autre langue, et les ay observez attentivement le plus qu'il m'a esté possible, mais je ne trouve **[204]** leans exemples de vertuz plus grans ne plus illustres que ceux que les dames nous ont enseigné de tout temps. Combien de fois, pour maintenir leur entiere foy et fervente amour, se sont elles exposées en mil dangers de guerres, et se sont retirées en exil, avec dix mil fascheries, le plus souvent contraintes de changer et de nom et d'habits, pour la grande faveur qu'elles portoyent à leurs maris, d'elles aymez plus qu'elles mesmes, et plus honnorez que chose qui se trouvast sur terre?

Quant à l'humanité et courtoisie, vous ne trouverez homme qui en cest endroit les passe d'un seul poinct. Sçauriez vous comprendre le nombre des nobles dames qui pour entretenir hospitaux, aider aux mendians, bastir eglises, fonder chappelles, et racheter les prisonniers, ont consumé et employé leurs biens temporels, preferans l'honneur de Dieu et l'union des Chrestiens à leurs voluptez particulieres, accroissement de maison, et amas de deniers corruptibles? Ce que elles faisoyent de tel cœur et affection, que n'en desplaise à messieurs les hommes, je n'ouys onc parler d'un tout seul, tant fust-il noble et vaillant, qui ayt fait la moytié de ce que telle **[205]** femme qui n'est de bien grand bruit et renom a entreprins et faict en son temps. Que jugerez vous du cœur de ceste noble dame qui daigna recevoir honorablement en ses terres tout l'ost des Romains, avec une liberalité si grande que la memoire en dure encor pour le jourd'huy?[438] Considerez le gentil cœur et noble courage que monstra la noble Phriné, de s'estre offerte à rebastir

---

[438] Sans doute s'agit-il de Busa, dame d'Apulie, qui reçut somptueusement mille (ou dix mille) Romains après la défaite de Cannes en 216 av. J.-C. (Tite-Live, XXII 52, Valère Maxime, IV 8).

la grande longueur des murailles de Thebes, sans en demander autre recompense aux citoyens que de recevoir d'eulx ceste grace, que son don fust autentiquement insculpé pour memoire en quelques endroits d'icelles[439]. Et pensez quelle estoit la cité de Thebes, qui comprenoit cent portes en son circuit. Je me tays de plusieurs autres nobles dames desquelles n'y a celuy de si peu de sçavoir qui n'en ayt bien ample memoire et congnoissance, comme de la bonne Thabite, de qui la charité fut reputée si grande et memorable que pour subvenir aux pauvres et affligées vefvetes, et pour secourir les orphelins et souffretteux pupilles, à peine se laissoit de quoy pouvoir couvrir sa pauvre necessité[440]. Charité qui ne fut onc ouye en hom-[206] me vivant, et qui n'est moins digne que de louange immortelle. Le semblable est avenu à plusieurs autres femmes, assez memorables par les escrits qui se lisent ordinairement en tous les endroits de ce monde.

Et pour respondre aux griefz et objections que partie adverse a allegué pour[h] contaminer l'honneur des dames, combien que ces poincts (ainsi que je vous disoye, messieurs) ne facent aucunement contre leur excellence, qui surmonte toutes les infelicitez que l'on sçauroit inventer sur elles, toutesfois pour ne me monstrer en ceste part despourveu de response, je vous vueil apertement faire entendre que les fragilitez par luy produites sont trop plus grandes et notables aux hommes qu'elles ne sont aux femmes, qui faict que d'autant elles leur en doyvent estre superieures qu'elles y sont moins subjettes et adonnées. Il vous a dict que pour l'argent, qui est chose si vile et legere, elles vendent quelque fois ce qui leur devroit estre autant

---

1553 : pouvoir

---

[39] Phryné, courtisane grecque (IVe siècle av. J.-C.). Praxitèle la prit comme modèle pour ses statues de Vénus (Athénée, XIII 591 ; commenté par Crinito, De honesta disciplina, XXIV 10, et par Rhodiginus, Lectionum..., VIII 15).
[40] Actes des Apôtres 9 : 36-40.

cher que leur propre vie. Prenons bien garde que de ceste
fragilité ne soit cause la douceur de leur noble sang et singuliere
affection ou bien la gentil- [207] lesse de leur cœur, qui les faict
si aisément flechir aux prieres de leurs favoriz, mais passons
plus avant, et nous trouverons ceste faute devoir estre du tout
imputée à la fascheuse importunité des hommes, à leurs lascives
œillades, aux embusches, menasses, tromperies, que tout le jour
(sans aucun remors de leur conscience) ilz pourchassent et
procurent à l'encontre de ce noble sexe. Quant à moy, je ne
sache avoir congneu ne ouy parler de femme qui
volontairement, et sans avoir esté solicitée, se soit adonnée à
homme vivant. Bien ay tousjours aperceu en ceux qui taschent à
les decevoir, un premier appareil de longue servitude,
accompagné de larmes le plus du temps fainctes et simulées, et
entremeslé d'un milion de souspirs contrefaits avec une infinité
de plus ingenieuses et artificielles tromperies que l'on face.
Encor sçay-je que quelque fois, quand par tous ces moyens ilz
n'en peuvent venir à chef, ilz se rendent du tout à la force, et
s'aydent de quelque meschante trahison, au moyen de quelques
subtilz serviteurs, que telz maistres de leur costume ont
communement accoustumé bien salarier pour recompense de
[208] ce bon traitement. Voila l'endroit auquel l'excellence de
l'esprit des hommes s'adonne le plus communément, et se
monstre plus ferme et vigoureux.

Veritablement celuy des femmes est bien d'autre
façon, et s'il est vray ce que dict Aristote, que les personnes
composées de chair plus noble et delicate sont de meilleur esprit
que les autres[441], qui faict doute que la charnure de la femme ne
soit plus tendre et mollette que celle de l'homme? Ne voit on
pas aussi par experience leur esprit en toutes subtiles inventions
exceder de grande eminence celuy des hommes? Voyez au

---

[441] Allusion sans doute aux *Politiques*, I 5 : 10 (1254b).

catalogue des inventeurs des choses[442], si elles ne sont pas
inventrices de plusieurs excellents et nompareils ouvrages, et
mesmement des lettres qui rendent les hommes si grands et
apparens. Qui est pour vous monstrer que tout ainsi que d'elles
naissent les hommes, aussi font les sciences que nous appellons
humaines, comme il soit ainsi que la bonne dame Carmente[443]
les ayt premierement inventées, par le moyen desquelles avint
que la sçavante Leontia confuta et gaigna en dispute et raisons le
sçavant Theophraste[444]. Sappho trouva les vers qui de son **[209]**
nom furent appellez sapphiques[445], et eut grande contention à
l'encontre de plusieurs excellens poëtes de son temps, tous
lesquelz à la fin elle rendit confuz ainsi que (non sans grande
louange) feit la belle Corinne[446]. Et si nous voulons parler de
nostre temps, qui sera le poëte italien si hardy, et si seur en sa
composition, qui se vueille apparier à une Marquisane de
Pesquiere[447], et à une Veronique de Gambara[448], à une gentille
Armille Angosciole[449]? En Espagne et en Alemaigne vous en
trouvez des legions qui tiendroyent escole de toutes sciences (et
principalement du bon langage et polie escriture) aux plus
sçavans hommes du pays. Combien y en a il en la court de

---

[42] Allusion sans doute à un ouvrage tel celui de Polidoro Vergilio, *De
inventoribus rerum*, publié d'abord en 1499 et puis, en huit livres, en 1521 ; il
cite l'exemple de Carmente qui suit (VI 7).

[43] Carmente, prophétesse d'Arcadie, connue des Grecs sous le nom de Thémis
(Ovide, *Fastes*, I 467, VI 530, Tite-Live, V 47, *et al.* ; [*Dict.*, 131 r° b-v° a]).

[44] Leontium, courtisane d'Athènes, disciple d'Épicure, en faveur duquel elle
écrivit un livre contre Théophraste (Cicéron, *De la nature des dieux*, I 33).

[45] Sappho, poétesse grecque du début du VIe siècle av. J.-C.

[46] Corinne, femme poète de Thèbes, victorieuse sur Pindare (Ve siècle av. J.-C.)
Properce, II 3 ; cf. Rhodiginus, *Lectionum*, VIII 1 ; *Dict.*, 163 v° b).

[47] C'est-à-dire Vittoria Colonna (1490-1547), femme du marquis de Pescara,
Ferdinando Francesco d'Avalos, et qui avait publié ses premières poésies en
1538.

[48] Veronica Gambara, poétesse courtisane (1485-1550).

[49] C'est-à-dire, Emilia Anguissola, qui appartient sans doute à la famille
Anguissola de Crémone, mais nous ne pouvons pas fournir d'identification plus
précise. — Lando s'étend ici (f° signé L6 ss.) longuement sur les Italiennes
admirables, et ne parle pas du tout des femmes françaises.

France que les plus doctes hommes du pays, je ne diray pas en
theologie, mais aux sciences humaines, n'oseroyent attendre ne
contredire en propos? Et quant aux citoyennes, penseriez vous
qu'une damoyselle Elisene[450], une Morel,[451] une Roberte[452], une
Baliiuve [sic] de Touraine[453], une jeune Moyfait[454] (j'en lairray
une infinité d'autres) voulussent s'ayder d'un secretaire, tant
sçavant fust-il, pour coucher par escript quelque chose de bonne
invention en ryme ou en prose? **[210]**

      Quand aux dames recluses, il est certain que ne Valeria
Proba[455], ne Paula[456], ne Eustochiun[457], qui furent du temps de
sainct Hierosme, ne surmontent et passent de gueres celles que
pour brieveté je suis contrainct taire et omettre, pource que leur
excellence est d'autant[i] plus à priser que de leurs ouvrages et
façons elles n'en demandent aucune louange, comme font ces
hommes, et sçay mesmement qu'elles auroyent pour mal que
l'on sceust qu'elles y feussent aucunement adroites. Je
m'estendroye plus long en ce propos, et divagueroye à vous
assembler en bref recit les nobles et ingenieuses femmes,

---

[i] 1561 : de autant

---

[450] Hélisenne de Crenne (Marguerite de Briet, vers 1510-?), auteur des
Angoysses douloureuses qui procedent d'amours (1538) et des *Epistres
familieres et invectives* (1539).
[451] Sans doute s'agit-il d'Antoinette de Luynes, femme de Jean Morel d'Embrun
(le «Pylades» de du Bellay). Leur fille Camille, qui brillera plus tard dans le
siècle, n'a que quatre ans en 1553.
[452] S'agirait-il de la femme de Robert Estienne, Perrette Bade, bien connue pour
sa culture?
[453] Nous ne savons pas de qui il s'agit.
[454] Nous ne savons pas de qui il s'agit.
[455] S'agirait-il de Valeria, fille de Dioclétien et de Prisca, épouse de Galérien
jusqu'en 311, exécutée avec sa mère en 315 après de longues pérégrinations?
Ou de Proba Falconia (fin du IVe siècle), auteur de *Virgiliocentones*
(qu'Agrippa, *De vanitate...*, XLVII, appelle Valeria Proba)? Cette allusion et les
deux suivantes ne sont pas chez Lando.
[456] Paula, héritière de la *gens* Æmylius, accompagna Jérôme à Bethlehem
(Jérôme, *Lettres*).
[457] Eustochium, femme experte en lettres latine, grecque et hébraïque, fille de la
précédente (Jérôme, *Lettres* ; *Dict.*, 207 r° a).

n'estoit que tout ainsi que des nobles et vertueuses de l'ancien temps assez en ont escrit Hesiode et Plutarque, aussi des modernes Jehan Bocace[458], et plusieurs autres en ont si honnestement acquité leur conscience qu'il ne vous en est besoing de plus grande preuve en cest endroit.

        Si fermeray mon propos et opinion par les excellens et beaux privileges que je trouve avoir esté faits aux dames, desquelles on list au vieil testament que Dieu commanda au bon Abraham qu'il eust à faire ce que sa bonne femme Sarra luy commanderoit[459]. D'avantage, [211] vous trouvez que nostre Seigneur à sa saincte resurrection s'apparut premierement aux femmes[460], Mercure Trismegiste (qui vault à dire, trois fois tresgrand) congnoissant la grande perfection et vertu des dames, laissa par escrit en ses livres que les hommes qui n'avoient aucune femme devroyent estre grandement à fuyr, attendu que de la femme, ainsi que d'une fontaine tres-abondantè, procede toute perfection et bonté[461]. Et doivent estre tenues les maisons où n'y a aucunes femmes que pour deserts, et lieux mal cultivez. Où est aussi la vraye police, si ce n'est en mesnage? Où est la vraye honnesteté, sinon où il y a femme? Sainct Paul en son Epistre aux Hebreux, quand il veult produire exemple de la fidelité des personnes, gardée et maintenue l'un à l'autre, ne ameine-il pas celuy de Raab?[462]

        Mais pource qu'à la pluspart des hommes advient ordinairement d'alleguer à l'encontre des femmes qu'elles sont toutes de petit courage, et par consequent fort tenantes et autres, je leur demande, ne furent pas les femmes anciennement

---

[458] Allusions rapides à Hésiode, «Catalogues de femmes», Plutarque, «Des vertus des femmes», et Boccace, *De claris mulieribus*. En 1532, Agrippa avait également publié son traité *De nobilitate & praecellentia foeminei sexus*.

[459] Genèse 21 : 12.

[460] Voir par exemple Marc 16.

[461] Allusion probable à l'*Asclépius*, 20-21.

[462] Hébreux 11 : 31.

appellées dames, pource qu'elles sont promptes à donner?[463] Je
n'ay point tant de cheveux en la teste, com- [212] me j'ay
congneu d'honnestes dames non seulement promptes et
appereillées de faire à autruy presens trescourtois et amyables.
Mais encor de les offrir d'un tel cœur et affection, qu'elles
donoyent à entendre n'en vouloir jamais recompense, et l'avoir
faict sans intention d'en jamais acquerir aucune gloire ou
louange publique, ainsi que font ces hommes tant ambitieux et
convoiteux de vaine gloire, je diray d'avantage (chose
paraventure incroyable) sans attendre d'en estre requises, elles
anticipoyent et prevenoyent le grand besoing et necessité du
patient par la promptitude de leur present, sans en reprocher ny
ramentevoir rien puis apres, pour oster ceste vulgaire ambition,
et vouloir que par le moyen des parolles et cris ordinaires leur
liberalité fut portée aux oreilles du peuple.

      Puis donc que les dames se monstrent si excellentes et
vertueuses, n'est-ce point à bien bonne raison que les vertuz
retiennent des Grecz les noms feminins, et non pas des hommes,
comme bien congnoissans les premiers impositeurs d'iceux, que
les femmes estoyent singulieres amyes de l'honneur et vertu? Je
vous pourroye à ce propos alleguer in- [213] finies autres
raisons et exemples pour confirmation de la noblesse des dames,
mais puis que je vous ay rendu aux histoires, je mettray fin à
cestuy, apres vous avoir supplié, messieurs, revoquer en vostre
divine memoire ce qu'autrefois vous avez veu et leu en icelles,
esperant par ce moyen que trouverez la grandeur et haultesse des
dames trop mieulx engravée et empreincte en voz espritz que je
ne vous sçauroye descrire[j]. Car c'est, sans doute, que la pluspart
des excellens et vertueux hommes ont attribué tout honneur aux

---

[j] 1553 , 1554[4] et 1561 : d'escrire

---

[463]   La fausse étymologie de Lando («non furono dagli antichi dette donne,
perche sono al donarsi pronte?», f° s. M2 r°) devient encore plus ténue dans la
version française.

dames, ausquelles de bon cœur se sont tousjours renduz
serviteurs, quasi se prosternans devant elles, pour les adorer,
comme si elles eussent eu quelque portion de divinité et
hautesse. Ne faillons donc à tousjours les aymer de bon cœur, à
l'exemple de noz anciens, et à elles voluntairement mettons
peine de nous rendre subjectz, et ne tenons conte de ces langues
trop froides et venimeuses qui par cy devant se sont entremises
de tant les blasmer et vituperer.

Pour la craincte

Declamation XXV.

*Qu'il vault mieux vivre en craincte
qu'en asseurance.*[#]

Faictes moy ceste grace de me respondre, vous qui si
fort me estes fascheux et molestes, et qui tant de fueilletz me
faictes revolter pour vostre plaisir, puis que la timidité et
couardise font l'homme devenir bien avisé[k] ne le laissant
aisément trebuscher en peril, pourquoy ne dirons nous
asseuréement qu'il vault mieulx estre craintif que si courageux
et hardy?

Considerons de bien pres les grands perilz ausquelz
non point une seule personne, mais quasi tout le pauvre peuple
est tombé par le moyen de ceux qui quelquefois se sont
monstrez si hardiz. Tesmoing en peult bien estre la Hongrie, qui
[par] la desesperée audace d'un archevesque de Tomorée est
miserablement tombée en la main des Turcs[464]. Encor en
sçauroit bien que respondre l'expedition d'Arges, qui ne fut sans
la grande perte et dom- **[215]** mage de beaucoup de pauvres

---

[k] 1553 : avisé et accort

[#]   «Che meglio sia d'esser timido, che animoso e ardito. Paradosso XXVI»
(f. M2 v°-M3 v°).
[464]   Pál Tomori, archevêque de Kalocsa, tué, avec le roi de Hongrie Louis II, à la
bataille de Mohács (le 29 août 1526), à la suite de laquelle la couronne de
Hongrie fut accordée *de jure* au frère de Charles-Quint, Ferdinand, mais le pays
tomba *de facto* entre les mains de Soliman II le Magnifique. — Estienne trouve
bon d'omettre ici l'allusion de Lando à la campagne désastreuse menée par Odet
de Foix, maréchal de Lautrec, au royaume de Naples en 1528.

Chrestiens[465]. Vous trouverez la modestie se loger chez la crainte, et plus voluntiers se retenir avec la timidité que chez la hardiesse, de qui les compaignes et escolieres d'armes sont l'ire, faveur, et quelque fois ce meschant desespoir. Encor se loge chez crainte la plus estimée complection de ce monde, c'est la doubte, que souloit le philosophe appeler mere de providence[466]. Bon Dieu, combien de perilz elle nous faict eviter, et de combien de miserables adventures sommes par ce moyen retirez, et en combien de crimes, trahisons, et malheurs nous induit ceste trop soubdaine hardiesse, ministre des choses de ce monde les plus hazardeuses et perilleuses? La crainte qu'eut ce bon Fabius cunctateur, de joindre et donner dedans l'ost d'Hannibal, son trop furieux adversaire, et la patience qu'il eut de l'attendre craintivement, fut elle pas cause de le faire demourer vainqueur? Jaçoit qu'au commencement de tel acte il en fut des citoyens de la ville grandement noté et reprimé, comme pour chevalier de bien petit courage[467]. La trop grande hardiesse de Pompée, de Crassus, et de Varron[468], mit elle pas les affaires des Romains **[216]** en un extreme desespoir? Par la crainte et timidité, l'on s'enquiert mieulx des affaires de son ennemy, qui est la chose à qui la pareille ne se peut imaginer pour la vaincre. La paour est encor cause de faire aux justiciers donner bon jugement, et n'est signe que de meilleure discretion,

---

[465] Allusion à l'échec de l'expédition nord-africaine de Charles-Quint contre Barberousse : victorieux au début (occupation de La Goletta et de Tunis en 1535), il échoua devant Alger en novembre 1541.

[466] «Le philosophe», selon le texte de Lando (f° signé M3 r°), est Épictète, mais l'allusion est imprécise.

[467] Fabius Cunctator (vers 279-203 av. J.-C.), nommé prodictateur après la défaite de Trasimène (217 av. J.-C.), sut, par sa tactique prudente, arrêter les progrès d'Annibal, et prit Tarente en 215 av. J.-C. (Tite-Live, XXI, *et al.* ; *Dict.*, 208 r° a).

[468] Cnæus Pompée, dit *le Grand* (107-49 av. J.-C.), membre du premier triumvirat avec César et Crassus, devint bientôt le grand rival de celui-là ; Marcus Licinius Crassus (vers 115-53 av. J.-C.), consul et triumvir avec Pompée; Terentius Varro perdit la bataille de Cannes contre Annibal en 216 av. J.-C. par une stratégie défectueuse.

et de tresbien sçavoir congnoistre sa force et celle d'autruy. La continuelle paour qu'avoit Denys le Tyran le feit regner trentesept ans et plus, quoy que de tous costez luy eussent esté appareillées plusieurs embusches pour le faire mourir[469]. Ceste mesme paour fut cause que quinze mil Locrenses vainquirent six vingts mille Crotoniates[470], et que Vaspasian ne se meit en ce danger de donner la journée aux Juifz, mais peu à peu il les mina, et les affoiblit de vivres, et finalement les print à despourveu, et par ce moyen il les deffit[471]. Combien de fois trouvons nous la crainte louée et prisée dans les sainctes escritures? Je n'y voy quasi autres motz que crainte, craignez, et bien heureux ceulx qui craignent, dont encores l'Apostre se glorifie d'estre venu au païs des Corinthiens[472] en toute crainte et tremblement.

La cause estant donc telle que je la vous dy, il est **[217]** bien aisé à croire que mieulx vault estre craintif que hardy. Où trouverez vous un craintif qui jamais soit devenu voleur, ribleur, ou meurtrier, ou qui s'employe la nuict à briser et forcer les portes des maisons, et se mettre à faire violence ou extorsion à autruy? Penseriez vous que ce peult estre sans cause, ou bien grande raison, que les Romains eussent edifié un temple à la crainte?[473]

Je conclus donc que l'homme craintif est sage et discret, et que la crainte ne vient que de grande discretion et bon

---

[469]   Denys l'Ancien, tyran de Syracuse de 405 à 367 av. J.-C. (38 ans donc, comme dit le texte de Lando [f° signé M3 r°], et non 37), notoire pour son caractère soupçonneux (Justin, XX 1, *et al.* ; [*Dict.*, 187 r° a]).

[470]   Justin, XX 3.

[471]   Titus Flavius Vespasianus (Vespasien), empereur romain de 69 à 79, pacificateur de la Judée, responsable, avec son fils Titus, du siège de Jérusalem (Suétone, *et al.*).

[472]   Saint Paul parle plusieurs fois de sa crainte dans les deux épîtres aux Corinthiens.

[473]   Des temples et autels furent dressés en l'honneur de «Pavor» par Tullius Hostilius, troisième roi de Rome (670-630 av. J.-C.) (Tite-Live, I 27, *et al.* ; *Dict.*, 338 v° b).

jugement. Aussi nous voyons les hardiz et temeraires estre prodigues de leur vie et honneur, et n'avoir aucun discours de l'advenir, mais sans conseil s'exposer à tous dangers et fortunes, vivans beaucoup moins, et en plus grande misere, que les craintifz.[†]

[†] Ici se termine la paraphrase d'Estienne — comme nous l'avons vu, il ne s'occupe pas des quatre derniers *paradossi* de Lando, à savoir : «Che l'opere del Bocaccio non sietto degne d'esser lette, ispetialmente le dieci giornate. Paradosso XXVII» (f. M4 r°-M8 v°), «Che l'opere quali al presente habbiamo sotto nome di Aristotele, non sieno di Aristotele. Paradosso XXVIII» (f. N1 r°-N3 r°), «Che Aristotele fusse non solo un'ignorante, ma anche lo piu maluagio huomo di quella età. Paradosso XXIX» (f. N3 r°-N8 v°), et «Che M. Tullio sia non sol ignorante de Filosofia, ma di Retorica, di Cosmografia, et dell'istoria. Paradosso XXX» (f. O1 r°-O7 v°). Voir notre introduction, p. 17.

PARADOXE

Que le plaider est chose tresutile
et necessaire à la
vie des hommes.[474]

Messieurs, j'ay à vous faire entendre par mes moyens combien l'issue de ceste cause importe au bien de vostre authorité, et le tort à vous faict de la part des juges dont je suis appelant, quand en vuidant le principal, ilz se sont tant oubliez que d'avoir inconsiderement prononcé que le plaider n'est aucunement raisonnable en quelque estat que ce soit. Chose qui m'a semblé (soubz vostre correction) meriter y estre par vous sommairement pourveu, avec toute severité de justice, et dont j'en ay appelé.

Messieurs, je dy que je suis bien fondé en mon appel. Mes moyens sont, premierement, qu'il y a environ mil cinq cens cinquante et neuf ans, qu'il fut prononcé de la bouche du tresgrand juge que la peine et le travail (qui sont les principales pieces de mon sac) nous font le chemin au royaume perpetuel[475]. La court est encor assez memorative d'un autre arrest, qui depuis fut donné en Athenes, que celuy qui ne gousteroit le fruict qui provient des questions des hommes, jamais ne pourroit obtenir la jouïssance du bien et honneur[476], qui est le poinct en quoy nous differons le plus d'avecques les bestes, pour le regard duquel je porte par acte (dont je feray

---

[474]   Sur ce paradoxe, qui vient de la plume d'Estienne lui-même en 1554, on consultera Tomarken, *ouvr. cit.*, p. 143-144 et 153-156 (adaptations de Jean Passerat), notre introduction, p. 25-26 et 33-34, et notre article sur les *Deux Plaidoyez* (dont le texte se trouve en appendice) de 1570. Estienne s'appuie bien entendu sur toute une tradition satirique visant les gens de justice.

[475]   Allusion probable à Matthieu, 5 : 19.

[476]   Cf. Aristote, *Const. d'Athènes*, XXVI ou XLI ou LIII (texte inconnu à l'époque).

lecture à la court) le changement et reduction de la vie de sire Matthieu de Beccalore[477] en la personne duquel s'est trouvé puis-nagueres, que quand on luy tenoit propos des sciences et bonnes lettres, cela luy sentoit moins que riens. Si tost qu'il fut, à la requeste d'un quidam, plongé en ceste divine mer de proces, vous orrez qu'il a tellement changé de toutes meurs et complections estranges, que de lourdault en peu de temps il est devenu gentil, de recluz privé, de presumptueux affable, de desdaigneux doulx et humain, de mespriseur familier et reverend, n'est pas le moindre page à qui il ne face maintenant la court. Il est devenu si reverend et officieux, tant bien parlant à la mode du [220] temps, devisant des choses honnestes, dissimulant ses pensées, et faisant honneur à tel qu'il vouldroit n'avoir jamais veu, que chascun dit ne le plus recongnoistre pour tel qu'il estoit au paravant. Tout aussi tost qu'il fut adverty que son proces estoit sur le bureau, jamais Ciceron ne practiqua tant de couleurs de rhetorique qu'il en inventa en solicitant messieurs de sa chambre. Il apprint lors à se coucher tard, lever matin, assister aux heures assignées, à parler modestement et sans colere, estre patient et endurant de la longueur du temps, et des responces de dilation, de chaud il devint froid, de soudain posé, de haultain courtois et amiable, tous ses propos n'estoient que monsieur et madame, vostre treshumble et tresobeïssant, toutes ses contenances n'estoient que la jambe en arriere, le bonnet au poing, la teste panchée.

Que demanderez vous d'avantage en un homme qui toute sa vie et de sa plus tendre jeunesse, n'auroit fait autre chose que apprendre sa court, et s'accommoder aux personnes? Qui sera le maistre d'escole, le regent, ou le pedagogue, qui vouldroit entreprendre en faire autant en vingt ans (principalement en personnes si aa- [221] gées et endurcies) que ce tant vertueux proces a faict en moins (peult estre) de deux ou trois ans?

---

77 Nous ne savons rien sur ce personnage.

Ne pensez, messieurs, que cela tombe tant seulement aux personnes de basse condition. Je vous advertis que les plusgrands, et telz que le bon Homere souloit nommer pasteurs du peuple[478], sçavent bien peu souvent sans ceste exercitation la valeur de leurs subjectz et confederez.

Ce gros Lyon qui ne se voulut oncques mesler d'affaires, et supplioit ceulx qui luy parloient de ses proces de le laisser manger son pain en paix, mourut enflé comme une ticque, et laissa sa bonne et saincte mere desnuée de tous biens, et hors d'esperance de retour en son premier estat, sans la diligence du fin et accort[1] Florentin qui luy succeda[479].

Et s'il fault discourir jusques au sexe feminin, que doibs-je dire de l'honneur, ou plustost faveur [que] plusieurs honnestes dames ont porté au proces, quand pour conserver et maintenir le bon droit de leurs causes, elles mesmes se sont bien daigné prendre la peine de trotter les rues deux ou trois fois le jour, par une ville boueuse et crottée, autant diligemment que la plus petite **[222]** mesnagere du païs? Ce qui leur a servi d'un bon regime et syrop plus que magistral, et oultre ce, de bien congnoistre les complections des personnes à qui elles avoyent à faire. En sorte que du recit de ce qu'elles en avoyent veu s'en sont ensuyviz plusieurs bonnes et sainctes reformations.

Infalliblement, Messieurs, la parfaicte congnoissance et bonne conduicte en proces ne se trouve es esprits gros et mal polis. S'il en fault faire le discours par noz nations, diriez vous qu'un Normand extraict du fond de la Hague, un Auvergnac de la Limaigne, un Poitevin autant rouge qu'un cramoisy Venissien, ou un Limosin de la subterrane, feussent gens pour se

---

[1] 1554[3-4], 1561 : accord

---

[478] Cf. p. ex., *L'Odyssée*, II 230 ss. (même allusion plus haut, p. 114).
[479] Allusion sans doute au pape Léon X (pape entre 1513 et le 1er décembre 1521), auquel succéda, le 9 janvier 1522, le Florentin Adrien VI.

laisser arracher une dent en dormant? Assez avons experience de leur subtil sçavoir, bien bon mesnage et sage conduite par les effectz qui s'en voyent continuellement. Neantmoins il se trouvera que le Normand ha le proces en si grande recommandation qu'il ayme mieulx exposer sa personne au danger de l'eau, et envoyer son proces par terre, depuis son logis jusques à Rouen, que perdre le droit tant cher et precieux pour luy et les siens, **[223]** considerant que luy perdu et noyé, ce n'est qu'un homme perdu qui se peult tantost recouvrer, mais son droit escript est bien chose de plusgrande excellence. Et si l'Auvergnac plaide sans fin, et trouve tousjours nouveau debat, n'est-ce pas signe de perfection d'un bon sens naturel qui ne peult jamais terminer? Du Poitevin, si l'on dict qu'il forgeroit un proces sur la poincte d'une esguille, non que sus un bot ou un palet, c'est signe qu'il tient de la nature d'une espece de philosophes que les anciens appeloyent sophistes, qui ne luy peult proceder que de bien bon esprit et subtilité de sens. Et si pour une rabbe[480], ou pour une regue[m] de gueret, le Limosin delaisse sa famille, et consume toute sa substance pour venir en personne soliciter de bien loing un jugement du droit à luy appartenant, comment cela luy proviendroit il d'un mauvais endroit? Consideré que non seulement qui pert le sien, il pert le sens, mais encor, que qui laisse prendre et anticiper sur soy un petit rayon de terre, il se trouvera par traict du temps appauvry d'un arpent, voyre de deux, qui pourroit estre cause de la ruyne et destruction de la meilleure maison du païs, les **[224]** rabioles[481] duquel, ont bien peu faire plusieurs papes, ou bien grandes personnes, tant de longue que de courte robe, tous preudhommes et gens de bien.

---

[m] 1553², 1554² : raygue ; 1554³ : rague (il faut sans doute comprendre «règle», bien que le texte des *Deux Plaidoyez* porte bizarrement «regne»)

---

[480] Faudrait-il comprendre «rave» (espèce de chou-nave)?

[481] rabioles = choux-raves.

Et que ce soit la raison de ne laisser perdre un grand
droict pour un cas que le commun de prime face estimeroit
foible et petit, vouldriez vous, messieurs, qu'un gentil-homme
de maison et ancienne race laissast perdre le droict de sa
seigneurie, par une course de lievre sur sa terre, sans son congé
ores que ce fust de la part d'un sien parent ou de quelque plus
hault seigneur que luy? Combien de proces ont esté jugez en
ceste court en faveur de tel qui en semblable poursuitte y a
despendu et employé jusques à sa cotte de maille, voire jusques
à la vie de luy et des siens? Combien d'honnestes et sainctes
quereles ont esté ceans decidées en faveur de la noblesse,
desquelles toutesfois l'on estimoit le premier motif estre de bien
petite consequence? Mais le commun n'entend pas l'interest que
porte un aller devant à la procession ou offrande, et baiser la
paix le premier, avoir son oratoire ou chapelle plus hault, ou au
meilleur costé ou les lisieres ailleurs colloquées qu'en bon en-
[225] droit, ou bien usurpées et anticipées. Du dementir, je n'en
dis mot. Car c'est chose trop asseurée que l'homme de bien ne
doibt jamais estre menteur.

Que diray-je des armoiries d'une teste de bœuf ou de
vache, ou d'un col d'oyson, ou de cygne? Vous sçavez assez,
messieurs, que telz debats sont communs jusques aux hosteliers
et artisans, pour les querelles desquelz il a esté autrefois jugé
qu'en ostant le different de la similitude des choses, l'un des
marchans mettroit une fleur de lyz d'argent, et l'autre de l'or,
l'un un molinet d'enfant, et l'autre d'un musnier, l'un un asne
qui viele, et l'autre un asne qui viole. Et quant à l'equivoque des
noms, l'on a ceans reformé et defendu l'enseigne des quinze
verres de vin, celle de l'ambassadeur de Portugal, et plusieurs
autres de telle façon. Je confesse que telz proces à la verité
pourroyent porter interest à la bourse, mais à l'esprit et à la santé
des personnes, beaucoup plusgrande prosperité qu'il ne semble
Car au lieu que gents de peu d'occupation se pourroyen
employer à quelque cas qui leur feroit tort à la vie, ce peti

exercice le distrait et retire de ce danger, et ce pendant leur enseigne dix mille **[226]** honnestetez.

Ce que je puis prouver par les gens d'Eglise, la tressaincte occupation desquelz en matieres beneficiales faict vivre un monde en ceste court, et n'est pas depuis les plusgrands jusques aux pluspetits qu'apres avoir honnestement servy à Dieu, et à sa saincte Eglise, ne s'empesche à poursuyvre et soliciter le droict qu'il pretend, l'un à un evesché, l'autre à une abbaye ou prieuré, et l'autre à une cure, chapelle ou prebende, à la poursuitte desquelles causes les parlements et grand conseil de ce royaume sont pour la plusgrand part occupez. Cest exercice leur a osté l'occasion de penser à quelque mauvaise chose, et par mesme moyen a esté cause de la longue durée de leurs evesques, abbez et superieurs, qui sans cest honneste passetemps (peut estre) eussent employé leurs deniers en quelques plaisirs mondains et illicites, à la perdition de leurs corps et damnation de leurs ames.

Vous avez pour exemple d'un evesque, lequel pour eviter le mal qu'il luy eust peu advenir de soy tousjours aneantir avec ses chanoines, s'advisa de plaider contre eulx jusques à la mort, qu'il commanda par testament sa tombe estre eslevée debout en l'Eglise, de peur **[227]** qu'ilz ne pissassent sur sa teste. Ce fut celuy qui supplia le Roy Loys unziesme, luy voulant oster ses proces, de luy en laisser seulement vingt ou trente pour ses menuz plaisirs. Ce fut celuy qui pour retarder la breve expedition des juges, mist en ses sacs, pour derniere production, tous les livres qu'il peult recouvrer en blanc du droict canon et civil, avec les gloses, le tout si bien enveloppé et cotté par dessus, qu'il sembloit que ce feussent enquestes, griefz, contredicts, salvations, ou autres escriptures. Ce fut celuy qui, pour faire savourer et gouster la douceur de ce proces, dressa querelle à l'encontre de l'Archevesque de Rouen, qui se vantoit jamais n'en avoir eu, mais aussi tost qu'il luy fut recité que cest Evesque avoit faict ses ordres en une isle, assise entre l'Archevesché de Rouen et l'Evesché de Chartres, et lors à

beaux adjournements et productions de tiltres et pantarches[482] de
la part de mon Archevesque. Cela luy servit en peu de temps de
telle medecine, qu'en moins de deux ans apres, sa panniliere[483]
(que tous les phisiciens du païs n'avoyent sceu en vingt ans au
paravant diminuer) descreut, et s'abbaissa de plus de quatre
pieds, et au **[228]** lieu qu'au precedent il ne souloit aller qu'en
littiere, il se trouva sur la fin de son proces courant aussi
bravement la poste que le plus dispost gentil-homme de
Normandie[484].

Messieurs, il fault que nous confessions que le proces
est un remede singulier à dix mil especes de maladies, en
tesmoignage de ce juge qui appointoit les parties à la verte
maison, lequel voyant le prieur ou abbé plus espez qu'il ne luy
sembloit necessaire, souloit dire que pour singulier remede il luy
falloit un devolut[485]. Encor disoit en forme de proverbe que le
moyen de trouver argent estoit de plaider ou bastir. Si ne me
puis assez esmerveiller de ma partie, qui dit que le proces
amaigrit et appauvrit les personnes. Je vous supply messieurs,
que seroit ce du corps de l'homme sans ces deux parties, sinon
un petit caque, ou quelque barrot plein de toute corruption et
pourriture, qui autrement ne pourroit durer sans un clystere ou
medecine laxative? L'exercice du proces consume et dissipe tant
bien les humeurs, donne tant bon appetit aux personnes, fait par
ses veilles tant bien digerer les viandes, que sans le besoing
[229] de la chasse ou jeu de la paulme, ou de l'escrime (qui sont
les exercices des princes et seigneurs, pour les amaigrir et
maintenir en prosperité) un gardon ne se trouve point plus sain

---

[482] pantarches = pancartes, c'est-à-dire chartes, documents, et plus précisémen
papiers de famille.
[483] panniliere = bourse.
[484] Le sens précis de cette allusion nous échappe. Pendant le règne de Louis X
(1461-1483), l'archevêque de Rouen, en 1453-1483, fut Guillaume VII cardina
d'Estouteville, et l'évêque de Chartres, en 1459-1493, fut Milon d'Illiers
L'épiscopat de ce dernier fut effectivement parsemé de procès avec son chapitre
et l'une ou l'autre des abbayes de son diocèse.
[485] Lettres de provision sur un bénéfice vacant.

qu'est le plaideur. Et quant à la pauvreté, s'il appelle pauvreté, ne point thesaurizer, et distribuer ses deniers à ceulx qui en ont peu, comme sont soliciteurs et plusieurs autres gens de practique, je luy accorde que veritablement le proces peult apauvrir pour le temps que l'on plaide, mais il ne dit pas le proffit et commodité qu'il apporte par apres, tout ainsi que le bastiment parachevé ou une grande entreprinse parfaicte.

Il vous a dict d'avantage que le proces est inventif de plusieurs cauteles, comme de respitz, cessions, quinquennelles, reliefz, delaiz[486], et plusieurs autres cas qu'il appelle piperies. Je vouldroye bien sçavoir où il a trouvé qu'un pauvre homme de bon esprit se deust laisser mastiner et emprisonner par tel usurier, rude creancier, ou chasseur de Chrestiens, qui soubz umbre de luy avoir presté argent en sa necessité n'auroit non plus pitié de luy que d'une beste sauvage, et que le secours de quelque eschappatoire ne fust utile à ce **[230]** pauvre debteur, pendant qu'il pourroit recouvrer payement. Le bon sergent que l'on avoit un jour executé jusques à la paille de son lict, et qui passant par devant la boutique d'un sien compere changeur, apres luy avoir jetté du sable aux yeulx, print une poignée d'escuz dans la boette, pour se remonster et refaire, en fut il pas quitte (apres plusieurs defautz) de s'en purger par serment, auquel il jura qu'il ne les avoit desrobez, mais bien empruntez pour les rendre? A ceste cause luy fut par le juge donné terme suffisant pour y satisfaire.

Quelque bigot appeleroit cela tromperie, mais il se trouvera que c'est plustost subtile disposition, subtile invention et bonne disposition d'esprit. Aussi en quoy plus s'estendroit l'authorité d'un prince, si ce n'estoit aux graces, absolutions et remissions? Et si un pauvre debteur se rend à luy et implore sa misericorde pour avoir un delay, et s'accommoder pour payer sa

---

[486] respit : délai, sursis ; cession : *faire cession* = abandonner les biens ; quinquenelle : délai de cinq ans ; relief : appel contre un jugement ; delai : cession d'un bien *ou* atermoiement.

partie, quel tort luy fait-il en cela? En auroit le crediteur
d'advantage, quand il rendroit son debiteur fugitif ou prisonnier
à ses despens? Ce fut fort bien advisé au juge qui excusa un
debiteur d'avoir baillé un soufflet à son crediteur, qui en **[231]**
luy demandant argent encor luy disoit-il injure : «je m'esbahyz
(dit le juge) qu'il ne t'assomma sur le champ, as tu bien eu la
hardiesse d'injurier le pauvre homme, qui n'a dequoy?», et par
pitié luy bailla delay raisonnable pour satisfaire. Qui croiroit ces
messieurs les raquedeniers, jamais on auroit une heure de bon
repos apres le terme. Et pour ceste cause, et aussi pour le
soulagement des pauvres laboureurs des villages, marchans
forains, et autres gens de biens necessiteux, ont esté octroyez les
respitz, quinquenelles, et plusieurs humaines graces de ceste
façon.

　　　Il dit encor par ces raisons que le plaider, tant en
paroles qu'escripture, porte un gergon qui n'est entendu que de
ceulx qui s'en meslent. Et mesmes que les traictz de plume,
desquelz on escript en proces, sont pour la plusgrand part
gergonnesques, et tellement abbregez et contrefaictz que le
commun n'y entend que le hault alemant. A quoy je respondz
que (sauf vostre meilleur advis, Messieurs) il est de necessité en
toutes artz et nobles sciences s'ayder de certains termes propres
et accommodez à icelles, lesquelz autrement ne sont communs à
ceulx qui n'ont rien de l'estat. **[232]** Tesmoings en sont le
diapente, diapason et diatesseron[487] de musicque, les trigones,
pentagones et octogones de geometrie, les extractions de racines
et l'algebra d'arithmeticque, les deux ourses, et la voye lactée
d'astrologie, et infiniz termes de la medecine et chirurgie,
lesquelz il a esté force d'inventer et emprunter ailleurs que du
commun langaige, tant pour la noblesse d'icelles sciences,
comme pour la vertu de ce qu'il falloit par elles exprimer. C'est
donc pour neant de dire que les characteres et abbreviatures en

---

[487] diapente : terme de musique grecque, quinte juste ; diapason : ici = registre
(de la voix) ; diatesseron : terme de musique grecque, quarte juste.

matiere de proces n'ont aucune similitude avec les autres
escriptures. Car qui est la science qui n'ayt ses chiffres
particuliers? Voyez quelle similitude ont les longues, breves,
semibreves, minimes et semiminimes des musiciens, avec noz
lettres alphabetiques? Considerez la façon des figures, par
lesquelles les Astrologues ont designé les sept planettes, et les
douze signes du zodiacque? Et si les medecins eussent escript
leurs onces, drachmes, et scrupules par lettres communes, il n'y
eust eu celuy qui n'eust voulu anticiper sur leur estat, et se
mesler d'assommer à traictz de plume. Vous sçavez, messieurs,
qu'il n'est pas les [233] massons, charpentiers, serruriers, et
jusques aux cordonniers qui n'ayent certaines et propres dictions
et marques à leur estat.

      Encor vous a il dict que de la part des procureurs (qui
sont les conservateurs du bon droit et equité des parties)
procedent la pluspart des differentz et des questions, mesmes les
inventions et subtilitez des debats. En sorte qu'il estime la lignée
perdue et destruicte qui reçoit et admet un procureur. Autant en
pourroit il dire d'un conseiller, car qu'est-ce autre chose,
procureur, sinon un qui procure le bien et utilité des hommes,
ainsi que le patron ou advocat, celuy qui est appelé pour le
garder, le conseiller, qui donne son advis pour l'equité, le
president, qui s'assied pour le conserver, et ainsi des autres?
Combien de contractz cornuz et mal fondez se formeroient en
une lignée sans l'advis d'un procureur qui en seroit? Combien
de cedulles perdues, de quittances esguarées et bons tiltres
seroient peris, sans la cure et solicitude d'un bon procureur en
une famille? Pourquoy pensez vous que noz roys pour le droict
de leurs causes eussent esleu sur tous leurs juges un procureur
general, qui seul advertiroit la [234] court de ce qu'il trouve
faict contre l'utilité publique? Nous devrions bien vouloir que la
loy des Venissiens fut transferée en ces quartiers, qui est telle,
que quatre procureurs de leur seigneurie non seulement
entendent à tout le bien publicq en general, mais encor procurent

et ont la charge de tous les pupilles de la ville[488]. A eulx appartient le droict des inventaires et comptes des mineurs, mariages et manumissions, tant s'en fault que noz procureurs soient à reprimer ou à taxer en cest endroict.

Prenez vous aussi garde à ce qu'il a allegué de la longueur et tardité des expeditions et discussions des poinctz de droict que l'on voit plus durer en ce païs qu'en Alemaigne, Espaigne, Angleterre, ou ailleurs. Et qu'un simple maire de village aussi tost arresteroit et accorderoit une ambiguité de controversie que feroient ceulx qui ont employé tant de temps aux universitez de Tholose, Orleans, Poitiers, Padoue, Boulongne, et ailleurs. Et que là, ils apprennent plustost à danser, jouer de flustes, ribler, courtisanniser, ou escrimer (qui est toute consumption de temps et argent pour eulx et pour leurs parentz) qu'à bien sça- [235] voir leurs textes et pandectes, mesmes que encor qu'ilz ne s'addonnent à telles folies, si est-ce (dit il) qu'ilz perdent du tout leur jeunesse à la lecture des gloses et barbaries des boucquins, qui ne leur servent que d'apprendre le moyen de troubler et pervertir toute raison, et de mode que quand ilz sont de retour, tant pour leurdicte jeunesse, comme pour le peu d'exercice qu'ilz ont en la practique (qui est l'ame de la bonne expedition), il est de necessité qu'ainsi que les nouveaux maistres ilz facent beaucoup de faultes, avant que bien conclure et asseurer les opinions, le tout au grand detriment et prejudice des parties. Ha Messieurs, la grande faulte de bon jugement en celuy qui ne cognoist autrement le naturel des nations dont il parle, desquelles le droict est escrit à la poincte de l'espée, et partant bien tost decidé et expedié. Et qu'un maire de village soit apparié à un juge de ville? C'est autant faict, soubz correction, que de comparer un roussin ou courtault d'escuirie à un gros cheval de charrue. Quant à la jeunesse, il sçait mieux que les ouvriers ne naissent point parfaictz, et qu'il

---

[488] Allusion à un aspect du dispositif charitable établi à Venise dès le XVe siècle par les *scuole*.

fault le temps et le labeur pour les dresser et façon- **[236]** ner, joinct qu'au moyen des bonnes lettres par eulx acquises ilz sçavent tresbien separer la barbarie des gloses d'avec le bon sens qui leans se trouve absconse et reclus. Mais il dit cela plustost par picque que par raison, et plus pour remplir son plaidoyé que pour fondement qu'il y ait.

Finablement il conclud que le proces est la ruine des meilleures maisons, que c'est une Lerne, ou Hydre de tous maulx, et que pour une teste qui luy sera couppée, soubdain en resourdent sept autres. Je concluds, au contraire, que le proces est l'entretien et accroissement des bonnes maisons, et du bon droict que chascun pretend en son heritage, que les testes qui luy accroissent ne sont point testes venimeuses, comme celles de ce serpent qu'il dit, mais tresutiles et fructueuses pour les parties, ainsi que sont plusieurs tiges qui d'un grain de froument s'eslievent en espicz pour l'utilité des hommes. Ce qui a esté cause que tant de bons marchans et laboureurs ont mieux aimé mettre leurs enfans à la practique (qu'ilz ont apperceu tant utile et necessaire à nostre vie) que les laisser en la pauvreté et misere du labeur et mestier.

Voyez, messieurs, combien sont foibles **[236 = 237]** et debiles les raisons de partie adverse, et le peu de vigueur qu'elles ont pour reprouver l'utilité et la grande commodité (je dy plustost necessité) des proces puis qu'ainsi est qu'il vous appert par mon plaidoyé qu'elles font beaucoup plus pour moy que pour luy. Je dy pour mes dernieres conclusions qu'il sera par vous arresté que cy apres l'on plaidera mieux que jamais, et sera ma partie condamnée aux despens de ma cause de appel, et l'amendera.

APPENDICES

Appendice I : les *Deux Plaidoyez* (1570)

Appendice II : Liminaires des *Paradossi* (1543)

Appendice III : Supplément de 1583 et de 1638

APPENDICE I[†] :

DEUX PLAIDOYEZ D'ENTRE MONSIEUR PROCES ... ET
...
MONSIEUR DE BON ACCORD (1570)

Au Lecteur.

Si vous avez volonté de comprendre
Le bien et mal que PROCES *nous produit,*
Je le vous ay redigé par escrit
Sommairement, pour le vous faire entendre. [2]

PLAIDOYÉ POUR MONSIEUR
PROCES APPELANT, CONTRE MONSIEUR
DE BON ACCORD INTHIMÉ

Messieurs, j'ay à vous faire entendre par mes moyens,
combien l'issue de ceste cause importe au bien de vostre
authorité : et le tort à vous faict de la part des Juges dont je suis
appellant : quand en vuidant le principal, ilz se sont tant oubliez,
que d'avoir inconsidérement prononcé, que le plaider n'est
aucunement raisonnable en quelque estat que ce soit. Chose qui
m'a semblé (soubz vostre correction) meriter y estre par vous
sommairement pourveu,avec toute severité et rigueur de justice :
et dont j'en ay appelé. **[2v°]**

[†] Sur cet ouvrage, voir notre introduction, p. 33 et 47-48. — Tous les textes
figurant en appendice font l'objet d'une transcription littérale, sauf pour la
distinction *i/j* et *u/v*, et la résolution des abréviations et ligatures ; nous
corrigeons sans autre avis les coquilles caractérisées.

MESSIEURS, je dy que je suis bien fondé en mon appel : mes moyens sont, Premierement, qu'il y a environ mil cinq cens soixante neuf ans, qu'il fut prononcé de la bouche du tresgrand juge, que la peine et le travail (qui sont les principales pieces de mon sac) nous font le chemin ouvert et comme perpetuel, afin de parvenir à la gloire celeste. La Cour est encores memorative, d'un autre Arrest, qui depuis fut donné en Athenes : que celuy qui ne gousteroit le fruict qui provient des questions des hommes, jamais ne pourroit obtenir la jouissance du bien et honneur, qui est le poinct en quoy nous differons le plus d'avecques les bestes : pour le regard duquel, je porte par acte (dont je feray lecture à la Cour s'il luy plaist) le changement et reduction de la vie de sire **[3]** Matthieu de Beccalore, en la personne duquel c'est trouvé depuis nagueres que quand on luy tenoit propos des sciences et bonnes lettres, cela luy sentoit moins que rien.

Si tost qu'il fut à la requeste d'un quidem, plongé en ceste excellente mer de proces, vous orrez que tellement il changea de toutes meurs et complexions estranges : que de lourdaut, en peu de temps il devint gentil : de recluz, privé : de presumptueux, affable : de desdaigneux courtois et humain : de mespriseur, familier et acort : et n'est pas le moindre paige, à qui maintenant il ne face la Cour. BRIEF, Il est devenu si reverend et officieux, tant bien parlant à la mode du temps, devisant des choses honnestes, dissimulant ses pensées, et faisant honneur à tel, qu'il vouldroit n'avoir ja- **[3v°]** mais veu, que chacun dit ne le plus recognoistre pour tel qu'il estoit au paravant :

Tout aussi tost qu'il fut adverty que son proces estoit sur le bureau, jamais Ciceron ne pratiqua tant de couleurs de Rhetorique, qu'il en inventa en solicitant Messieurs de sa chambre.

Il apprint lors à se coucher tard, lever matin, assister aux heures assignées, à parler modestement et sans cholere, estre patient et endurant de la longueur du temps, et des

responces de dilation. De chauld il devint froid : de soudain posé
: de hautain courtois et amiable : tous ces propos n'estoient que,
MONSIEUR ET MADAME, vostre treshumble et tresobeïssant
: toutes ses contenances n'estoient, que la jambe en arriere, le
bonnet au poing, et la teste nue. **[4]**

Que demanderiez vous d'avantage à un homme, qui
toute sa vie et de sa tendre jeunesse, n'auroit fait autre chose
qu'apprendre sa Cour, et s'accommoder aux personnes? Qui
sera le maistre d'escole, le regent ou le pedagogue, qui voudroit
entreprendre en faire autant en ving [*sic*] ans (principalement en
personnes si aagées et endurcies) que ce tant vertueux PROCES
a faict en moins (peut estre) de deux ou trois ans?

Ne pensez, MESSIEURS, que cela tombe tant
seullement aux personnes de basse condition : Je vous advertis,
que les plus grands, et tels que le bon Homere souloit nommer,
Pasteurs du peuple, sçavent bien peu souvent sans ceste
exercitation, la valeur de leurs subjects et confederez, et le bien
qui leur compete, et appartient pour **[4v°]** raison de leurs
Seigneuries.

Ce gros Milourd qui ne se voulut oncques mesler
d'affaires, et supplioit ceux qui luy parloient de ses proces, de le
laisser manger son pain en paix, mourut enflé comme ethique, et
laissa sa bonne et notable femme desnuée de tous biens, et hors
d'esperance de retour en son premier estat, sans la diligence du
fin et subtil Florentin qui luy succeda.

Et s'il fault discourir jusques au sexe feminin, que dois-
je dire de l'honneur, ou plustost faveur que plusieurs honnestes
dames ont porté au proces, quand pour conserver et maintenir le
bon droit de leurs causes, elles mesmes ont bien daigné prendre
la peine de trotter les rues vingt ou trente fois le jour, par ceste
ville boueuse et crottée, autant diligemment, que la plus **[5]**
petite mesnagere du pays? Ce qui leur a servy d'un bon regime
et syrop plus que magistral : et outre ce, de bien cognoistre les
complexions des personnes à qui elles avoient à faire. En sorte,
que du recit et bien sage rapport de ce qu'elles en avoient veu,

s'en sont ensuyviz plusieurs bonnes et sainctes reformations : d'avantage, qu'il n'y a aucun de ceste notable Cour, qui n'ait apperceu combien ces bonnes dames et sages Soliciteresses au pourchas de ce bon personnage PROCES, sont devenues familieres et domestiques, voire jusques à aller privément tant de jour que de nuict en sa maison, au grand contentement, satisfaction de leurs personnes et biens.

Infalliblement, MESSIEURS, la parfaicte cognoissance et bonne conduicte en PROCES, ne se trouve [5v°] és esprits gros et mal polis. S'il en faut faire le discours par nos nations : Diriez vous qu'un Normand extraict du fond de la Hague, un Auvergnac de la Limaigne, un Poitevin autant rouge qu'un cramoisi Venissien, ou un Lymousin de la Subterrane, fussent gens pour se laisser arracher une dent en dormant? Assez avons experience de leur subtil sçavoir, bien bon mesnage, et sage conduite par les effects qui s'en voient continuellement : Neantmoins il se trouvera, que le Normand a le proces en si grande recommandation, qu'il ayme mieux exposer sa personne au danger de l'eau, et envoyer son proces par terre, depuis son logis jusques à Rouen, que de perdre le droict, tant cher et precieux pour luy et les siens : considerant que luy perdu et noyé, ce n'est qu'un [6] homme perdu, qui se peut tantost recouvrer, mais son droit escrit, est bien chose de plus grande excellence.

Et si l'Auvergnac plaide sans fin, et trouve tousjours nouveau debat, n'est ce pas signe de perfection d'un bon sens naturel, qui ne peut jamais terminer?

Du Poitevin, si l'on dit qu'il forgeroit un proces sur la poincte d'une esguille, non que sus un bot, ou un palet, c'est signe qu'il tient de la nature d'une espece de Philosophes, que les anciens appelloient Sophistes : qui ne luy peut proceder que de bien bon esprit, et subtilité de sens.

Et si pour une rabbe, ou pour une raye, ou une rése ou regne [sic] de gueret, le Lymousin delaisse sa famille, et consomme toute sa substance pour venir en personne soliciter de bien loing un [6v°] jugement du droit à luy appartenant : comment cela luy proviendroit il d'un mauvais endroit, consideré que non seulement qui pert le sien, il pert le sens : mais encor, que qui laisse prendre et anticiper sur soy un petit rayon de terre, il se trouvera par traict du temps apauvry d'un arpent, voire de deux? qui pourroit estre cause de la ruyne et destruction de la meilleure maison du pays, les rabioles duquel ont bien peu faire plusieurs grands seigneurs et riches : tant de longue, que de courte robbe, tous preud'hommes et gens de bien?

Et que ce soit la raison de ne laisser perdre un grand droit pour un cas que le commun estimeroit de prime face foible et petit, voudriez vous, MESSIEURS, qu'un Genti-lhomme [*sic*] de maison et ancien- [7] ne race, laissast perdre le droit de sa seigneurie, par une course de lievre sur sa terre sans son congé, ores que ce fust de la part d'un sien parent, ou de quelque plus haut Seigneur que luy? Combien de proces ont esté jugez en ceste Cour, en faveur de tel, qui en semblable poursuite y a despendu et employé jusques à sa cotte de maille, voire jusques à la vie de luy et des siens? Combien d'honnestes et sainctes querelles ont esté ceans decidées en faveur de la noblesse, desquelles toutesfois l'on estimoit le premier motif estre de bien petite consequence? Mais le commun n'entend pas l'interest que porte un saluer premier, la premiere pinte d'un bon muy de vin, un asseoir au hault bout, ou au meilleur costé. Du demantir je n'en dis [7v°] mot : car c'est chose trop asseurée, que l'homme de bien ne doit jamais estre menteur.

Que diray-je des armoiries d'une teste de bœuf ou de vache, ou d'un col d'oison ou de Cygne? vous sçavez assez, MESSIEURS, que tels debats sont communs jusques aux hosteliers et artisans : pour les querelles desquels il a esté autrefois jugé, que nonobstant le different de la similitude des choses, l'un des marchans mettroit une fleur de Lys d'argent, et l'autre d'or : l'un un molinet d'enfant, et l'autre d'un musnier : l'un un asne qui vielle, et l'autre un asne qui viole.

Et quant à l'equivoque des noms, l'on a ceans reformé et defendu l'enseigne des quinze voirres de vin, celle de l'ambassadeur de Portugal, et de plusieurs autres de telle façon.
[8]

Je confesse que tels proces (à la verité) pourroyent porter interest à la bourse : mais à l'esprit et à la santé des personnes, beaucoup plus grande prosperité et dexterité qu'il ne semble. Car au lieu que gens de peu d'occupation se pourroyent employer à quelque cas qui leur feroit tort à la vie, ce petit exercice les distrait et retire de ce danger : et ce pendant leur enseigne dix mille honnestetez. Plusieurs gens d'Eglise mesmes, l'occupation desquel en matieres beneficiales fait vivre un monde en ceste Cour, apres avoir honnestement servy à Dieu, et à nostre mere saincte Eglise, s'empeschent à poursuivre et soliciter le droit qu'il pretendent [*sic*], l'un à une Evesché, l'autre à une Abbaye ou Prieuré, et l'autre à une Cure, Chappelle ou Prebende : à la poursui- **[8v°]** te desquelles causes, les Parlemens et grand Conseil de ce Royaume sont souvent occupez.

Cest exercice leur a osté l'occasion de penser à quelque mauvaise chose : et par mesme moyen a esté cause de la longue vie et durée de plusieurs, qui sans cet honneste passetemps (peut estre) eussent employé leurs deniers en quelques plaisirs mondains et illicites, à la perdition de leurs corps, et damnation de leurs ames.

Vous avez pour exemple, d'un certain Prelat, homme de singuliere recommandation et probité, lequel pour eviter le mal qu'il luy eust peu advenir de soy tousjours aneantir avec ses chanoines, s'advisa de plaider contr'eux, jusques à la mort, qu'il commanda par testament sa tombe estre eslevée debout en l'Eglise, de **[9]** peur qu'ils ne passassent sur sa teste. Ce fut celuy qui supplia le Roy Loys unziesme, que Dieu absolve, luy voulant oster ses proces, de luy en laisser seulement vingt ou trente pour ses menuz plaisirs. Ce fut celuy qui pour retarder la brieve expedition des Juges, mist en ses sacs, pour derniere production, tous les livres qu'il peut recouvrer en blanc du droict Canon et Civil, avec les gloses : le tout si bien enveloppé et cotté par dessus, qu'il sembloit que ce fussent enquestes, griefz, contredicts, salvations, ou autres escritures.

Ce fut celuy qui pour faire savourer et gouster la douceur de ce Proces, dressa querelle à l'encontre de l'Archevesque de Rouen, qui se vantoit jamais n'en avoir eu : mais aussi tost qu'il luy fut recité que cet Arche- [9v°] vesque avoit faict ses Ordres en uncertain lieu entre l'Archevesché de Rouen et l'Evesché de Chartres : et lors à beaux adjournements et productions de tiltres et Pancartes de la part de l'Archevesque. Cela luy servit en peu de temps de telle medecine, qu'en moins de deux ans apres, son ventre (que tous les Physiciens du pays n'avoient sceu en vingt ans au paravant diminuer) descreut : et s'abaissa de plus de la moitié : et au lieu, qu'au precedent il ne souloit aller qu'en littiere, il se trouva sur la fin de son proces, courant aussi bravement la poste, que le plus dispost Gentilhomme de Normandie.

MESSIEURS, il faut que nous confessions que le proces est un remede singulier à dix mille especes de maladies : en tesmoignage de ce Juge [10] qui appointoit les parties à la Verte maison : lequel voyant un jour un Prieur ou Abbé plus espez qu'il ne luy sembloit necessaire, souloit dire, que pour singulier remede il luy failloit un Devolut.

Encor disoit en forme de proverbe, que le moyen de trouver argent, estoit de plaider ou bastir.

Si ne me puis assez esmerveiller de ma partie, qui dit que le Proces amaigrist et appauvrist les personnes. Je vous supply MESSIEURS, que seroit-ce du corps de l'homme sans soy occuper à cest exercice de Proces, sinon un petit caque, ou quelque barrot plein de toute corruption et pourriture, qui autrement ne pourroit durer sans un clystere ou medecine laxative? L'exercice du Proces consume et dissipe tant bien les hu- [10v°] meurs, donne bon appetit aux personnes, fait par ses veilles tant bien digerer les viandes : que sans le besoing de la chasse ou jeu de la paume, ou de l'escrime (qui sont les exercices des Princes et Seigneurs, pour les amaigrir et maintenir en prosperité) un gardon ne se trouve point plus sain qu'est le plaideur.

Et quant à la pauvreté, s'il appelle pauvreté, ne point thesauriser et distribuer ses deniers à ceux qui en ont peu, comme sont soliciteurs, et plusieurs autres gens de pratique, je luy accorde que veritablement le Proces peut appauvrir pour le temps que l'on plaide : mais il ne dit pas le proffit et commodité qu'il apporte par apres : tout ainsi que le bastiment parachevé, ou une grande entreprinse parfaicte.

Il vous a dict d'avantage, que le Proces est [11] inventif de plusieurs cautelles, comme de respitz, cessions, quinquennelles, reliefz, delaiz, subterfuges, defauts, contumaces, attentes, monstrées, decevrées, sommations de garands, defenses, dupliques, repliques, tripliques, intendis, responses à iceux, escritures, nouveaux faits, faits probatifs, enquestes, obgets, soustenemens, audition des parties, productions nouvelles, contredits, et salvations, rejections de pieces, formalitez, et qualitez debatues, interlocutoires, infinies lettres Royaux, tendantes à plusieurs fins, et autres cas qu'il appelle piperies : Je voudroye bien sçavoir où il a trouvé qu'un pauvre homme de bon esprit se deust laisser mastiner et emprisonner par quelque vieil usurier, rude creancier, ou tourmenteur, et arrache-cueur de Chrestiens, qui sous [11v°] umbre de luy avoir presté argent en sa necessité, n'auroit non plus pitié de luy, que d'une beste sauvage : et que le secours de quelque eschappatoire ne fust utile à ce pauvre debteur, pendant qu'il pourroit recouvrer payement, Le bon sergent que l'on avoit un jour executé jusques à la paille de son lict, et qui passant par devant la boutique d'un sien compere changeur, apres luy avoir jetté du sable aux yeux, print une poignée d'escus dans la boette, pour se remonter et refaire : en fut il pas quitte (apres plusieurs defautz) de se purger par serment : auquel il jura qu'il ne les

avoit desrobez, mais bien empruntez pour les rendre? A ceste
cause luy fut par le juge donné terme suffisant pour y satisfaire.

Quelque scrupuleux appelleroit cela tromperie, mais il
se trouvera que [12] c'est plustost caute disposition, subtile
invention et accuité de bon esprit. Aussi en quoy plus
s'estendroit l'authorité d'un Prince si ce n'estoit aux graces,
absolutions, remissions et lettres de subvention pour poursuyvre
l'equité du droit de ses subjects? Et si un pauvre debiteur se rend
à luy, et implore sa misericorde pour avoir un delay, et
accommoder pour payer sa partie, quel tort luy fait il en cela? en
auroit le crediteur d'avantage, quand il rendroit son debiteur
fugitif, ou prisonnier à ses despens? Ce fut fort bien advisé au
Juge, qui excusa un debiteur d'avoir baillé un soufflet à son
crediteur, qui en luy demandant argent, encor' luy disoit-il
injure. Je m'esbahiz (dit le Juge) qu'il ne t'assomma sur le
champ : as tu bien eu la hardiesse d'injurier le pauvre homme,
qui [12v°] n'a dequoy? Et par pitié luy bailla delay raisonnable
pour satisfaire : Joinct qu'à un pauvre affligé ne luy faut
augmenter son affliction. Qui croiroit ces Messieurs les
raquedeniers et chichefaces, jamais on n'auroit une heure de bon
repos apres le terme. Et pour ceste cause, et aussi pour le
soulagement des pauvres laboureurs des villages, et marchans
forains, et autres gens de bien necessiteux, ont esté otroiez les
respitz, quinquenelles, et plusieurs humaines graces de ceste
façon.

Il dit encor par ces raisons, que le plaider, tant en
parolles qu'escriture, porte un gergon qui n'est entendu que de
ceux qui s'en meslent. Et mesmes, que les traicts de plume,
desquels on escrit un proces, sont pour la plusgrand' part
gergonnesques, et tellement abbregez et contrefaicts, que le
commun [13] n'y entend que le haut Alemant : A quoy je
responds que (sauf vostre meilleur advis, MESSIEURS) il est de
necessité en tous arts et nobles sciences, s'aider de certains
termes propres et accommodez à icelles : lesquels autrement ne
sont communs à ceux qui n'ont rien de l'estat. Tesmoins en sont

le diapente, diapason et diatessaron de Musique : les trigones, pentagones et octogones de Geometrie : les extractions de racines, et l'algebra d'Arihmetique [*sic*], les deux ourses, et la voye lactée d'Astrologie, et infiniz termes de la Medecine et Chirurgie, lesquels il a esté force d'inventer et emprunter ailleurs que du commun langage, tant pour la noblesse d'icelles sciences, comme pour la vertu de ce qu'il falloit par elles exprimer. C'est donc pour neant de dire, que **[13v°]** les charracteres et abbreviatures en matiere de proces n'ont aucune similitude avec les autres escritures. Car qui est la science qui n'at ses chiffres particuliers? Voyez quelle similitude ont les longues, breves, semibreves, minimes et semiminimes des Musiciens, avec noz lettres alphabetiques? Considerez la façon des figures, par lesquelles les Astrologues ont designé les sept planettes et les douze signes du Zodiacque? Et si les Medecins eussent escrit leurs onces, drachmes, et scrupules par lettres communes, il n'y eust eu celuy qui n'eust voulu anticiper sur leur estat, et se mesler d'assommer les hommes à traict de plume. Vous sçavez, MESSIEURS, qu'il n'est pas les Maçons, Charpentiers, Serruriers, et jusques aux Cordonniers qui n'ayent certaines et propres **[14]** dictions et marques à leur estat. Et que doit l'on donc faire à la poursuite de c'est [*sic*] heureux train?

Encor vous a il dict, que de la part des Procureurs (qui sont les conservateurs du bon droit et equité des parties) procedent la pluspart des differents et des questions : mesmes les inventions et subtilitez des debats : en sorte qu'il estime la lignée perdue et destruicte, qui reçoit et admet un Advocat ou Procureur. Autant en pourroit-il dire d'un Conseiller : Car qu'est-ce autre chose Advocat, ou Procureur, sinon un qui soustient et procure le bien et utilité des hommes? le Conseiller, qui donne son advis pour l'equité : le President, qui s'assied pour le conserver, et ainsi des autres. Combien de contracts cornuz et mal fondez se formeroient en une lignée sans **[14v°]** l'advis d'un Procureur qui en seroit? Combien de cedulles perdues, de quittances esgarées et bons tiltres seroient peris, sans la cure et solicitude d'un bon Procureur en une famille? Pourquoy pensez vous que nos Rois, pour le droict de leurs causes, eussent esleu sur tous leurs Juges, un Procureur general, qui seul advertiroit la Cour, de ce qu'il trouve faict contre l'utilité publique? Nous devrions bien vouloir, que la Loy des Venissiens fut transferée en ces quartiers, qui est telle : Que quatre Procureurs de leur seigneurie, non seulement entendant à tout le bien publicq en general, mais encor procurent et ont la charge de tous les pupilles de la ville. A eux appartient le droict des inventaires et comptes des mineurs, mariages et manumissions : tant s'en fault que nos **[15]** Procureurs soient à reprimer ou à taxer en cest endroict.

Mais MESSIEURS, je vous prie de considerer combien le pere et la mere sont heureux d'avoir en leur lignée un Advocat, ou Procureur, ou Solliciteur pour en leur grise vieillesse, les descharger des affaires et negoces publiques, pour les maintenir en repos et tranquillité d'esprit, chose propre à leur aage : et aussi pour soustenir les debats et questions qui peuvent sourdre par le moyen de leurs voisins.

Prenez aussi garde à ce qu'il a allegué de la longueur et tardité des expeditions et discussions des poincts de droit, que l'on voit plus durer en ce pais qu'en Allemaigne, Espaigne, Angleterre, ou ailleurs? Et qu'un simple Maire de village, aussi tost arresteroit et **[15v°]** accorderoit une ambiguité de controversie, que feroient ceux qui ont employé tant de temps aux universitez de Tholose, Orleans, Poitiers, Padoue, Boulonge [*sic*], et ailleurs? Et que là, ils apprennent plustost à danser, jouer de fleuttes, ribler, courtisaner, ou escrimer (qui est toute consumption de temps, et argent pour eux et pour leurs parent) qu'à bien sçavoir leurs textes et Pandectes : mesmes qu'encor qu'ils ne s'addonnent à telles folies, si est ce (dit-il) qu'ils perdent du tout leur jeunesse à la lecture des gloses et barbaries des boucquins, qui ne leur servent que d'apprendre le moyen de troubler et pervertir toute raison, de sorte que quand ils sont de retour, tant pour leur dicte jeunesse, comme pour le peu d'exercice qu'ils ont en la pratique (qui est l'ame de la bonne expedi- [16] tion) il est de necessité, qu'ainsi que les nouveaux maistres, ils facent beaucoup de fautes, avant que bien conclurre et asseurer leurs opinions, le tout au grand detriment et prejudice des parties, sauf correction, MESSIEURS, la grande faute de bon jugement en celuy qui ne cognoist autrement le naturel des nations dont il parle, desquelles le droit est escrit à la pointe de l'espée, et partant bien tost decidé et expedié. Et qu'un Maire de Vilage soit à esgaller à un Juge de ville? C'est autant fait, soubs correction, que de comparer un roussin ou courtault d'escuirie, à un gros cheval de charrue.

Quant à la jeunesse, il sçait mieux que les ouvriers ne naissent point parfaicts, et qu'il fault le temps et le labeur pour les dresser et façonner : [16v°] joinct qu'au moyen des bonnes lettres par eux acquises, ilz sçavant tresbien separer la barbarie des gloses d'avec le bon sens qui leans se trouve absconsé et reclus. Mais il dit cela plustost par picque que par raison, et plus pour remplir son plaidoyé que pour fondement qu'il y ait.

Finablement, il conclud, que le PROCES est la ruine des meilleures maisons : que c'est un Lerne, ou Hydre de tous maux : et que pour une teste qui luy sera couppée, soubdain en sourdent sept autres. Je conclus au contraire, que le Proces est l'entretien et accroissement des bonnes maisons, et du bon droit que chascun pretend en son heritage : que les testes qui luy accroissent, ne sont point testes venimeuses, comme celles de ce serpent qu'il dit, mais tres-utiles et fructueuses pour les parties, ainsi que sont plusieurs [17] tiges qui d'un grain de froment s'eslevent en espicz pour l'utilité des hommes. Ce qui a esté cause, que tant de bons marchans et laboureurs ont mieux aymé mettre leurs enfans à la pratique (qu'ils ont apperceu tant utile et necessaire à nostre vie) que les laisser en la pauvreté et misere du labeur et mestier. Voyez, MESSIEURS, combien sont foibles et debiles les raisons de partie adverse, et le peu de vigueur qu'elles ont pour reprouver l'utilité et la grande commodité, je dy plustost necessité des Proces. A ces causes, MESSIEURS, puis qu'ainsi est qu'il vous appert par mon plaidoyé, que je suis plus que bien fondé en mon appel : je dis pour mes dernieres conclusions qu'il sera par vous arresté, que cy apres l'on plaidera mieux que jamais, et sera ma partie condamnée aux despens de la presente cause de appel, et l'amendera. **[17v°]**

PLAIDOYÉ
POUR MONSIEUR DE
**bon Accord Inthimé, à l'encontre
de ce mauvais garçon
PROCES appellant.**

*Traicté de singuliere erudition, et de
gentille invention.* **[18]**

A MESSIEURS DU PALAIS SALUT.

*Il m'est advis, ô Messieurs du Palais,
Que j'oy desja quelqu'un, qui par grand'cure
(De vos suppostz) ouvre bouche et palais,
Pour desgorger contre moy quelque injure :
Dont je pretends par voye d'escriture,
Tant blasonner et reprimer Proces,
Lequel aymez jusqu'à vostre deces :
Mais pour cela n'en devez soucy prendre,
Car les humains sont si rempliz d'exces,
Qu'à bon accord jamais ne veulent tendre.
Mourir et vivre.* **[18v°]**

BON ADVIS, *pour bon Accord Inthimé,
à l'encontre de* PROCES *appellant,
pour ses deffences en cause
d'appel, dit ce qui s'ensuit :*

MESSIEURS, il convient entendre, que par cy devant ce
seroit meu Proces par devant le Seneschal de Raison, ou son
Lieutenant au lieu de Concorde, entre ledit bon Accord Inthimé
d'une part, et ledit Proces appellant d'autre : Auquel proces

auroit tellement esté procedé, qu'icelles dictes parties à plain ouyes, et apres avoir escrit d'une part et d'autre, auroit par sentence donnée par ledit Seneschal ou sondit Lieutenant, celluy appellant estee debouté des fins, moyens et conclusions par luy prinses audit proces, avecques condemnation de **[19]** lespens, dommages et interests, en ce que ledit appellant auroit sans propos, cause et moyen faict evoquer à droit ledit Inthimé, pour les causes contenues au libelle dudit appellant, de laquelle sentence s'en seroit iceluy appellant dit et porté pour appellant par devant vous mesdicts Seigneurs, où il a presentement faict leduire quelques griefs et moyens d'appel, ausquels j'ay à respondre.

Premierement, MESSIEURS, il convient entendre, que lepuis cinq mil cinq cens trente et trois ans ou environ, L'inthimé pour lequel je plaide, a esté en t ous lieux, et endroits enu pour homme de bien, et de singuliere reputation envers outes gens de vertu et probité, au veu et sceu de chacun qui 'auroit voulu voir, et sçavoir, et mesme dudit appellant, qui **19v°]** auroit esté contrainct de le souffrir et endurer, maugré ous empeschemens et contrarietez sur ce par luy donnez.

Toutesfois, iceluy appellant, puis un an en ça ou environ, auroit intenté debat à l'encontre dudit Inthimé, sur ce qu'iceluy appellant maintenoit, que ledit Monsieur de bon Accord se vendiquoit plusieurs honneurs, droicts et prerogatives qui appartenoient audit appellant comme il auroit maintenu, et que sa qualité et prerogative estoit de plus grande excellence et ecommandable que celle dudit Inthimé. Et pour prouver son lire, et iceluy mieux authoriser, se seroit fulcy de plusieurs lires, moiens et raisons, et le-ledit [*sic*] Inthimé au contraire oersisté à l'encontre dudit appellant, comme du tout apert par les egistres, et pieces que **[20]** j'ay au poing, et le tout veu et liligemment examiné par ledit Seneschal de Raison, ou sondit ieutenant audit lieu de Concorde, auroit dit et declaré iceluy Monsieur de bon Accord (pour lequel je plaide) estre bien fondé en sesdicts honneurs, droicts et prerogatives, et debouté iceluy

appellant des fins et conclusions par luy prinses en la presente
matiere, de laquelle sentence s'en seroit iceluy Proces, dit et
porté pour appellant comme dit est, et faict inthimer ledit
Seigneur de bon Accord, et presentement a desduit ses causes
d'appel.

Or pour monstrer qu'iceluy appellant est tres-delicat en
son appel, l'on sçait assez en termes de raison, que ledit
appellant PROCES, a tousjours esté, comme encores est, tres-
mauvais garçon, et de maligne nature, [20v°] qui ne tend pas
toutes ses menees qu'à semer division et sedition entre les
freres, parens et amis, voire entre l'homme et la femme, de sorte
que le plus souvent, par le moyen de ce miserable monstre
PROCES, incontinent qu'il a eu entree avecques les dessus-dits,
n'a plus esté possible de les appointer, et reconcilier. Et encores
de present on void en plusieurs lieux, le grand dommage et
interest qu'il porte à plusieurs personnes pour l'avoir frequentee
et suivy inconsiderément : Et qu'il soit vray que sa condition
soit tresmiserable et perilleuse, je m'en rapporte à ce tressage
Philosophe Alcibiades, qui dit que Proces et misere sont si bien
liez ensemble, qu'impossible est de les separer, voire que par la
saincte escriture appert, que cedit Monstre PROCES est si fort à
crain- [21] dre, que pour la malice qui est en luy, on doit
plustost bailler sa robbe, et tout ce qu'on a, que vouloir se
joindre à iceluy pour penser en avoir raison et justice. Ce qui
accorde fort à l'opinion de ce tressainct Ambassadeur, Monsieur
sainct Paul, vaisseau d'election, qui exhorte les Corinthiens de
fuir ce detestable cavillateur PROCES, comme contraire à toute
fraternité et debonnaireté de cueur. Et encores qu'il n'y eust
aucun tesmoignage pour prouver ce que dit est, nous voyons
plus clairement qu'en plain midy, que par le moyen et menée
dudit appellant, sont provenuz infiniz maux, et meschancetez
comme faux tesmoignages, fausetez, injures, meurtres,
seditions, scandales, perturbations, ruine de biens, pertes d'amis,
trahisons, poysons, machinations, morts [21v°] subites,
frenaisies, troubles d'esprit, et autres innumerables

malencontres, par le moyen dequoy, ne se peult iceluy appellant
plaindre sur ce, que de la bonté, utilité et integrité par luy
maintenue à l'encontre dudit Inthimé, pour lequel je parle, il en
auroit esté debouté, et pour le regard dudit Inthimé, declaré à
bonne et juste cause estre bien fondé en sesdicts honneurs,
droicts et prerogatives.

   Et qu'il soit vray que ledit Inthimé a tousjours esté en
bonne et singuliere reputation envers toutes personnes, mesmes
entre les plus malheureux du monde, on l'a congneu entre les
Payens, et infideles qui se sont tousjours adressez en leurs
affaires et differens à ce bon personnage, bon Accord, qui les
auroit sommairement et à propos accordez, de tous leurs de-
[22] bats et querelles, au grand contentement et profit de leurs
personnes, et biens, et ne se seroient oncques retirez ne adressez
pour vuider leurs-dits differens à ce cavilateur PROCES,
sachans bien qu'au lieu d'accord et paix, il ne produist (comme
dessus est dit) que perturbations et seditions perpetuelles.
Parquoy à bonne et juste cause est dit en commun proverbe, que
bon Accord rend la maison heureuse, et Plaids et Proces,
tresmiserable. Joinct que par le moyen de bon Accord, les
choses petites croissent abondamment, et par le moyen de
Proces, les choses riches, et de grand pris s'amoindrissent, et
viennent à rien. Et comme il est vray-semblable et notoire, ne se
trouvent enrichiz et bien fortunez de Proces que ces ministres et
Courtisans, qui frequen- [22v°] tent les Palais et Auditoires,
Greffes, Porches, Halles, et autres lieux destinez pour soustenir
et entretenir l'Empire et Jurisdiction de ce grand brouilleur et
seducteur PROCES, consommateur de tous biens, et destructeur
de corps et d'ame. Or pour respondre particulierement aux
griefz alleguez par ledit appellant pour donner couleur à sondit
appel : Et premierement en ce qu'il dit, que PROCES est cause
de donner exercice à toute personne, sans lequel on peut tomber
en une grosseur et deformité de corps, et que plusieurs ventruz,
et enflez comme Idropiques, apres avoir suivy proces sont
devenuz maigres, adroits, et dispos de leurs personnes, est (ô

correction de la Cour) une chose faulse et controuvée : car au
contraire se trouvera et prouvera à suffire en cas **[23]** de deny,
que ceux qui par cy devant estoient en bonne disposition de
leurs personnes, dormoient à leurs aises, beuvoient et
mangeoient à bon appetit, faisoient leurs affaires selon leur desir
et souhait, prestoient argent de bon courage à qui les en
requeroit, faisoient plaisir à chacun sans difference, rioient de
tout leur courage, ne se trouvoient estonnez de tout ce qui leur
pouvoit advenir, s'efforçoient de faire plaisir à tout le monde :
Apres s'estre accointez de la personne dudit appellant, ont
changé leur premiere condition bonne et honneste, en une toute
sauvage et brutale : et sont demeurez sans argent, sans amitié,
sans appetit, sans consolation, et sans aucune bonne volonté : Et
au lieu qu'ils estoient en bonne disposition, fraiz et sains de
leurs personnes, devenoient **[23v°]** maigres, langoureux, et à
demy morts, ressemblans à larves bustiaires. Secondement, en
ce que ledit appellant a voulou soustenir, que plusieurs femmes
auroient bien pris la peine pour la conservation de leur droit, de
faire cent lieues de chemin pour venir en ceste Cour faire la
caresse audit appellant, et que par le moyen de ce elles auroyent
aprins à bien parler, à courtisanner, à estre gracieuses, à sçavoir
dissimuler, à endurer, à temporiser, à supplier, et se seroient
façonnées à toutes gentillesses honnestes, appert assez du
contraire. Bien j'acorde audit appellant, que plusieurs honnestes
Dames ont pris la peine de venir jusques icy pour raison dudit
appellant, et delaissé leur maison et famille, pensant par ce
moyen trouver yssue en leurs affaires : Mais au rebours, elles
[42 = 24] s'en sont retournées destruictes, pauvres et
mal'heureuses, eshontées de se voir en si grande pauvreté et
malheur, et les aucunes estre contraintes (si j'osois toucher si
avant) de prostituer leur corps honneste et beau, à l'abandon de
quelque chiquaneur de Cour, pour supplier au defaut de pecune,
et appauvrissement de leurs personnes. S'il m'estoit permis
MESSIEURS, d'en nommer un grand nombre j'en serois tout
prest : Mais la Cour se contentera s'il luy plaist de ce que j'en

dy, aussi qu'elle n'ignore ce que dessus. Et pour le tiers point fait encores moins à propos ce qu'allegue ledit appellant pour corroborer l'equité de son appel, en ce qu'il propose pour exemple : Un Normand, Auvergnac, Poitevin et Lymousin, qu'il dit estre amateurs de Proces, et que l'amour et **[24v°]** faveur qu'ils portent à iceluy, rend suffisant tesmoignage de la bonté, excellence, et souverain bien, qui provient de Proces. Car de tous les dessusdits nommez par ledit appellant, qui se soient opiniastrez à ensuivre les traces dudit appellant, ne s'en est trouvé un seul qui en ait raporté profit, ou commodité : Mais au contraire, tout dommage, ruine, destruction, et perte de corps et d'ame. De sorte que le Normand qui au paravant estoit riche marchand, et bien fondé, est devenu un pauvre faiseur de Biere, ou de Cidre, ou pauvre gaigne denier pour porter faix et charge en la mode des bestes. Le pauvre Auvergnac qui estoit riche et opulent en toutes sortes de bestail, est aussi devenu pauvre ramonneur de cheminées, ou gardeur de bestes sur le hault d'une mon- **[25]** taigne, à l'abandon, droit, et incommodité du temps. Le miserable Poitevin, qui vivoit de ses rentes, et possedoit plusieurs belles maisons et metairies, devenu cagnard, et mendiant, ne servant d'autre chose que porter tesmoignage en toutes causes, pourveu qu'il ait sa lippée et repue franche, comme le plus pauvre et abandonné du monde. Pareillement, le Lymousin, qui souloit employer deux ou trois mille francz en trafique de Safran, ou autre trafique de marchandise, est parvenu finablement (pour trop s'estre opiniastré à servir ce maudit proces) à telle misere, qu'il a esté contraint de labourer et exerter les brandes coupieuses en ce pays. Et à tous les dessusdicts ne leur est resté finablement, que malheureté et desespoir, pour eux voir par le moyen dudit appellant destruicts et consommez en leurs personnes et biens, **[25v°]** maudissans à chacune minute d'heure, celuy qui oncq engendra ou causa au monde ce malheureux Proces.

Quartement je ne feray grande responce en ce que l'appellant a dit, que plusieurs pour legeres causes auroient par

proces gros et amples, poursuiviz leurs actions, aucuns pour
raison de leurs armoiries, autres pour quelque droict de chasse,
ou pour quelque dementir, ou pour quelque autre leger exces,
car pour cela il ne peut demonstrer que PROCES soit utile, ou
aucunement necessaire, mais au rebours cela fait contre luy :
d'autant qu'il produist pour exemple quelques opiniastres,
estourdis, eventez, presumptueux, cavillateurs, qui pour moins
d'un liard fonderoient un proces qui cousteroit tout leur bien et
honneur, et seroient contens à la fin de se veoir sans denier ne
maille, pourveu [26] qu'ils se fussent vengez en leur courage de
quelqu'un leur ennemy : et Dieu sçait combien y a d'amour et
charité en telles gens, et combien ils sont agreables à Dieu. Je
pourroy MESSEIGNEURS, dilater mon plaidoyé plus
prolixement, veu l'equité de ma cause, joinct qu'il n'y a, comme
je croy, homme de si peu de jugement, qui n'entende le merite
du bon droit dudit inthimé, pour lequel je parle, s'il n'est du tout
aliené de bon sens. Mais je crains d'ennuyer la notable
compagnie en traictant chose si peu doutable, et sans aucune
difficulté. A ceste cause, et pour faire brief, je concluds à bien
jugé et mal appellé par l'appellant, lequel sera par vous
MESSEIGNEURS, condamné es despens et en l'amende.

FIN. [26v°]

Veu par la COUR les dires et plaidoiez desdictes
parties, il est dit, qu'en tout et par tout icelles dictes parties ont
mal proposé, defendu, contesté et debatu : Et encores plus mal
appointé par le Juge, A quo, en ce que indifferemment il est
prohibé d'avoir Proces à un chacun. Et en reformant, et
corrigeant ce qui a esté mal faict, tant par lesdictes parties, que
par le Juge A quo, La Cour a mis et met ladicte appellation au
neant sans amende : Et dict qu'il sera loisible à toute personne
qui sera fondé en juste et equitable action, d'intenter Proces et
iceluy debatre et poursuyvre en toute modestie, et attrempence,
sur peine d'estre privé de la chose poursuivie, ou de ses

exceptions, et defenses : et le tout comme de raison. Et a inhibé, et inhibe ladicte Cour à toutes personnes sans aucunes excepter, que desormais ils n'ayent à intenter, ou esmouvoir Proces que pour juste [27] et raisonnable occasion, et pour causes d'importance : Et ce sur les peines que de droit et d'amende arbitraire. Et où il se trouveroit à l'advenir aucuns proces avoir esté intentez pour legeres causes, comme on a veu par cy devant et mesmement du pot cassé : Et pour les quatre deniers d'interest que poursuivoit le gentil sergent de Monmorillon : est defendu à toutes personnes de n'admettre telles procedures, comme vaines, et legeres, ains de mettre les parties hors de Cour et de proces. Enquoy faisant chacun endroit soy, se portera honnestement et religieusement que la Cour par cy apres n'en puisse oyr aucune plainte ou malcontentement. Et sont en ce faisant lesdictes parties mises hors de Cour et de proces, sans despens, et pour cause.

APPENDICE II :

LIMINAIRES DES *PARADOSSI* (1543)

1. All'illustrissimo Signore, il S. Christoforo Madruccio V. di Tr. & amministratore di Pr.[#]

Io mi ricordo illustrissimo Signore, che partendosi la S.V. di Rimini, mi commando che comme prima giunto fussi in Ferrara le mandassi una copia de miei Paradossi, quali havea scritto l'estate passata non par acquistarne fama, ma sol per fuggir la molestia del caldo : il che non havendo potuto far mentre dimorai in quella città lo faccio al presente, et non solo vene faccio copia, ma gli lascio anche uscire sotto l'amato suo nome : mà ecco bel caso, che mentre vado al meglio ch'io posso limandoli, mi soviene che Monsignor di Catania intendendo che di medico ero divenuto scrittor de Paradossi, mi havea fatto con instanza la medesima richiesta, et conoscendomegli ubrigato et per le sue buone qualità, et anche per essere stato à suoi servigi trattato non già de servidore, ma da fratello, feci pensiero rasettarne alcuni altri c'havea malscritti et coniungerli con quella parte c'havea dedicato alla S.V. Reverendissima, rendendomi certo, che non havreste à male una si honorata compagnia, havendo tuttavia in memoria alcune dolcissime parole che di lui pel viaggio di Pesaro mi diceste, et quel fervente disiderio d'honorarlo s'egli per aventura venuto fusse al Concilio : havea similmente in memoria che ambidui fosti giovani, ambidui nobili, ambidui vaghi de medesimi studi, et ambidui Prelati di due nobilissime città, di maniera ch'una sol cosa mi dava noia ch'io temeva non si dicesse ch'io volessi fare

---

[#] F. A3 r°-v° (liminaire du premier livre des *Paradossi*, paradoxes I-XIV). Cette épître est adressée à Cristoforo Maddruzzo (1512-1578), prince-évêque de Trente depuis 1539, cardinal *in petto* depuis 1542, au moment où le Concile allait s'établir dans sa ville épiscopale.

d'una figliuola dui generi, ma questo timore mi s'è finalmente
levato dispetto veggendo essere cosa da molti, et antichi, et
moderni usata. Scrisse già Varrone dui libri dell'agricultura et il
primo dedico à Fundania et l'altro à Nigro Turanio : perche non
sarà lecito anchora à me, de dui libri di Paradossi, consacrarne il
primo all'Eccellentia vostra, et il secondo à Monsignor di C?
l'uno mi ha molti giorni benignamente nudrito, et l'altro al
presente mi governa : l'uno mi ama, et l'altro mostra in vari
modi tenermi caro, et d'amendua con molto disiderio ne son
stato richiesto : dogliomi ben che per la brevità del tempo, et per
la tumultuosa vitta c'ho menato seguendo alli giorni passati la
Corte del Christianissimo Re Francesco, non habbi potuto fare
ch'essi uscissero con maggior prudenza et dottrina scritti di quel
che fanno : non mi sono ne anche Signor mio curato di scrivere
Toscanamente, come hoggidi s'usa di fare, ma gli ho scritti nella
forma che solito sono di parlare con é miei piu familiari amici,
basta che tali quali sono, vostri sono, et io anchora son vostro.
State felice che Dio sia la guardia di V.S. da Lione.

2. Al molto illustre et Reverendo Signore, il S. Cola Maria Caracciolo V. di C. et assistente di sua santita.[#]

Tempo è hormai Signor mio ch'io attenda alle promesse, le
quali, non ho potuto piu tosto adempire, per esser stato da che
non viddi quella, di continuo alla Corte del Re Francesco, ove
per i continui suoi movimenti l'ocio del scrivere è del tutto
bandito, et ad ogn'altra cosa fuor che al comporre, è lecito di
pensare, havendo finalmente ritrovato in Lione, un poco di
quiete, et veggendo molti giovani della natione Italiana
disiderosi di leggere, et anche di trascrivere li Paradossi che già
in Piacenza vi promisi, deliberai riverdegli, et poi lasciargli in

---

[#] F. G7 r°-v° (liminaire du second livre des *Paradossi*, paradoxes XV-XXX).
Cette épître est adressée à Nicola Maria Caracciolo (1512-1567), évêque de
Catania depuis 1540, adjuvant du pape Paul III, bien que de sympathies
luthériennes.

publico uscire : tanto piu che havendone già traportati alcuni in
lingua Francese l'ingegnoso messer Mauritio Seva, poteva
facilmente temere che prima Francese che Italiano parlassero : il
che non havrei voluto per molti rispetti : gli ho poi divisi in dui
libri, de quali, l'uno ho dedicato à monsignor di Trento et
amministrore di Prissinone Principe veramente degno d'essere
et dalla bonta vostra teneramente amato, et da me, per molte
cagione devotissimamente servito, et l'altro alla Signoria vostra
Reverendissima : la quale, aspettava forse, che io li scrivessi in
lingua Toscana, come far sogliono tutti quelli che vogliono dar
favore alle lor compositioni : non niego io certamente che
volentieri fatto non l'havessi, se di me, tanto mi havessi potuto
promettere, ma ricordandomi d'esser nato nellà di Milano, et fra
Longobardi longamente vissuto mi venne al cuora una certa
diffidenza laquale, di sorte m'impavri, che subito abandonai i
pensiero di scrivere toscanamente, et ricorsi à quella forma d
parlare che già preso havea, parte della mia nudrice, parte
anchora da migliori scrittori. Et se la Signoria vostra mi fusse
stata si cortese et liberale de suoi scritti, come fu della borsa
mentre sui appresso di lei, gli vedreste hora in un stile piano e
dolce, distesi, la onde legger ve li bisognerà in un stile rozzo e
zottico, da non potersi per industria veruna amorbidire, vostro
danno monsignor mio, se piu eloquentia non sono di quel che I
videte : io non ne posso piu, hò fatto quanto sapeva per mostrare
qualche segno della voluna mia verso dui prelati honoratissimi
et perche il mondo vega et intenda non esser anchora talmente
dalla fortuna sbatuto, che io non sia nell'amore et protettione de
dua piu gentili Signori, c'habbia la Chiesa d'Iddio : et qu
baciandovi le mani con riverentia, faccio fine di scrivere, Iddic
pregando che sempre essalti vostra moltò illustre persona : d
Lione.

3. Paulo Mascranico alli cortesi Lettori.[#]

L'autore della presente opera il qual fu M.O.L.M. detto per sopra nome il Tranq. hebbe sempre in animo, che ella non uscisse mai ben industria di stampatore alcuno in luce, ma solamente di farne copia à que dui Signori, à quali si vede esser stata consagrata, et certamente cosi sarebbe avenuto, se sopragiunto non vi fusse il signor Colatino da Colalto[††] giovane virtuosissimo, et nato sol per far altrui giovamento, il quale, veggendo esser fra questi Paradossi sparsi quasi infiniti precetti morali, molte istorie, molte facete narrationi con stile dolce et facile, commandogli che per ogni modo gli lasciasse stampare ne ci defraudasse piu longamente di si piacevole et util lettione, fece egli buona pezza resistenza : alla fine, vi acconsenti : ben prega di buon cuore qualunque gli leggerà, non voglia rimaner offenso in cosa veruna, conciosa che un Capriccio bizarro (che spesso ne gli sogliono venir in capo) l'indusse à far questo parto, benche esso (tal è la sua modestia) per vero parto non lo riconosca, ma sol per sconciatura : non si è ne anche curato di lodare una cosa in un Paradosso et la medesima biasimare in un'altro, pensando bastasse che à suo potere la repugnantia non fusse in un medesimo luogo et appresso rendendosi certo ch'ogn'uno di mediocre intelletto, havesse à conoscere che par trastullo si habbi preso tal assunto, et non per dir da buon senno. State lieti et con benigno animo quando da molesti et gravi pensieri le menti vostre ingombrate non saranno pigliate spasso di questa sua capricciosa bizzaria : et s'egli intenderà che dispiacciuto non vi sia che egli habbi con si poco rispetto parlato del Bocaccio, di Aristotele, et di M. Tullio , farà il medesimo in molti altri autori, ispetialmente in Plinio, et ne Commentarii di Cesare : et à Dio siate.

[#] F. O8 r° (post-liminaire).

[††] Collatino (ou Collaltino) di Collalto (1523-1563?), poète et mécène.

APPENDICE III[†]

Supplément de 1583 et de 1638

1. *Loüange de la folie.*

CHAPITRE XXVII.

La folie cause de la generation des hommes.

S'il est ainsi que plusieurs ayent acquis une grande loüange et estime entre les hommes, pour avoir escrit mille facecies et choses vaines, donnant plaisir à ceux qui se sont delectez de les lire et oüir, et encores paraventure y croire cho- **[161]** se qui jamais ne fut, et qui n'est point et ne peut estre. Dois-je estre blasmé et reprins de reciter une pure verité, qui ne sera moins utile, que plaisante et aggreable à celuy qui daignera l'escouter? Or en advienne ce qu'il pourra. Car tout ainsi que les Musiciens qui n'ont soucy du jugement d'autruy, s'efforcent quelquesfois (chantans leur musicque) de delecter eux-mesmes, et les sacrees Muses : Tout ainsi ay-je deliberé (ne me souciant aussi du dire ne du penser d'autruy) reciter à ma recreation ou (pour mieux dire) consolation, les loüanges de la Folie, et les plaisirs que ordinairement reçoyvent d'elle les humains.

Il est bien vray que les sages ne faudront pas en cest instant de dire, que celuy doit estre bien hors de propos et jugement, qui pour tiltre et argument d'un sien œuvre qu'il veut mettre en lumiere a entrepris de loüer la Folie : mais je leur respondray, qu'il se trou- **[161 v°]** ve du temps des anciens que

---

[†] Sur les deux opuscules qui figurent ici, voir notre introduction, n. 106-108. Le texte que nous reproduisons est tiré de l'édition de 1583 (n° 17 de notre liste d'éditions), f. 160 v°-220 v°. Nous avons confronté le texte du premier opuscule à celui qui figure dans les *Louanges de la Folie* de 1575 (Paris, N. Bonfons) ; les variantes sont purement graphiques sauf à la fin (voir ci-dessous, p. 323).

par escrits divinement couchez, les mousches, les fievres, la vieillesse et la mort ont esté loüees et celebrees autentiquement. Et de nostre siecle se sont encores trouvez de tresnobles esprits, qui ont fait de mesme des jeux de la Prime et des Eschets, des Artichaux, de la Verolle, et plusieurs autres choses moins dignes de loüange. Et ceux qui considereront de combien peut la Folie en la vie humaine (laquelle prend et reçoit par elle quasi sa totale conduite et direction) ne se devront esmerveiller que j'aye proposé telle entreprise : mais plustost veux-je trouver estrange, qu'entre tant de siecles passez aucun ne s'est offert et entremis à chanter et escrire les loüanges de ceste benigne dame Folie, pour recognoissance des grans faveur et biens-faicts que nous recevons d'elle. Ce que toutesfois je pense bien que l'on eust fait, si de la [162] grandeur et difficulté du subject l'on n'eust esté aucunement retenu et estonné. Pource que ceste dame Folie en la plus part de toutes ses actions, se gouverne seule : Elle est seule qui deschasse et bannit de nos cœurs et entendemens les fascheuses, cruelles, et ennuyeuses solicitudes, angoisses, douleurs et passions : Et seule fait contens et heureux les hommes et les femmes, qui autrement seroyent tousjours chagrins, miserables et calamiteux. Bref, sans elle nostre vie certainement se trouveroit amere et fascheuse à passer.

Et d'autant que és grans actes et hauts faits la seule volonté est souventesfois loüee et estimee, bien que les effects ne s'en ensuyvent : Je protesteray pour le commencement de cest œuvre à messieurs les repreneurs qui voudront faire et trancher des anciens severes [162 v°] Catons, que en quelque sorte que ce soit, ils n'entreront point ne au Theatre de la Folie, ne au cathalogue des fols : si premierement ils ne donnent leurs noms à l'autheur pour estre inscrits. Et neantmoins estans entrez au Theatre, ils ne diront un seul mot pour se donner peine des sens et jugemens d'autruy.

Les Poëtes ausquels se peut prester et adjouster facile croyance, pource que avec la Folie ils ont tousjours eu pratique et communication, recitent que Pluto Dieu des richesses, qui a

commandement sur la paix, sur les guerres, sur les seigneuries,
Royaumes et Empires, et toutes autres choses de ce monde, dont
il est directeur, et comme il luy plaist en dispose, fut pere de
ceste dame Folie, laquelle eut pour mere la gracieuse Deesse
Jeunesse, qui la conceut et enfanta és isles Fortunees, où ne se
trouve ennuy, fasacherie, maladie, [163] ne vieillesse : mais
tousjours les Roses, violettes, et autres fleurs et herbes
odoriferantes, avecques arbres qui produisent fruits tresexquis,
delicieux et savoureux, y couvrent la terre pour l'eternelle
prime-vere, qui jamais ne bouge de là : de sorte que de pays, de
pere et de mere, ceste Dame ne pourroit estre plus noble, ne plus
estimable et recommandable qu'elle est. Aussi tost qu'elle fut
née, elle se print à rire, et avecque demonstration de festes et
jeux plaisans, resjouyt fort le monde, qui premierement sans elle
estoit pensif et melancholique. Et pour le tenir en continuels
plaisirs et soulas incontinent elle s'allia et s'accompagna de
Venus, de Bacchus, de volupté, de delices et adulations, fuyant
et evitant toutes peines, ennuys, fascheries et tristesses, pour
s'addonner à toutes sortes de plaisirs, joyes et passe-temps.
   Sur quoy il est bien requis que vous [163 v°] sçachez et
entendez quel bien, profit, utilité et commodité elle avec sa
compagnie a apporté et apporte à nous autres pauvres humains :
et de combien nous luy sommes tenus et obligez. Premierement
je vous demande comme se pourroyent engendrer les hommes,
si ce n'estoit la Folie. Tous les sages ensemble feront et diront
ce qu'ils voudront et sçauront : mais s'ils veulent estre peres, et
observer le divin commandement de croistre et multiplier, il est
necessaire qu'ils mettent à part la gravité, les estudes et la
prudence, et qu'ils embrassent la Folie : mettans en œuvre la
partie du corps, laquelle quasi ne se peut nommer, voir ne
toucher sans rire. Cela veritablement est la source et la fontaine
de laquelle naissent et sourdent les sages Philosophes, les graves
Jurisconsultes, les devots Religieux, les reverends Prelats, les
magnanimes Seigneurs, les trespuissans Roys et Empe- [164]
reurs Augustes. Et certes si ce n'estoit la Folie et la volupté qui

est tousjours conjointe avecques elle, peu d'hommes naistroyent et seroyent produits sur terre.

Mais par vostre foy, croyez-vous que aucune femme ayant un coup esprouvé les grandes et extresmes douleurs, agonies et perils de la mort manifeste et apparente, qu'ils reçoyvent à leur enfantement, se vousissent jamais plus consentir de retourner à faire ce qu'ils ont premierement fait pour concevoir : si elles n'estoyent, comme elles sont (ainsi que l'on dit) aucunement folles et hors de raisonnable sentiment? Vous voyez par cela clairement que du naistre et de l'estre nous sommes grandement obligez à la Folie. Considerez donques en vous-mesmes combien est grand ce benefice.

Et d'avantage, que si depuis que nous sommes nez, la Folie se vouloit du tout abandonner et faire de nous à sa natu-[164 v°] relle discretion, quelle seroit nostre vie : sans doute miserable et pleine de calamité. Mais ceste Dame, comme benigne mere et douce nourrice, se contient gracieusement avec nous, pour nous domestiquer et apprivoiser, sans le laisser du tout eschapper, à fin de ne nous estranger. Et tant plus nous sommes en grande necessité, plus s'efforce de nous secourir et aider.

Et d'où vient cela aussi, que les petits enfans en leur puberté et tendre enfance sont tant chers tenus, tant aimez, mignardez et baisez, non seulement par leurs peres et meres, parents, et autres qui les cognoissent : mais encores un mortel ennemy, nonobstant sa malveillance et grande cruauté, ne desdaignera à les voir et regarder sans les outrager. Et quelquesfois s'est trouvé que les bestes sauvages les ont nourris. Il faut que vous pensez que cela ne procede d'autre chose, sinon que [165] pour estre tels petits enfançonnets, simples et hors de sentiments et jugement, ils demeurent continuellement en la protection de la Folie : laquelle leur donne tant de grace, qu'en leurs babils et façons de faire ils sont souvent plus plaisans, et donnent plus souvent à rire que les farceurs, bouffons, et basteleurs qui se pourroyent trouver.

Apres ceste enfance vient à succeder la florie Adolescence, qui certainement est le prin-temps de nostre vie. Et n'y a personne qui ne sçache bien comme les jouvenceaux adolescens en cestuy leur doux aage sont favorisez, carressez, aimez, dressez, et aidez en leurs estudes et operations, et quel bien tout homme leur desire et procure : et mesmement quand l'on voit que leurs façons de faire ne sont trop austeres ne trop sages, mais qu'ils ont plaisante et affable conversation. Depuis, estans faits hommes, soudainement qu'ils commencent **[165 v°]** à sentir et gouster les choses graves, et à les embrasser, deslors ils perdent la faveur et la grace : et leur beauté, vigueur, dexterité leur commence à faillir. Et de tant plus qu'ils se distrayent et esloignent de la Folie, pour entendre à la prudence, de tant plus ils se font difformes et brutaux : En maniere qu'à peine les peut-on recognoistre pour ceux qui n'agueres au paravant pour leur singuliere beauté estoyent tant estimez et desirez. Et ainsi allans de mal en pis croissent les ans en maladies, en fatigues et en travaux, jusques à ce que ils soyent joints à la dure et aspre vieillesse, laquelle est tant fascheuse, que les vieillards elle fait non seulement aux autres, mais encores à eux mesmes desplaisans et ennuyeux.

Et vrayement il n'y auroit aucun qui peust comporter leurs fascheries, plaintes et querelles, si de nouveau la Folie meuë de compassion de leurs miseres, **[167 = 166]** ne les secouroit, en les faisant (comme elle a accoustumé) rajeunir et ragaillardir, les transformant et reduisant du tout en leur premier estat de incensez petits enfans : apres leur avoir fait oublier tous leurs arts, sciences et industries, et toute autre grande et importune negoce, pour eux addonner, ainsi que en leurs premiers ans, à la volupté et aux pratiques d'amour. Et alors il faut teindre les cheveux, porter la belle coeffe bien tissüe, pour faire semblant que l'on n'est point chauve, raser tous les jours la barbe, s'approprier, se perfumer, suborner macquereaux et macquerelles, escrire lettres amoureuses à leurs dames, et puis se marier avec jeunes filles sans doüaire, desquelles par apres

autres qu'eux sont possesseurs et joüissans. Et sur cela faut
despendre et consumer son patrimoine à boire, à joüer, à ribler
et **[166 v°]** en folastrer du tout, tenans propos ordinairement de
leurs amours, et disans choses vaines, pueriles et sottes : tout
ainsi qu'ils eussent fait lors qu'ils vindrent au monde, et comme
si jamais ils n'y avoyent esté.

  Et de ceste similitude de nature advient que les
vieillards aiment tant ces petits enfans, et les petits enfans se
resjoüissent et prennent tant de plaisir avecques eux, que plus
vont en avant en l'aage, tant plus ils perdent les sens et jugement
: de sorte que sans y penser, ne eux en appercevoir rien, ils
passent heureusement de la presente vie en l'autre, sans aucune
douleur ne sentiment de maladie, voire de la propre mort.
Considerez donques encores une autre fois, combien nous
sommes obligez à la Folie : Et pour certain, si les hommes
fuyoyent du tout la Prudence, et demouroyent tousjours avecque
la Folie, ils ne sentiroyent aucune molestie, me- **[167]** lancholie
ne travail, mais tousjours vivroyent heureux et consolez.

  Et encores qu'il ne soit ja besoing de prouver les
choses claires et manifestes, toutesfois je vous prie regardez un
peu des sages et graves hommes, qui n'ont autre versation qu'à
l'estude et aux lettres, à gouverner les estats, regir les
Republiques, et traicter les negoces de grands seigneurs : vous
les trouverez la pluspart pasles, maigres, deffaits et maladifs, et
deviennent vieux et chenus devant qu'ils soyent à peine faits
jeunes. Ce qui n'est pas de merveilles, parce que les continuelles
cures et sollicitudes, les divers pensemens, les travaux et
fatigues, et le veiller de la nuit, lever avant le jour, ne
cognoissent jamais ne plaisir ne repos : mais tousjours travailler
et avec le corps et avec l'entendement les fait debiles, leur oste
les esprits et abrege beaucoup leur vie : tourmentee en sorte, que
quand vous voyez **[167 v°]** aucuns petits enfans ou jeunes
garsons trop sages, vous devez tenir pour certain et tres-evident
signe, que leur voyage ne sera pas long en ce monde, et que
leurs ans ne dureront gueres. Mais au contraire, ceux qui sont

grossiers et robustes, qui ne se soucient depuis le nez en amont, et fuyent les fatigues, s'esloignans le plus qu'ils peuvent de la Prudence, sont sains, gaillards et dispos, et vivent longuement sans aucune maladie.

A ceux cy ne different pas beaucoup de complexion les Senois, qui est un peuple de l'Italie, lesquels par un commun general edict, sont de toutes les autres nations tenus et appelez fols public, comme ils meritent : mais encores beaucoup plus maintenant que jamais, ayans dechassé de leur ville aucunes familles et nobles citadins, qui avoyent en eux quelque peu de jugement de raison et prudence, et ont mis **[168]** le gouvernement de leur Republique entre les mains de certains fols glorieux et effrenez, qui tous les jours font tant et de telles folies, que la Folie mesme ils en feroyent devenir folle.

Avec eux contendent, il y a desja long temps, les Portugalois, lesquels d'entreeux doibt obtenir le pris de la Folie : et jusques icy n'y a esté donnee solution ne diffinition aucune.

Allez encores à la jadis sage Boulongne, qui usurpe le tiltre d'enseigner autruy, et vous verrez qu'ils tiennent tous les sages enfermez et enchesnez és librairies, et laissent aller les fols par la ville, suyvis d'un chacun : à quoy ils prennent plaisir, et en donnent aux autres.

Et qui est-ce aussi que ignore comme sont grands les fols à Florence, et combien ils peuvent. Que dirons-nous de ces babilards de Mantoue, et de ces couyons Venitiens avec leurs manches **[168 v°]** à pleins sons, et leurs gondolles. Semblablement de ces seigneurs Espagnols, lesquels avec tant de leurs Juradios, et tant de leurs seigneuries se reputent les sages du monde : n'ont-ils pas edifié en leurs plus nobles villes de tresgrands Palais, et à iceux assigné gros revenu, seulement pour nourrir et entretenir leurs fols?

Et les bons François veulent-ils nier leur folie (si tant est qu'ils le vousissent, comme je croy que non), les villes qu'ils ont faites en Italie depuis quelques ans en ça, les manifestent et font declarer tresfols.

Nous tairons-nous des Genevois, lesquels outre ce qu'à leur retour de leurs longs voyages trouvent leur famille creüe et augmentee, vont tousjours, et mesmement en esté avecques leurs guarnachiolles, que nous disons socquenys de toile blanche, pour couvrir leurs belles robbes de soye, de peur de **[169]** les gaster : et semble qu'ils viennent de beluter la farine pour faire le tourteau.

Il seroit trop long si je voulois racompter toutes les villes, et les peuples, les provinces, et les nations que la Folie a en sa peculiere protection : comme la laborieuse cité de Naples, que j'avois oublié à nommer, là où les folies sont appelees gentillesses. Et combien que le nombre des fols (comme on sçait assez) soit infiny, toutesfois on l'estime encores plus grand pour l'affluence des personnes qui les suyvent. Et par cela se doit juger la Folie estre plus delectable d'autant qu'elle est plus frequentee.

Or laissons à parler d'elle entant que touche les hommes mondains, et considerons un peu quelle est son authorité au Ciel, aupres des dieux, que les Poëtes anciens ont fait immortels et eternels.

Premierement il est à un chacun ma- **[169 v°]** nifeste, qu'à la porte du Ciel est tousjours Janus avec ses deux visages, l'un de jeune enfant, et l'autre de l'incensé vieillard : lesquels deux aages, comme vous avez ouy dire cy dessus, sont gouvernez par la Folie. Et telle forme de double visage est de soy tant folle et ridicule que tous ceux qui la voyent, subitement sont muez et incitez à rire. En apres vous sçavez qu'il n'y a point de plus beaux, de plus aggreables ne de plus joyeux de ces dieux là, que ceux qui sont amis et alliez de la Folie. Bacchus est tousjours jeune et beau, pource que ordinairement en la compagnie d'elle il vit en continuels banquets, en dances, en jeux et en festes.

Semblablement le lascif Cupido qui est le plus beau sur tous les autres Dieux est tousjours petit enfant, pource qu'il est tousjours fol. La belle Venus, source de toute beauté, qui

tousjours se soubs-rit, n'est-elle pas une heure avec **[171 = 170]**
Mars, et une autre heure avec Adonis, prenant plaisir en
lasciveté, en amours brutalles et perpetuelles festes? Quelle
Deesse fut jamais plus aggreable, et donna plus de soulas et
plaisir au peuple Romain, que la Deesse Flora : en l'honneur et
memoire de laquelle la plus notable et plus frequente place de
Rome est encores aujourd'huy appelee de son nom, Camp de
Flor : C'estoit pource que en ces sacrifices et festes solennelles,
non seulement abondoyent les fleurs, et autres delices : mais
encores aux grants theatres les dames toutes nuës en la presence
du peuple les celebroyent, avecques danses, chansons et jeux
follastres, risees et autres demonstrations de joye desordonnee.

    Il ne faut ja racompter les finesses et tours de passe-
passe dont Mercure se delecte tant : Ne autrement parler de
Sillenus, qui tousjours se trouve avoir beu d'autant : ne
semblablement des **[170 v°]** Satyres qui dansent
continuellement, n'aussi de Pan, qui avec ses flustes chante
chansons pour rire : et à fin de donner plus de plaisir à ceux qui
l'escoutent, se peint le visage de meures, et de grains d'yebles.
Et le blond Apollo quand est ce qu'il chante aussi plus
doucement sinon lors qu'il raconte ses vaines amours de Daphne
avec sa douce harpe?

    Et pour ne perdre temps à parler de tous, n'y voit l'on
pas l'Altinonant Jupiter tant terrible, qu'avec ses foudres il
espouvante les hommes et les Dieux, quand il se transmue
tantost en Cygne, tantost en Taureau, tantost en Aigle, puis en
une sorte, puis en une autre, pour donner ordre à ses amours, et
soy delecter singulierement de la Folie : comme les autres
Dieux, lesquels le grand Momus voulut une fois reprendre
mais du commun conseil de tous il fut jetté hors du ciel, et le
feit-on tre- **[171]** buscher icy bas, à fin que là haut il ne
demourast plus aucun moleste ne fascheux repreneur, qui
aucunement destourbast le singulier plaisir de leurs folies. Et
estant ce pauvre Momus tombé en terre, il demoura grandement

esmerveillé, voyant que la Folie, laquelle il avoit voulu blasmer là haut, gouverne icy bas encores toutes choses.

Celuy qui voudra mettre peine et diligence de considerer l'universelle complexion des corps humains, il trouvera que la raison et la Prudence ont en iceux trespetite part : mais c'est par la grace de benigne Nature, qui du commencement voulant subvenir et pourvoir aux hommes, cognoissant de combien ces deux dames raison et Prudence estoyent contraires et nuisibles à la longueur et au repos de nostre vie, les alla sagement confiner en l'extresme et derniere partie de la reste : Ordonnant à tous les autres esprits appetitifs et **[171 v°]** sensitifs du corps, de tousjours eux opposer et formaliser contre elles. Et en ceste partie là les tiennent continuellement assiegees, comme quasi en une estroicte roche. En apres elle donna le gouvernement du cœur, qui est l'origine et source de nostre vie, à l'ardente colere.

Et quant au reste de ce corps, il fut quasi du tout mis en la disposition et puissance de l'irraisonnable concupiscence, pour estre entre les autres appetits deux trespuissans contraires, qui tousjous s'opposeroyent et viendroyent combatre à la raison et à la prudence, comme à leurs manifestes ennemis : afin que nostre vie humaine fust regie et gouvernee de ses affections et appetits, avec plaisir et douceur, et non de la raison et prudence avec severité et aigreur.

Parquoy la divine providence voyant l'homme estre né pour commander, et dominer sur les autres animaux, regir **[172]** et gouverner l'universel : se doutant que par une dure necessité ou travail d'aucuns fascheux negoces il ne fust souvent contraint avoir recours, et se joindre à la prudence : Elle voulut bien encores luy pourvoir d'une eternelle et inseparable compagnie, et luy bailla la femme, qui tousjours le divertit des griefves sollicitudes, tribulations et fascheries qu'il a, au lieu desquelles elle luy donne plaisir : estant un animal si goffe, et en toutes choses si folastre, que le divin et sage Platon ne sçait bonnement s'il le doit mettre au nombre des animaux raisonnables ou brutaux.

A laquelle opinion se conforme toute la secte des Turcs, qui ne permet que l'on adjouste aucune foy ne creance, soit en causes civiles ou criminelles aux dicts et depositions des femmes : encores que toutes les femmes du pays fussent ensemble. D'avantage par les loix et constitutions Turquesques [172 v°] est defendu de croire que les ames des femmes soyent immortelles, ne qu'apres leur mort ils allent [*sic*] en Paradis, ainsi que font celles des hommes : mais qu'elles demeurent en ce monde pour estre, comme elles sont proprement, semblables à bestes sauvages : dont la divine et singuliere folie de ce sexe insensé est seule occasion.

Toutesfois entre elles il y en peut avoir quelques unes (si Dieu veut) qui contre leur naturel presument, en renonçant du tout à la Folie, de devenir sages, sçavantes et subtiles : chose que la Folie en aucune maniere ne peut souffrir ne permettre : Et lors qu'elles devroyent coudre, filer, et vacquer aux affaires et negoces domestiques, à quoy elles sont dediees, l'une fait profession de choses grandes, l'autre se veut du tout addonner à la Philosophie, et ordonne, parle et dispute du monde, du Ciel, des Idees, de l'immortalité, et [173] de la divine essence, comme si c'estoit un nouveau Aristote : et veut arguer aux excellens Philosophes, et aux plus grans Theologiens : Et souventesfois, quelque ignorance qu'elle soit, sera si hardie que de les reprendre. l'autre voudra faire profession de la Poësie, se mordra la levre, et fait le bouquin, hume le vent et avalle sa salive, se persuadant que l'esprit du divin Homere, ou l'ame de la sage Sappho luy est entree au corps : Elle composera des vers, des petites lettres et chansonnettes d'amour, et disputera des Poëtes Grecs, Latins, et Tuscans, qui ont mieux et plus doucement exprimé les affections et passions d'amour : mettra en avant un subtil argument sur le quatriesme des Eneides de Virgile, dira Epigrammes, chapitres, chansons, sonets et madrigales, faisant une anatomie de la langue Tuscane, pour la

ecercher et retourner parole par parole. La façon de parler de
Bo- **[173 v°]** cace ne la satisfera pas, par ce que en d'aucuns
lieux il a beaucoup de rude et vieil. Elle dira que Dante fut
beaucoup plus sçavant que bien orné en son langage : aussi que
ce n'est pas grand chose que les Triomphes de Petrarque : Que
la nouvelle Grammaire avec l'Asollan sont trop affectez : Que
l'Arcadie est une traduction sans invention et n'est pas Tuscane
Le Morgant est mal limé : Orland furieux delecte le commun
peuple, mais en plusieurs lieux se trouve qu'il deffaut de
jugement, et se perd et abisme aux adulations : Le Courtisan est
Lombard, et a prins l'invention d'autruy. Quant au Seraphin et
quelques autres qui ont par cy devant en cours, et ont esté fort
estimez, n'est pas grand cas, et à peine meritent-ils d'estre leuz.
Elles se mocquent de Aretin, disans qu'il n'est point argut, sinon
à dire mal d'autruy, quand la bouche ne luy est close avec
quelque pre- **[174]** sent. Conclusion, tout ce qui a esté dict par
quelques fameux et singuliers Autheurs que ce soyent, ne les
peut aucunement satisfaire ne contenter, tant elles pensent avoir
grand engin, dy-je bon entendement.

     Il y en a quelques autres qui s'addonnent à la Musique,
et à sonner des instrumens, qui ne peuvent accorder : Et pour
entretenir des maistres à leur monstrer, despendent et consument
follement tout ce qu'elles ont : ayans plus de soing et curiosité
de faire leurs voix plus douces et gracieuses, que leur propre vie.
Que dirons nous maintenant de celles ausquelles le baller et le
dancer plaist tant, que jamais elles ne parlent d'autre chose,
l'exercitant et glorifians és gaillards et aggreables mouvemens
et fredons du corps : en mesurant leurs pas par simples, doubles
et reprinses, avec reverences et contenances : en quoy s'en va et
consume la plus **[174 v°]** grande partie du temps et de leur
substance : Mais toutes generalement se delectent et mettent
peine entre autres choses de se faire trouver belles et plaire à
autruy, et non sans bonne et juste occasion : car la beauté seule
est ce qui les fait aymer, reverer, et desirer : Et de ceste
singuliere faveur elles ont obligation principalement à la Folie,

qui ne laisse jamais la prudence avoir en eux aucune part, e
quasi tousjours les maintient en florissant aage et perpetuell
beauté.

Et si ce n'estoit elle, il leur adviendroit comme au
jouvenceaux, lesquels incontinent qu'ils sont entrez en aag
viril, et és ans de la discretion et prudence, se transforment e
desguisent du tout : la barbe leur croist et devient longue : leu
voix s'égrossit et fait rude : et leur jadis beau visage s'emplit d
riddes, et leur corps se couvre de poil et devient brutal. Voyez l
les beaux dons et fruits **[175]** qu'ils reçoyvent de la Prudence
lesquels vrayement sont dignes d'elle : Mais la benigne folie
ayant memoire qu'elle mesmes est femme, comme à se
treschers et tresamez ministres, ne laisse ainsi venir le poil au
femmes, ne muer la voix, qui leur demeure puerile, et tousjour
leur conserve le visage avec le reste du corps lisse, tendre e
delicat : leur monstrans et enseignant mille arts, mille secrets
mille remedes pour les faire tousjours sembler jeunes, belles e
mignardes. Et d'autre costé elle leur laisse par honnesteté l'ar
magique, les enchantemens, les sorceries, les divinations, e
autres arts damnez et reprouvez, dont elles ont accoustum
d'user pour se faire caresser et adorer : tenans ordinairemen
leurs quaissettes et petits coffres, leurs lits, leurs vestemens, e
leurs bources pleines de figures et images conjurees de nœud
de cheveux, de parchemin avorton, avec les **[175 v°]** caractere
et noms des infernaux esprits : avec lesquels elles font sortir le
hommes hors de leurs sens : et aucunesfois leur font perdre l
sentiment avec la vie ensemble : Ainsi que autresfois (pour n
parler des vivans) il s'est veu du tres-vertueux et magnifiqu
Luculle, et du sçavant Lucretius, lesquels en rendront pou
jamais un eternel tesmoignage. Et encore que telles diaboliqu
inventions desplaisent grandement à la Folie : toutesfois le
cognoissant estre femmes, c'est à sçavoir folles, effrenees, san
mode et sans mesure, les comporte le mieux qu'elle peut.

Or maintenant puis qu'il vient à propos de parler d
leurs habits, de leurs gorgiasitez, ornemens, pompes

ignotises, mesmement de celles de nostre Italie et des
spagnes. Il est necessaire de imiter les Poëtes, lesquels non
eulement au commencement de leurs œuvres, mais encores au
nilieu de celles [176] où ils traictent choses ardues et difficiles
nt accoustumé d'invoquer à leurs secours les sacrees Muses :
ar je ne sçay où je dois commencer. Si je leur regarde aux
ieds, je leur voy certaines pantoufles ou patins si hauts et si
ors de mesure, qu'ils ressemblent plus à eschasses, qu'à autre
hose. Et si elles n'ont quelqu'un qui les soustienne et conduise
ar la main de pas en pas, elles sont tousjours prestes à tomber.
i je les regarde à la teste, je les trouve tant desguisees avec
lumes et pennaches, bonnets et coiffes garnis de fers et boutons
'or de medalles, enseignes et devises nouvelles, qu'à grand
eine les peut on cognoistre.

      Aucunes penseront estre plus aggreables, et avoir
eilleure grace avec bourrelets soubs leurs coiffes, lesquels
lles portent plus hauts que les cornes de leurs maris. L'autre se
ensera plus gorgiase d'estre coiffee à la Moresque, [176 v°] ou
'une autre nouvelle façon : appliquant à ses oreilles percees, les
rosses perles, et autres joyaux. L'une noüe ses cheveux, l'autre
es mipartit et fait la grüe entre deux. L'une les veut avoir
londs : l'autre les desire avoir noirs, et avec le fer faict à
ropos, ou avec le feu, les fait crespeler : Et pour les rendre plus
eluysans y applicque du soulphre vif, et les decore un jour d'un
happelet d'or singulierement elabouré, et un autre jour avec
agues precieuses.

      Quant à se peindre et peler les sourcils, c'est chose
rdinaire. Semblablement defaire la peau blanche, les joües et
es levres coulourees. Et ne fut, ne ni aura jamais peintre qui
eut adjouster en cest endroit à leur artifice. Au regard de
istiller eauës, gomme, dragant, allun de roche, argent sollimé,
t autres semblables mixtures et compositions, pour faire la face
laire et reluysante, [177] unir et lisser la peau : de sorte qu'en
eur visage l'on se peut facilement mirer : certainement elles en
çavent ce qui en est, et en ont l'art tout entier. Le petit

drappelet teinct, les savons, les pommades, et les poudres pou
les dents et pour l'haleine, les muscadins composez de succre e
de musc, et autres especes de dragees, huilles, eauës et senteur
de mille sortes, ne sont plus gueres d'elles prisees ne estimees
pource que les perfumeurs les ont trop divulguees : mai
maintenant elles vont tant chargees de poudre de chippre
d'aloës, de benjoin, de musc, de civette, d'ambre, et autre
infinies odeurs, qu'il n'est pas croyable.

Et n'y a pas long temps qu'il fut demandé à un gran
Prince comme il avoit esté satisfait d'une Dame, avec laquelle i
avoit prins soulas et plaisir : il jura qu'estant avec elle, il luy
sembloit proprement estre à vespres : où, comme [177 v°] vou
sçavez, l'on a accoustumé de remplir l'Eglise d'odeur d'encens
Et ainsi respondit ce grtacieux Prince, ne sçachant mieu
exprimer de combien sans propos la dame s'estoit perfumee. E
encores que semblables senteurs se vendent au poix de l'or
toutesfois elles n'en font cas, et les reputent pour petites choses
au pris de leurs grands secrets qu'elles sçavent, et que tant elle
estiment : comme de faire que le poil osté et arraché ne revienn
plus, que le sein avallé se releve, et que les choses trop larges s
restresissent.

Conclusion, ce seroit chose aussi par trop longue e
ennuyueuse à reciter des joyaux, chesnes, brasselets, et diver
habillemens de nouvelles façons, que quasi tous les jours elle
changent : Esquelles varietez, diversitez, et excessive
despenses, se monstre manifestement et appertement quelle es
l'abondance de leur folie, et le peu de leur cer- [178] veau. E
qui est celuy qui pourroit suffisamment parler de leurs riche
chemises, de leurs caleçons brodez et pourfilez, de leurs gan
tressez et perfumez, de leurs eventails, de leurs martres sublime
pendantes, et de leurs patenostres de senteurs qu'elles tiennen
tousjours és mains, non par devotion, mais par lasciveté et folie.

Ne s'en est-il pas veu quelques unes habillees en pages
courir les chevaux Turcs et rudes en bouche, et manier les aspre

courciers : s'efforçans de faire tous actes virils? Et je vous demande comme cela se pourroit comporter si la douce folie en cest endroit ne les accompagnoit. Il faut aussi entendre que ce qui leur fait avoir tant de faveur et de grace en leurs œillades, en leur rire sans propos, et à faire des tours plus qu'un singe, n'est autre chose, que d'autant plus qu'elles sont folles, **[178 v°]** plus elles sont plaisantes, aggreables, et delectables. Par cela doncques je conclud, que manifestement se peut cognoistre que de tous les plaisirs qui se reçoyvent des femmes, nous en sommes tenus et obligez à la Folie. Laquelle encores si elle ne se trouvoit és festes et banquets, certainement l'on ne s'y resjoüiroit point comme l'on fait : pource que la silence y seroit gardee, et par consequent la gravité et la melancolie, et ressembleroyent tels banquets aux repas que font les bonnes gens de village pour l'honneur des obseques et mortuailles de leurs amis trespassez. Vous entendez bien qu'és grands et magnificques banquets l'on invite les dames principalement, pour avec leur presence et folies telles que dessus, donner plaisir aux hommes assistans. Aussi Platon en son banquet vouloit tousjours avoir devant luy Alcibiades, pour luy donner allegresse et **[179]** plaisir, avec sa singuliere beauté. En ces festins et banquets l'on a accoustumé de faire venir les plaisans, les bouffons et farceurs, pour reciter comedies, dances moresques, joüer farces, faire musicque, et mille autres choses plaisantes, pour tenir les invitez et conviez en feste et en joye. Et cela delecte plus beaucoup que les viandes delicates et bien preparees, lesquelles nourrissent seulement le corps, et incontinent le font saoul : mais les joyes et plaisirs nourrissent et delectent l'esprit, les yeux, les oreilles, et tous autres sentimens spirituels : et tant plus ils les goustent, tant moins en sont-ils rassasiez. De là vient, que l'on s'invite l'un l'autre à boire : et apres bon vin, bon cheval, faut faire le Roy, le Seigneur, qui ne commande autre chose que folies. Puis faut mettre des chappeaux au lieu de couronnes, hurler, gaudir, et chanter, et faire autres infinis jeux, et choses **[179 v°]** pour rire, qui se font

ordinarement en tels banquets : lesquels tant plus pleins sont de
folie, tant plus sont plaisans, aggreables, et delectables.

Toutesfois il s'en trouve d'aucuns qui ne se soucient
pas fort de semblables plaisirs : et sont beaucoup plus aises de
communiquer et eux resjoüir avec leurs amis en charité et
benevolence. Et vrayement je confesse qu'il n'y a chose en la
vie humaine qui soit plus necessaire, de plus grande consolation
aux hommes, que d'avoir amis que singulierement tu aimes, et
dont tu sois singulierement aimé avec lesquels selon les
occurrences et necessitez tu te peux douloir et consoler comme
avec toy-mesme : et lesquels aussi prennent non moindre cure et
solicitude de tes affaires et negoces, que de leurs propres. Mais
en vous prouvant manifestement que ce tant grand benefice
procede mesmes de la folie, ne jugerez-vous pas de tant plus
estre à elle tenus? **[180]**

Regardez doncques quelle est la varieté et difference
des hommes, non seulement en leurs visages et complexions,
mais encores és langues, és estudes, és coustumes et és façons
de faire, és arts, exercices, gousts, appetits et volontez,
affections et operations : où ne se pourroit trouver aucun qui du
tout fust à l'autre semblable. Et vous jugerez si en telle diversité
(dont plus grande ne se pourroit imaginer ne penser) l'on
sçauroit trouver ne amour ne benevolence qui fust ferme et
stable : si la Folie qui trompe nos jugemens, et deçoit nos yeux,
ne cachoit et couvroit les fautres et imperfections l'un de l'autre.
Et à ceste occasion les peres trouvent beaux leurs enfans
difformes et contrefaicts : les amis avaricieux, nous les appelons
chiches et diligens : et les prodigues, qui sans rien retenir
abandonnent et jettent le leur sans discretion, nous les tenons
pour benings **[180 v°]** et liberaux : aucuns taquins, qui tousjours
sont estudians sur la tromperie, et pour decevoir leur
compagnon, nous les lisons [*sic*] cautz et prudens : certains
insensez et lourdauts, qui ne sçavent à grand'peines s'ils sont
nez, nous les reputons pour simples et bonnes personnes : les
melancoliques, pour ingenieux et industrieux : les furieux et

temeraires, pour vaillans et hardis : les timides pour discrets et
bien advisez. En somme, par la benignité et douceur de la folie,
nous aimons leurs defauts et imperfections, et loüons de gayeté
de cœur les extremes vices, comme la singuliere vertu. Aussi
vous voyez que le Dieu Cupido, qui est la principale occasion, et
l'autheur de toutes amitiez et gracieusetez, se peint aveugle :
d'autant que les choses tresbelles il fait sembler laides et
difformes : et celles qui de soy sont laides et difformes, il les fait
trouver belles et aggreables, selon et **[181]** ainsi que nos sens et
jugements sont guidez et conduits de la Folie.

        Le Mariage, qui n'est autre chose que une perpetuelle
et inseparable compagnie entre le mary et la femme, à grande
voisinance et conformité avec l'amitié : Et si les maris avant que
d'eux marier vouloyent, comme prudens, eux informer et
enquerir de la vie, des complexions, et de toutes les façons de
faire de leurs femmes : sans aucune doubte ils trouveroyent tant
de belles choses, et si diverses, que nul. ou bien peu se
marieroyent. Et si depuis qu'ils sont mariez, ils s'estudioyent
aussi à diligemment observer, et subtilement voir et prendre
garde à toutes les fautes et erreurs d'elles, ô Dieu! en combien
de travaux, en quelles contentions, et en quels tourmens
vivroyent-ils? Certes il ne seroit pas possible qu'ils peussent
ensemble durer, ne jamais n'auroyent une seule heure de repos :
[181 v°] mais se verroyent tous les jours infinis divorces, et
choses beaucoup plus mauvaises que cela, sans les separations
des licts, qui se font aujourd'huy, lesquels se feroyent encores
plus souvent, voire à toutes heures, si la folie à cela ne pourveoit
[*sic*] et donnoit ordre. Car incontinent que l'homme et la femme
sont couchez et joints ensemble, elle se met entre eux deux, et
fait que non-croyant, supportant et dissimulant les deffauts l'un
de l'autre respectivement, vivent en si grande amour, en si
parfaicte charité, et en telle mutuelle affection, que en deux
corps il semble n'estre qu'une seule ame : et ne sentent point
lors les cruelles passions et griefves angoisses dont
ordinairement sont tourmentez et dessirez les esprits des pauvres

malheureux jaloux, les induisant aucunesfois à faire horribles tragedies.

Et certainement les peuples ne pourroyent souffrir ne tolerer les Princes, [182] ne les Princes les aimer, ne les serviteurs les seigneurs, ne les fils les peres, ne les disciples leur maistre d'escole, ne semblablement aucune compagnie ne conjonction ne pourroit demeurer ferme, ne durable, si la Folie avec sa douceur et benignité ne les venoit à domestiquer, apprivoiser et addoucir : de sorte qu'aimant la moleste et dure severité, avec le trop sçavoir, l'un benignement comporte l'autre. Ainsi par le benefice de la Folie tout le monde vit en charité et union, et se conserve en amitié. Je pense bien qu'il vous semblera quasi incroyable que la Folie puisse faire les grandes choses que je vous ay racontees : mais donnez moy benigne audience, et vous orrez et entendrez qu'elle en fait beaucoup de plus grandes.

La Nature, laquelle en beaucoup de choses a esté plustost trescruelle marrastre que benigne mere, a engendré en [182 v°] nos esprits, desirs, et affections insatiables, avec infinies passions, dont quasi tous les jours ils sont tourmentez. Entre autres l'on voit que les discrets, et les prudens, jamais quasi ne se contentent d'eux-mesmes, ne des choses qui leur touchent et appartiennent, estimans singulierement celles d'autruy. Et si la Folie ne se trompoit et abusoit en nos mesmes defauts, comme en ceux de nos amis : qui seroit celuy lequel ne se contentant de soy-mesmes, voudroit presumer de pouvoir satisfaire à autruy : ou bien penser taire aucune chose avec grace, luy semblant de soy estre desaggreable? De là proviendroit que desesperans de nos propres jugemens et entendemens, nous ne nous adventurerions, ne mettrions jamais peine d'acquerir nom de loüange aucune, et tousjours vivrions sans gloire et reputation. Mais la Folie voulant s'esvertuer aux faits magnanimes, se fait a- [183] mouracher de nous mesmes nous persuadant qu'en nos exercices et operations, nous avons beaucoup l'advantage, et passons tous les autres. Et qui est celuy qui pourroit nier qu'aimer soy-mesme, et avoir en admiration ses propres choses, ce ne soit la plusgrande folie du monde : toutesfois cela pourtant contente les hommes et quasi les rend heureux.

Quant à moy escrivant ceste mienne folie, j'esprouve assez de combien est grand ce plaisir, me semblant quelquefois avoir trouvé invention aucunement subtile, ingenieuse et belle, et ne l'avoir encores trop lourdement escrite : mais si aucuns viennent par cy apres à voir et lire telles lourderies, ils pourront facilement juger et cognoistre comme en cest endroit je suis excessivement trompé et abusé : estans choses indoctes, impertinentes, mal limees, et sans aucun goust ne saveur. Or elles se- **[183 v°]** ront telles que l'on voudra, si est-ce toutesfois que pour l'amour et grace de la Folie, je ne me suis peu delecter à les escrire : et ay esperance que par adventure elles ne desplairont point à quelque autre bon et honneste compagnon, qui ne sera du tout ennemy de la Folie. Conclusion, il se peut clairement cognoistre que tous les grands et glorieux faits procedent de l'instance de la Folie, et la plus grande part se font avec son aide et faveur.

Qui est celuy qui ignore que les guerres et les faits d'armes ne soyent les plus grandes et hautes choses qui se puissent faire et exercer entre les hommes, puis que de là sourdent et procedent les grands Empires, et la supresme autorité des trespuissans Rois, qui font trembler tout le monde, avec leurs exercites et armees? Et qu'est-ce qu'une bataille, sinon la plus grande folie que l'on **[184]** sçauroit imaginer, quand l'on y perd quasi tousjours beaucoup plus que l'on ny gaigne? Là on est à l'effroy des sons de tabourins et de trompettes entre les terribles et espouventables bruits et coups d'artillerie, ausquels n'y a nul rempart. Et puis en la meslee des coups de main où se respand le sang de tous costez, à la discretion de la Fortune et de la Folie, qui gouverne tout cela. Et desirerois bien sçavoir quel lieu pourroyent tenir là les sages avec leur prudence, leurs ombres et continuelles estudes. Certes ce n'est pas ce qu'il leur faut, et ne leur est la guerre convenable, car ils n'ont ne force ne vigueur : mais ce mestier et telle vacation appartient à fols desbridez, larrons, volleurs, braves, ruffians, pauvres, malheureux, audacieux, desesperez et furieux : lesquels n'ayans ne bien ne cervelle, n'estiment leur propre vie, et moins encores se soucient des **[184 v°]** manifestes et evidens perils. Toutesfois l'on dit communément que le conseil vaut beaucoup au fait de la guerre : ce qui ne se peut nier : mais il s'entend aussi le conseil des Capitaines, et hommes experimentez à la guerre, et non des personnages doctes et sçavans, ne des Philosophes, qui naturellement ont peu de cœur, sont pusillanimes. S'en est-il trouvé de plus sçavans ne plus eloquens que Demosthene et Marc Tulle Ciceron, qui ont esté et demeureront perpetuellement fontaines de l'eloquence Grecque et Latine : Et toutesfois l'on voit par escrit que tous deux furent merveilleusement timides : de sorte que Demosthene en un fait d'armes, que luy-mesmes avoit persuadé et dressé, subitement qu'il veit devant luy ses ennemis, leur tourna le dos, et jettant sa targe sur l'espaule en fuyant alla dire : Celuy qui suit, une autre fois peyt combattre : voulant faire croire **[185]** par cela, que meilleur estoit de perdre l'honneur que la vie. Quant à Marc Tulle, il trembloit tousjours au commencement de ses oraisons. Et de nostre temps un nommé Sosyne estant si excellent docteur, que durant son vivant n'a esté son pareil : Luy venu en public consistoire de la part de sa Republicque rendre obeyssance au Pape Alexandre, demoura, comme feit Xenocrates tout court, sans sçavoir ce qu'il devoit dire. Et plusieurs autres hommes tres-sçavans ne sont-ils pas semblablement en leurs oraisons et concions souvent demourez comme muets, sans pouvoir dire une parole? Voyez doncques ce que eussent peu faire tels personnages s'ils eussent eu à combattre avec les harquebouzes, que seulement avec la parole, ils se sont trouvez espouvantez et esperdus.

D'avantage lisez les histoires, et vous trouverez que les sages ont esté quasi **[185 v°]** tousjours la ruyne de leurs Republiques. Et pour revenir aux deux personnages que j'ay cy dessus alleguez, c'est à sçavoir Tulle et Demosthene, n'ont-ils pas hazardé et puis ruiné, l'un la Republique d'Atheniens, et l'autre celle des Romains, avec leur grand babil? Et les deux freres, qui furent dits Grachi, Tiberius et Caius, treseloquens entre les autres de leur temps, ne tournerent-ils pas avec leurs loix plusieurs fois dessus dessous la cité de Rome jusques à tant que en leurs seditions et contentions ils perdirent la vie? Et les deux Catons, qui entre les Romains furent tenus tressages, le plus grand desquels reprenoit et accusoit ordinairement quelque citadin : ne troubla-il pas la Republique? Et le mineur, voulant avec trop grande severrité defendre la liberté du peuple Romain, ne fut-il pas cause et occasion de la faire perdre? L'on peut facilement et aisément ju- **[186]** ger par cela de combien sont les peuples heureux n'ayans point ces sages avec eux.

Et en font d'avantage preuve sufisante et manifeste, la vie, les coustumes et les façons de faire du peuple nouvellement descouvert en l'Indie Occidentale, lesquels bien-heureux sans loix sans lettres, et sans aucuns sages, ne prisoyent rien l'or, ne les joyaux precieux : et ne cognoissoyent ne l'avarice, ne l'ambition, ne quelque autre art que ce fust : prenoyent leur nourriture des fruits que la terre sans artifice produisoit : et avoyent comme en la Republique de Platon, toutes choses communes, jusques aux femmes et petits enfans : lesquels dés leur naissance ils nourrissoyent et esleveoyent en communité comme propres. Au moyen de quoy tels petits enfans (recognoissans sans aucune difference tous les hommes pour leurs peres) sans haine ne passion aucune vovoyent **[186 v°]** en perpetuelle amour et charité : tout ainsi qu'au siecle heureux qui fut dit l'aage doré di vieil saturne. Laquelle joyeuse, gracieuse et pacifique façon de vivre, les ambicieux et avaricieux Espagnols leur ont troublee et interrompue, en communiquant et frequentant en ceste Region : Car avec leur trop de sçavoir, leurs grandes finesses, leurs tresdures et insupportables loix et esdits l'ont remplie de cent mille maux, fascheries et travaux : tout ainsi que s'ils avoyent porté par delà le vaisseau de Pandora.

Pour ces causes je voudrois bien demander si l'on doit louer et approuver la sentence de Platon, qui dit que les Republiques seroyent heureuses estans gouvernees de Philosophes. Là dessus je respondray que non : mais que les peuples ne sçauroyent estre estre plus malheureux, n'en plus grande calamité, que d'eux veoir tomber és mains de tels **[187]** philosophastres et trop sages hommes.

Et encores qu'il se die qu'Anthonin Empereur Romain, qui par sa doctrine et loüable façon de faire estant surnommé Philosophe, fust un tresbon prince : toutesfois apres sa mort il a esté estimé et reputé trespernicieux à la Republique, ayant laissé pour successeur son fils nommé Commode, tant vicieux, que ce nom Commode luy fut renversé estant appellé Incommande et ruine de son siecle. Cela advient quasi tousjours à ces trop sages personnages qu'ils laissent des fils fols et incensez, lesquels ne leur ressemblent de riens. Et la raison est, que nature ne veut que la mauvaise semence de ces trop sages hommes pullule et multiplie : Car outre ce qu'ils sont (comme nous avons ja dit) la ruyne et la peste du peuple, ils se trouvent encores en leurs conversation et frequentation avecques les autres hommes, fort molestes, fascheux, **[187 v°]** odieux et intolerables en toutes les actions humaines.

Et à ce propos il y a un peuple en Norwegue, lesquels considerant combien sont pernicieux les sçavans et lettres au gouvernement de leur Cité et Republique, font crier à haute voix par leur huissier ou heraut, quant ils veulent entrer en leur conseil publique, Dehors dehors tous lettrez. Ne voulans souffrir qu'aucun entendant les lettres demeure ne comparoisse là en ceste compagnie : à fin qu'avec les sophistiqueries des lettres leur jugement naturel et sincere (qui n'a besoin d'interpretation) ne soit aucunement interrompu.

Si de malheur aucuns de ces sages entrent en un banquet, soudainement avec leur trop de gravité, leur pondereux propos et fascheux discours, ils le remplissent tout de tristesse, melancholie et silence. S'ils sont appelez aux fe- **[188]** stes, aux dances, aux jeux, à oüir chanter et sonner d'instrumens de musique, ils veulent que l'on pense que tout procede et est fait pour l'amour d'eux. Et toutesfois ils sont comme l'asne au son de la lyre : car ils ne sçavent que c'est de resjoüir, de baller ne de dancer. Si d'adventure ils interviennent en quelques bons, gracieux et honnestes propos d'hommes joyeux, facecieux et aggreables, leur presence les fait incontinent taire, et leur faillir la parole, comme s'ils estoyent veuz du loup. Aussi en entrant aux theatres et publiques spectacles l'on les reçoit pour fascheux et molestes : de sorte que souvent ils sont contraints d'eux en aller et vuider la place, comme quelques fois est advenu au sage Caton : à fin qu'estans là ils n'empeschent les plaisirs, risees, demonstrations de joye et follastries du peuple. Et consequemment s'ils ont à achepter ou à vendre, contracter, nego- **[188 v°]** cier, ou faire les autres choses qui appartiennent à l'exercice et office de nostre vie : jamais ne se pourront bien accorder avec les autres hommes, lesquels en bon langage sont quasi tous fols, et ne traictent que folies en la plus grande part de leurs actions : et si ont continuellement à besongner avec des fols. Par ainsi la concorde et convenance ne pouvans avoir lieu en ceste tant grande curiosité de vie, de coustumes et d'opinions, faut confesser que ces sages sont par la leur trop grande curiosité et sagesse, extremement hays de tous.

Aristides surnommé le juste, fut-il pas pour sa trop grande justice et sagesse chassé d'Athenes, et envoyé en exil? Et Socrates, qui par l'oracle d'Apollo fut jugé le plus sage de son siecle, ne fut-il pas aussi (seulement pour son trop grand sçavoir) condamné à mort? lequel estant en prison, beut du jus de la cicue pour exterminer ces jours. D'avantage du temps **[189]** de nos derniers peres, Messire Cecho, Secretaire du seigneur Jean Galeace Duc de Millan : et un autre nommé

Copula, du Roy Alphonce de Naples : Et messire Falcone, qui estoit au Pape Innocent huictiesme, n'estoyent-ils pas reputez les plus sages, et plus prudens hommes de toute l'Italie? Les deux avec leur prudence finirent leur miserable vie par la main des bourreaux : et le tiers voyant le Pape son maistre mort, qui avoit si grande creance en luy, et duquel il estoit tant estimé, et qu'en son lieu estoit creé au S. siege Alexandre VI, son plus grand ennemi, mourut soudainement d'ennuy et fascherie.

Encores ne s'est-il point veu de ce temps de plus prudent ne vertueux Chevalier, que le seigneur Jean Jaques de Trevolse : si est-ce que luy se trouvant relegué en France, est mort avec peu de contentement. [189 v°]

Je parlerois aussi volontiers d'aucuns autres Archisages, que nous avons veus avec leur prudence presumer de gouverner et reformer le monde : si n'estoit que depuis avoir esté par eux eschappez des mains de la Prudence, ils sont avec si grande ardeur venus à trois pas et un sault, eux jetter en nostre college de Folie, que certainement j'espere encores un jour (si les tres-veritables signes qui apparoissent en eux ne me trompent) de les voir en nostre profession faire miracles.

Or estant doncques ces sages inutiles à eux-mesmes, et à leur patrie, et hays quasi de tout le monde, laissons les avec leur prudence et sagesse malheureux et infortunez et d'autre costé considerons de combien tousjours a esté la Folie utile aux choses publiques et privees.

Est-il en ce monde rien plus cher aux hommes nobles et de bon cœur que la [190] liberté : pour laquelle l'on doit mille fois, s'il en est besoin, mettre sa propre vie en peril et danger? les Romains ne l'aquirent-ils pas du commencement par les œuvres de Junius Brutus, lequel feignant d'estre aliené de son sens, avec l'aide de la Folie, les delivra de la servitude et tyrannie du Roy Tarquin tant superbe, pour les faire joüir de ceste liberté. Et quand aussi ce peuple pour les extorsions et mauvais portemens des Patrices se mutina, et desespera, de sorte que ayant ja occupé le sacré mont Avantin, il s'estoit deliberé et resolu de abandonner la patrie, sans jamais plus retourner soubs l'intolerable gouvernement de l'orgueilleux Senat, dont se fust ensuyvi, s'ainsi eust esté, la totale ruine et desolation de Rome : Ne fut-il pas incontinent appaisé reduict à union et concorde par Menenius Agrippa, en leur recitant la ridicule et puerille fable **[190 v°]** du ventre, et des membres, qui une fois parloyent? A quoy auparavant n'avoyent servy ny les raisons, persuasions et requestes de beaucoup de sages, ne la prudence de tout le Senat ensemble. Themistocle pareillement avec une autre fable du herisson et du regnard, aida et profita grandement à ces concitoyens. Aussi le Sicilien se feignant fol avec sa cane percee induisit et persuada les autres Siciliens à eux delivrer de la subjection des François, en ce glorieux vespre, duquel reste encores tant de memoire. Et Galvaguo Visconte qui apres la ruine de Millan alloit en plusieurs lieux de l'Italie raconter la vie et les faicts du cruel Empereur Barberousse, contrefaisant le fol avec la sarbataine, assembla-il pas en un mesme lieu et temps tous les forussis Millonnois, lesquels joints et unis ensemble, delivrerent le pays de la cruelle et barbare servitude des Tu- **[191]** desques? Et Sertorio, par l'exemple qu'il bailla des queuës de cheval et l'aide de sa biche blanche, fortifia et augmenta plusieurs fois le courage de ses soldats. Numa Pompilius avec sa feincte et simulee Egeria, ne feit-il pas aussi de belles choses? Et Machomet, avec les incroyables folies de son Alcoran, n'a-il pas gouverné paisiblement les peuples furieux et incensez, lesquels aiment tant la folie, qu'ils se laissent manier et conduire avecques fables et mensonges, beaucoup plus facilement que par les sages enseignemens, loix et constitutions des prudens Philosophes, dont ils ne font cas ny estime et ne les veulent ouyr ne cognoistre.

Telle chose se voit encores manifestement en nos beaux-peres prescheurs, lesquels pendant qu'ils exposent et declarent les grans mysteres de la sacree Theologie, et les doctrines, meditations **[191 v°]** et contemplations de leurs illuminez docteurs, ont quelque-fois bien peu d'auditeurs qui leur prestent l'oreille, la pluspart de l'assistance cause et babille, et les autres dorment : mais soudain que le predicateur vient à reciter quelque exemple ou bien qu'il luy eschappe de la bouche aucune sornette, tous se resveillent, se rendent ententifs, et puis le plus souvent se mettent à rire. Et telle impudence provient seulement de ce que les entendemens des hommes sont naturellement plus enclins à eux delecter de la folie que d'autre chose.

Or ça, quelle occasion pensez-vous qui deust avoir meu Curtius le Romain à soy precipiter tout armé dans le profond abysme? Et Codrus Roy d'Athenes, les deux Romains appelez Deces, avec infini nombre d'autres personnages à aller sacrifier leurs vies, et courir volontairement à la mort, pour **[192]** le salut de la patrie, si ce n'a esté la Folie, avec la douceur de vaine gloire, laquelle est tant vituperee et reprouvee des sages, qu'ils l'appellent vent populaire, et estouppement d'oreilles? Et se mocquent de ceux qui consument et employent leurs richesses et patrimoines en jeux, en banquets, en joustes, en tournois, et autres semblables spectacles, pour complaire au peuple, le faire rire, et gaigner sa faveur et loüange cherchans par tels moyens eux faire grans, et acquerir honneurs, estats, prerogatives et triomphes, avecques tiltres, statues et effigies, que le peuple, comme beste incensee souventesfois, sans aucun jugement, donne et fait eslever aux tyrans et hommes meschans et pernicieux : choses qui passent comme l'ombre d'une fumee chassee du vent. Qui pourroit doncques nier que tels actes ne soyent manifestes folies, et tresgrande vanité? Si est-ce toutesfois que **[192 v°]** par le moyen de semblables sont souvent faicts et creez les magistrats et Princes du peuple. Les grands Empires en succedent : et consequemment les tresglorieux et magnanimes faits, que les sçavans hommes, pour les celebrer par leurs lettres, et exalter par leur eloquence jusques au ciel, font et rendent apres immortels : Il est tout certain que l'on ne peut parvenir à eternelle renommee et immortelle gloire, sans faire ou attaindre tels grands et hauts faits, qui convertissent les hommes en merveilles, et qui estonnent ceux qui en oyent parler, combien que ce soit quasi tousjours manifeste folie.

Et à ce propos me sçauriez vous nommer de plus merveilleux fols que furent en leur vivant Alexandre le grand et Jules Cesar, lesquels sont tenus les plus glorieux, plus magnifiques et triomphans monarques qui jamais ont esté? Et je vous demande **[193]** quelle plus grande folie eust sceu monstrer Alexandre, que celle qu'il feit en Indie, battant une tresforte cité habitee d'un peuple courageux et cruel, quand luy monta par force sur la muraile, et sauta dedans la cité au milieu des citoyens ses ennemis? Lesquels subitement avec grande furie luy coururent sus : mais luy seulement accompagné de deux de ses gens qui l'avoyent suyvi, combatit si bien qu'il soustint leurs efforts et alarmes, jusques à ce que les soldats furent venus à son secours : et illec tant pour la fatigue du long combat, comme aussi pour les coups qu'ils avoyent receuz, et le sang par luy perdu, le trouverent si debile, que pour demy-mort et sans esperance de vie, ils le porterent en son logis.

Ne fust-ce pas encores une autre grande et excessive folie, quand un si grand et si magnanime Roy que luy, pour **[193 v°]** faire preuve de sa personne, se meit volontairement à combatre un tres-cruel lyon : lequel il tua vertueusement : mais ce fut avec l'aide de la folie qui l'avoit à un si evident et notable peril induict et persuadé.

Et que devons nous dire aussi de Cesar, qui en faisant la guerre en Alexandrie contre Ptolomee Roy d'Egypte, estant suivy de ses ennemis, nagea un grand travers de mer avec le bras senestre seulement, tenant (en si grand danger qu'il estoit) tousjours la main dextre empeschee de certains papiers qu'il portoit et eslevoit dessus l'eauë, pour ne les mouiller ne gaster : et avec les dents tiroit ses vestemens, afin que les ennemis ne se peussent glorifier d'avoir gaigné aucune chose de sa despouille.

Ne feit-il pas aussi une autre fois une tres-excellente folie, quand apres la victoire de Pharsalie, ayant envoyé **[194]** toute son exercite en Asie, et passant avec une seule petite barquette la Mer Hellespont, rencontra Lucius Cassius, Capitaine du party de Pompee, avec dix grosses Nefs, et fut si temeraire que combien que la fortune l'eust presenté et reduict au pouvoir de son ennemy, il ne daigna toutesfois s'escarter ne penser à se sauver, mais s'en alla mettre au devant de luy, et avec audacieuses paroles le feit rendre. Qui voudroit certes reciter toutes les folies de ces deux tant grans Empereurs, il faudroit prendre et poursuyvre le commencement de leurs vies jusques à la fin : et l'on trouveroit, comme de celles des autres hommes, que ce n'a esté en la plus grande partie que un jeu de fortune et de folie. Et qui persuada Mutius Scevola, à se brusler la main : et Horace Cocle à soustenir le pont contre toute l'armee des Toscans? Et de nostre temps le More de Grenade [194 v°] à se soubsmettre au manifeste peril de certaine cruelle mort, qu'il receut depuis, pour vouloir tuer le Roy Catholique Ferdinand, et la Royne Ysabel, qui venoyent occuper son naturel pays? ne fust-ce pas la folie et tresfolle affection d'acquerir nom immortel? Davantage, quelle occasion pensez-vous qui ait incité les entendemens subtils des hommes excellens, d'eux travailler avec un si grand labeur et vigilance, à inventer tant de beaux arts, et cercher tant de sciences et profitables disciplines : sinon le mesme desir d'acquerir eternelle fame et gloire, qui est une vanité sur toutes les autres vanitez : Ainsi que appertement se peut recueillir par ceste divine sentence qui dit en ceste maniere

> *O aveuglez, que sert l'extreme peine*
> *Qu'icy bas vous prenez, puis qu'il faut retourner* [195]
> *Tous au giron de la grand'mere ancienne,*
> *Et vostre nom à peine on pourra retrouver?*

Outre les excellences que je viens cy dessus de declarer, desquelles manifestement nous sommes obligez à la Folie, il se reçoit encores d'elle plusieurs autres grandes commoditez, non moins dignes que celles-là d'estre loüees et estimees. Et qui seroit celuy à qui il ne despleust merveilleusement d'estre né, ou qui ne fust trescontent de

mourir, si avec la Prudence l'on venoit à considerer de combien
est malheureuse et pleine de calamité nostre vie humaine :
regardant pour le premier combien est miserable nostre
naissance, à laquelle parvenus nous ne sçavons faire autre chose
que plorer et gemir, qui est veritablement un certain augure des
infinies miseres où nous sommes entrez. Et apres voyez comme
est penible et fascheux nostre eslevement : à **[195 v°]** quels
perils est submise la debile enfance : de combien la jeunesse est
pleine de fatigues et travaux : comme est griefve et dure la
vieillesse, et de quelles necessitez elle est ordinairement
abbayee pour la joindre à l'inevitable mort : sans les
innumerables infirmitez et douleurs, à quoy nous sommes
subjets durant le cours de nostre pauvre vie, laquelle est
tousjours circuye et environnee de tels accidens et naufrages.

      Outre cela, est encores à considerer quels maux
procedent des hommes pervers, comme tromperies, deceptions,
injures, parjuremens, noises, trahisons, bannissemens, prisons,
tourmens, blesseures, homicides, et autres infinies malheuretez :
que qui les voudroit toutes reciter, seroit entreprendre à nombrer
le sable de la mer. Diogenes, Xenocrates, Caton, Brutus,
Cassius, Silius Italicus, Cornelius Tacitus, et tant **[196]** d'autres
personnages de singuliere prudence et divine vertu, Grecs,
Latins, et Barbares, se sont avec leurs propres mains, ou
autrement d'eux-mesmes administré la mort, et fait trespasser de
ceste dolente vie. Et encores à present en voit l'on beaucoup, qui
volontairement suyvent ceste malheureuse fin, et se tuent pour la
mesme occasion que les autres : qui n'est pas toutesfois la
coulpe de la Folie, comme les ignorans croyent : mais de la
Prudence, qui induit avec tels moyens les sages faisans
profession de la suyvre, d'eux delivrer et jetter hors des
adversitez où elle les a mis et reduicts.

      L'exemple desquels je devrois pieça avoir imité, pour
tout à un coup donner fin aux miseres et calamitez, dont
continuellement je suis affligé : ayant desja, et non pas sans
honneur et reputation passé la fleur de mon aage. Mais quoy?

Lors que je pensois doucement me **[196 v°]** reposer, et à mon
aise continuer le reste de ma vie és estudes de bonnes lettres,
exempt de toute cupidité et ambition, la cruelle Fortune
troublant mon repos a en un moment interrompu mes vaines
deliberations et fausses esperances és deux horribles sacs
intervenus à Rome : esquels les biens que j'avois honnestement
acquis avec grans labeurs et infinies fatigues m'on esté
entierement ostez et ravis, y faisant encores perte de la plus
grande partie de mes treschers amis.

　　　Et outre tel dommage insupportable, m'est aussi
advenu un autre tres-injuste naufrage en ma douce partie, où la
plus part de mon patrimoine m'a esté prins et usurpé par la main
de ceux qui avec leur auctorité pour plusieurs justes causes le
me devoyent deffendre et conserver. Et encores non contente
ceste maudite et perverse Fortune, continuant ces coups, m'a
robé deux **[197]** de mes tresamez freres, avec injuste et violente
mort : la memoire et souvenance desquels me presente au cœur
telle et si inestimable douleur, que les tresameres larmes m'en
tombent des yeux. Au moyen dequoy je demeure tant affligé,
qu'il est impossible à mon esprit supporter plus grands tourmens
que ceux là où de present je me trouve.

　　　Mais ce n'est pas tout : car à ce mesme but je suis
tombé en infirmité de maladie incurable : en laquelle estant
habandonné des plus excellens medecins, et desesperé de tout
allegement et remede, je vis, long-temps a, sans aucun moyen de
paix ou de trefve : Me voyant avec douleur et rage devorer non
seulement la chair, mais encores les miserables os : Estant si
difforme qu'à peine me puis-je moy-mesmes recognoistre pour
celuy que j'ay esté autresfois. Et encores, ce que moins ne me
tourmente que cela, est que je me voy du tout qua- **[197 v°]** si
privé du doux refuge et delectable repos que je pretendois aux
lettres : ayant perdu une grande partie de la veuë, de l'ouye, de
la memoire, de l'entendement, de l'odorement et du goust : de
sorte qu'estant vif, je suis fait quasi semblable aux morts, et
vivant je meurs tous les jours mille fois, si qu'il ne me reste

autre chose que d'attendre d'heure en heure la mort dure et aspre pour exterminer ceste tourmentee vie. Laquelle afin que nulle autre misere ne luy faille, se passera sans aucun legitime successeur ne hoir de mon propre sang, ne de mes pauvres et malheureux freres, dont je me voy privé. Et pour conclusion, je suis si empesché de larmes, que je ne puis dire le reste de mes miseres, adversitez et calamitez. Mais la douce Folie meuë de compassion me vient sur cela benignement secourir et consoler, me paissant quelquefois d'une vaine esperance et persuasion de **198]** pouvoir guarir, une autre fois elle m'oste la douleur et sentiment du mal, avec diverses folies qui me font passer le temps, et à peine me souvient-il que c'est que de mal.

Parquoy estant à elle si obligé que je suis, nul ne se doit esmerveiller si meritement je la louë, comme l'unique refrigeration et repos de ma fascheuse vie, et de celle de tous les autres pauvres calamiteux et souffreteux : lesquels, comme ils ont moindre occasion de vivre, plus desirent la vie par le benefice de la Folie. Et le semblable font ces vieillards, lesquels encores qu'ils soyent hors de tout sentiment et à demy morts, se delectent toutesfois de vivre, en souspirant et regrettant les amourettes et plaisirs passez.

Le semblable font ces pauvres incensees vieillotes : entre lesquelles j'en ay autresfois veu de tant decrepitees et difformes, qu'elles ressembloyent pres- **[198 v°]** que proprement aux malings esprits, et ne laissoyent pas pourtant d'estre si confites et enveloppees en l'amour et és delices, qu'elles ne cessoyent à toutes heures de farder, licer, coulorer, et peindre leurs visages, tenans ordinairement propos de leurs amours. Et encores qu'en se faisant elles donnassent matiere aux autres de rire et s'en mocquer, si est ce qu'elles se satisfaisoyent et contentoyent elles-mesmes. Et ainsi passoyent heureusement et gaillardement leur decrepité et tresfascheux aage.

Or maintenant faisons jugement de ceux lesquels ont tant odieuses les folies, qu'ils ne les veulent ne peuvent comporter : Et leur demandons lequel vaut le mieux, ou avec la

prudence vivre en continuels affaires, peines, douleurs et
fascheries, et à la fin pour en sortir et alleger leur tourment, se
desesperer, pendre et estrangler : ou bien avec **[199]** la Folie
passer les maladies, les miseres, et la vieillesse, si facilement
qu'à peine en peut l'on rien sentir.

Il me semble que non sans juste occasion ceux qui du
tout sont fols, ont esté de plusieurs jugez tres-heureux : pource
qu'ils ne prennent soin, melancholie ne fascherie des grandes
molestes et infinis travaux où nous sommes soubmis, et ne
sentent perturbation d'entendement : Ils n'ont amour ne haine, et
ne cognoissent la honte, ne ce qu'il leur deffaut. Aussi ne sont
affligez de la crainte, ne de l'esperance, ne pareillement
tourmentez de l'ambition, de l'envie ne de l'avarice : Ils n'ont
remord de conscience, ne crainte de mort : et ne se soucient de
Paradis, de l'enfer, ne des diables : et par ainsi tousjours
demeurent joyeux, et en continuelle feste, rians, chantans,
joüans, causans et folastrans devant le peuple, et avec les petits
enfans, qui pour partici- **[199 v°]** per à leurs folies les suyvent
dont ils reçoyvent incroyables plaisirs. Et en quelque lieu qu'ils
s'arrivent, ils sont les tresbien venus, et joyeusement receus
avec ris et allegresses, et de la plus grand'part caressez et
estrenez de dons et presens. Ils sont en leurs necessitez
benignement subvenus et aidez : Et non seulement les hommes
avec grande humanité les comportent, mais encores les
rigoureuses loix ont à eux tresgrand respect : ne permettans que
pour aucun delit ou malefice, quelque grand ou important qu'il
soit, ils puissent estre condamnez, punis ne chastiez. Laquelle
liberté leur est concedee et ottroyee pour estre en la protection
de la Folie : et à fin que plus seurement ils puissent tirer et
arracher des cœurs des hommes les molesties, tristesses et
fascheries, et les tenir tousjours en plaisir et joyeuseté. Parquoy
ils sont aux Rois et aux Princes si aggreables, qu'assez vo- **[200]**
lontiers ils escoutent plustost leurs folies, que les graves
prudens et notables propos des sages : la plus grande partie
desquels sont pleins d'adulations, inventions et mensonges, et ne

lisent pas souvent de la langue ce qu'ils ont sur le cœur : mais
avec flateries et assentations sçavent humer et souffler, et
monstrer le noir pour le blanc, faisans sortir de leurs bouches le
chaut et le froid : en maniere que jamais l'on ne peut entendre
d'eux la verité. Et pour cela les seigneurs les ont volontiers pour
suspects, et ne croyent facilement en eux, comme ils font aux
fols, qui sont veritables, sans simulation ne trahison aucune. Et
laissans la gravité et hautesse, dont avec les autres ils ont
accoustumé d'user : ils oyent non seulement la verité, qui
quelquefois ne plaist pas beaucoup aux Princes : mais encores
ils supportent de ces fols, les vilenies et injures qu'ils disent, et
ne s'en font que rire et y prendre singulier plaisir. Et non **[200
v°]** moins aux femmes qu'aux grands seigneurs plaisent les fols,
pource que de nature elles ont grande conformité avec eux et
aucunesfois faisant semblant de joüer et rire ensemble, l'on se
laisse faire je ne sçay quoy à bon escient.

      Pour conclusion, estans tels fols bien venus, regardez et
caressez de tous, ils demeurent tousjours tant qu'ils vivent en
eux, en plaisirs et en festes : et apres la mort (laquelle
directement ils ne peuvent sentir) s'en vont, selon les
Theologiens (qui afferment que pour estre hors de tout
sentiment ils ne peuvent pecher) tout droit en Paradis, où ils
vivent eternellement avec felicité.

      Y aura-il maintenant aucun tant hors de jugement, qui
soit si osé et hardi de faire comparaison de l'heureuse fortune et
adventure des fols, à la miserable vie et servitude des sages :
esquels consument toute leur petite enfance, l'adolescence et la
plus douce **[201]** partie de la vie soubs rigoureux maistres, qui
jour et nuict avec aspres et cruelles batures les tourmentent, leur
faisant avec grand sueur, labeur et vigilance apprendre la
difficile Grammaire, et les autres disciplines. Et en ce faisant ne
mangent, ne boyvent, ne dorment à suffisance. Et pour eux tenir
vigilans et sobres, rudes et cruels à eux-mesmes, et aux autres
fascheux et odieux, meurent avant que jamais ils ayent peu avoir
une seule heure de bon temps.

Il advient aussi en semblable aux animaux, qui pou
avoir quelque sentiment de Prudence vivent en la compagnie de
hommes, estans d'eux continuellement tourmentez. Et quelle
misere sçauroit estre plus grande que celle des pauvres bœufs
bestes innocentes et sans malice, lesquels dessirez de poignan
aiguillons consument tout le bon de leur aage à labourer et **[20**
v°] supporter autres infinis travaux pour nostre vivre. Et apre
sur la fin de leur vieillesse, pour recompense de tout ce qu'il
ont fait pour nous, ils sont entierement de nous devorez?

Que dirons-nous pareillement des chevaux, animau
tant nobles, lesquels non moins que les hommes se repaissent de
l'honneur : et non seulement par les longs et fascheux voyages
et quasi inaccessibles chemins, se portent si gaillardement e
commodément : mais encores pour la victoire et pour no
triomphes, combattent armez courageusement et vaillamment
et aucunesfois pour sauver la vie de leur maistre, meuren
volontiers? Et quels sont leurs merites et loyers? Les dures e
fascheuses brides et mords, les esperons aguts, et force
bastonnades. Et lors que l'on n'a besoin d'eux, et qu'on ne le
veut point travailler, ils sont pour leur repos avec force chaisne
emprisonnés **[202]** dedans les estables. Et apres tant de travau.
estans faits debiles, ou pour les coups receuz du passé, ou pou
l'aage qu'ils ont : l'on les met à tirer de grosses et penible
charettes : ou bien l'on les abandonne du tout pour estre proy
aux affamez loups.

Et les chiens tant obeyssans et fidelles, qui aiment leur
maistres, non moins qu'euxmesmes, ont-ils autre aise n
exercice que l'extresme travail qu'ils prennent ordinairemen
pour le plaisir des seigneurs és perilleuses chasses : o
souventes fois ils sont blessez ou morts? Et depuis que l'on le
voit vieux, et qu'on ne se peut plus servir d'eux, ils sont chasse
de la maison, où ils ont esté nez et eslevez, et apres ils meuren
miserablement de faim.

Les pauvres oyseaux ne sont gueres plus heureux, lesquels ayans sentiment de pouvoir exprimer les voix humai- [202 v°] nes, ou de voller et chasser pour le plaisir des seigneurs, finissent leurs vies emprisonnez és estroictes cages, ou és fascheuz gets. Voyez là les belles recompenses que reçoivent les animaux qui frequentent et accompagnent les hommes, et veulent estre trop sages. Mais au contraire combien sont heureux ceux-là qui esloignez de tout humain sentiment fuyent la conversation des ingrats hommes, errans par les delectables pasturages, ou par l'air, selon leur instint naturel, sans aucune fatigue vivent tousjours en liberté et à leur plaisir. Pour lesquelles raisons se peut clairement cognoistre que non seulement les hommes, mais encores les animaux qui veulent sçavoir plus que la nature mesme ne leur a permis, vivent et meurent tres-malheureux et infortunez.

Or à ceste heure il me semble que je [203] voy ces sages entrer en colere, et eux armer de bourdes, pour avec leur prudence arguer et proposer que nulle chose est plus miserable que d'entrer en fureur et Folie : Allegant là dessus les exemples d'Ajax, d'Orestes, de Saul, de Nabuchodonosor, et de plusieurs autres, lesquels pour estre devenus furieux et fols, ont tué leurs peres, bruslé villes et maisons, prins à force et violé leurs sœurs et consanguinaires, les religieuses et vierges : commis sacrileges, et infinis autres abominables crimes et execrables excez. Et n'oublieront pas aussi de parler de cestuy fol acariastre qui brusla le temple de Diane en Ephese, l'un des spectacles plus renommez au monde, pensant avec un tel beau fait acquerir bruit, et soy faire immortel. Pour conclusion ils diront que l'une des plus grandes punitions que la Justice divine donne aux mauvais et vicieux : est de leur oster l'en- [203 v°] tendement et les faire devenir fols et furieux : voulans sur le dernier de leurs propos inferer, que ce mien tant mal-dire d'eux pour loüer la Folie, est une mesme espece de maladie qui m'est advenue : Au moyen dequoy l'on ne me doit prester ne audience ne croyance.

Et en cest endroit se hausseront sur les ergots, et se feront
glorieux, pensans avoir merité triomphe et gloire, comme s'ils
avoyent opugné et gaigné une Babilone.

Ausquels, sauf leur bonne grace, je responds, que tout
ce qu'ils disent est tres-veritable : mais aussi qu'ils sont
grandement trompez et abusez, s'ils croyent qu'il n'y ait point
de difference entre la Folie, et la Folie dont il se trouve (selon
l'opinion de frere Mariam) innumerables espesses : et entre les
autres il y en a une, comme ceux-cy veritablement jugent,
laquelle est furieuse, terrible, bestiale et pleine de toute misere,
semblable aux peines et tourmens que les **[204]** furies
infernalles ont accoustumé de donner pour chastier les ames
damnees. Et de ceste-là ne veux-je parler. Mais supplie la divine
Clemence la vouloir dechasser et éloigner de nous, et l'envoyer
pour ostage aux vicieux Turcs, et malheureux Payens. Celle que
je traite, et dont je parle, est à l'autre du tout differente et
contraire : car elle est douce, amiable, joyeuse, et plaisante, et à
nous octroyee par don et grace des hauts dieux, pour nous
delivrer des griefves cures, solicitudes et molesties, et nous
causer les voluptez et glorieux faits que je vous ay cy dessus
recitez. Ceste-cy est tant de Platon estimee, qu'il conclud qu'en
la vie humaine ne peut estre plus grand plaisir ne plus de
delectation, que la Folie des Vaticinateurs et Poëtes : c'est à
sçavoir des Vaticinateurs, quand ils pensent prophetizer et
predire les choses futures, comme s'ils les avoyent presentes : Et
des Poëtes, **[204 v°]** quand agitez de leur fureur ils font vers
plustost divins qu'humains. Et certes nulle chose ne se pourroit
imaginer plus delectable, qu'est de non sentir les adversitez et
joüir des plaisirs.

Parquoy non sans juste occasion fut grandement loüé le
conseil, que donna un gentil-homme Florentin à la Dame qui le
prioit de luy enseigner les remedes, avec lesquels il s'estoit
autresfois guary de la Folie, à fin de pouvoir donner guarison à
un sien fils unique qui estoit tombé en semblable inconvenient.
A quoy le gentil-homme courtoisement respondit : Madame,

pour Dieu ne cerchez point de priver vostre fils d'un si grand
plaisir où maintenant il se trouve : Car je n'en eu oncques, et
n'espere jamais avoir un meilleur temps que j'avois quand
j'estois fol, pource que lors je ne sentois aucune fascherie ne
molestie, joüissant des infinis plaisirs que continuellement la
Folie ame- **[205]** ne avec soy.

Et combien fut aussi heureux cestuy Argutius, lesquel
estant devenu fol, se tenoit le jour et la nuit tout seul és theatres,
où il luy sembloit voir continuellement faire nouveaux jeux, et
ouyr reciter farces et comedies plaisantes : dont sans cesse il
rioit et plaudissoit, tout ainsi que s'il eust veu presens les
recitateurs qui en estoyent absens. Et avec ceste aggreable faute
d'entendement vivoit en singulier plaisir. Depuis estant par le
moyen et diligence de ses amis retourné en santé, ayant recouvré
le sens, non sans juste occasion se plaignoit griefvement d'eux,
qui l'avoyent privé de si douce folie. O Dieu! combien de
semblables à cest Argutius l'on trouve aujourd'huy, et n'y a nul
qui prenne soin de les guerir!

Voyez une troupe de superlatifs Poëtes Latins et
vulgaires, qui font certains versets dont les chiens à peine vou-
[205 v°] droyent manger : et toutesfois se persuaderont qu'il n'y
a pas beaucoup à dire d'eux à Virgile ne Petrarque. Autres
composent des oraisons et histoires sans fondement ne grace,
pleines d'indulations et menteries : et selon leur goffe jugement
leur semble que de nostre temps ils ont renouvellé l'ancienne
eloquence Romaine. Aussi aucuns presumptueux et pleins de
temerité et audace, sans jugement ne prudence, presument
avecque conseil (dont ils sont vuides) gouverner les Roys et
grans seigneurs. Et le plus beau que je trouve encores en eux,
c'est qu'abusans eux-mesmes, ils se donnent en proye aux autres
: et tout ainsi que s'ils estoyent, ou Mecenas ou Pollion se
veulent faire croire et estimer.

Combien doucement se trompent ces pauvres maris,
qui ont femmes belles et bonnes compagnies, ou beaucoup
d'autres qu'eux praticquent et partici- **[206]** pent. Toutesfois ils

se persuadent que de chasteté elles surpassent la Grecque
Penelope, et la Romaine Lucresse : soy tenant un chacun d'eux
heureux de la sienne : Et en soy riant des trousses que les autres
femmes donnent à leurs maris, ils ne s'advisent pas que à la fin
ils se treuvent tous peincts d'une mesme peinture. Et est ceste
espece de folie tant grande et ample, qu'elle est dilatee et diffuse
quasi par tous les hommes : et peu s'en treuve qui ne s'en
sentent. Mais en ne prenant point de regard à sa propre folie,
chacun se rit et prend plaisir à celle d'autruy.

L'on ne sçauroit voir plus belle mocquerie que celle
que font d'eux mesmes les veneurs et chasseurs, qui ne se
soucient point d'eux lever avant le jour par les extresmes
froidures, terribles vens et fascheuses pluyes et neiges : Ne aussi
au milieu de l'esté, de travailler à courir puis çà puis là par les
vehemen- [206 v°] tes chaleurs du soleil : à quoy ils prennent
tant de plaisir, qu'ils pensent veritablement qu'il n'est point
autre plaisir semblable à la chasse. Et non moins se delectent au
son des trompes, au hurlement des chiens, et aux voix enrouees
par trop crier, qu'à la plus douce musique que l'on pourroit
trouver. L'intolerable puanteur des chiens leur semble une
douce et delicate odeur, et souvent se mettent en danger de la
mort à courir sans aucun arrest par les lieux perilleux et
precipitez, ou à combatre avec quelque furieuse et attainee beste
sauvage : puis avec un grand appareil de bourdes, ils ne faudront
pas de raconter et resumer plusieurs fois à ceux qui ne les
veulent point escouter, leurs telles belles proüesses, ou pour
mieux dire folies, tout ainsi que si c'estoit un fait d'armes : et se
glorifient autant de la mort d'un incensé animal, comme s'ils
avoyent vaillamment vaincu en [207] guerre un grand Capitaine.
Ainsi en delaissant et abandonnant leurs estudes, leurs offices et
tous leurs autres importans negoces, ils entendent seulement à
chasser : estimans choses dignes d'un grand et noble courage
despendre en tel exercice tout leur revenu : apres lequel
consommé ils se trouvent comme fut jadis le corps du miserable
Acteon, devoré de ses chiens. Ainsi parlans des bestes, traictans

de bestes, et negocians avec les bestes, ils deviennent eux-
mesmes encores plus bestes.

Diray-je point de combien est delectable la folie
d'edifier et construire logis, cercher la commodité de l'assiette,
des huis, des fenestres et croisees, des perrons, viz et escaliers,
formant rondes stanzes carrees, et les carrees rondes? Il est vray
qu'en voyant croistre ses ouvrages avec un incroyable desir et
plaisir, l'on ne sent ne la despence, ne la **[207 v°]** faim, ne le
froid, ne le chaut. Et certes j'estimerois grandement ce gracieux
et aisé moyen d'aller à l'hospital, si en cela je ne m'estois si
enveloppé, que j'en porte l'esprit et les habillemens deschirez.

Nostre grand docteur Zoroastre afferme par ses saincts
juremens, tous les autres plaisirs n'estre que songes, au pris de
l'esperance de faire la vraye alchimie et de trouver la quinte
essence, pour laquelle les alchymistes ne pardonnent
aucunement ne au travail, ne à la despence, croyans tousjours la
tenir pour certaine dedans la fournaise devant que le feu y soit
encores allumé : et continuellement leur semble asseurément
avoir ceste fois-là en leurs fourneaux le secret de convertir tous
les metaux en or tresfin, avec l'experience de congeler le
Mercure : esperans en brief passer en richesses Crœsus et
Crassus. Et encores que mille fois telle leur espe- **[208]** rance se
soit reduicte et resolue en fumee : toutesfois estans d'icelle
repeus, ils souflent tant, qu'à la fin il ne leur reste autre chose
que le deviser et le parler des beaux secrets de Nature.

Mais entre toutes les folies, je n'en trouve point une
plus grande que celle des joüeurs : lesquels trompez et deceus de
l'esperance qu'ils ont de gaigner, mettre et exposent tous les
jours leurs substances au hazard de la fortune, et au peril de
mille tromperies et piperies, dont ceux qui font profession et
industrie de joüer ont accoustumé d'user. Et maintenant par une
convoitise et affection de gaigner, une autre heure pour un desir
d'eux recouvert, vivent ordinairement en tels tourmens, que
jamais ne cognoissent ne paix ne repos : estans durant tout le
cours de leur vie miserables et avaricieux jusques au bout. Et

seulement se monstrent liberaux à faire belles pauses en leurs jeux. **[208 v°]** Puis quand la chance est tournee, et qu'ils vont à la renverse, ô Dieu quels souspirs, quelles doleances et lamentations, quels grattemens de testes, quels horribles maudissons et cruels blasphemes ils font. Et ne faut pas s'esbahir si quelques fois ils en font trembler et fremir ceux qui les oyent. Mais jamais ne cessent de suyvre ce train, jusques à ce qu'ayans perdu leurs deniers, et dissipé leurs patrimoines, ils demeurent nuds, et despoüillez de toute dignité et reputation. Et à la fin estans faits infames et desesperez, souventesfois ils perdent la vie et l'ame ensemble. Partant il me semble que ceux-là sont indignes de la compagnie de nos fols paisibles et contens, et qu'ils meritent d'estre releguez à l'abandon de ces furieux tourmentez.

A ceux-cy ont grande conformité les enragez plaideurs, lesquels esperans tousjours sur leurs adversaires estre vi- **[209]** ctorieux font les procez immortels, et tout le temps de leur vie tourmentent eux et autruy estans continuellement reduicts à la discretion des sermens et depositions de tesmoings, et de instrumens faux : et souventesfois se trouvent vollez par la malignité et mauvaises consciences des Juges, des Advocats, des Procureurs et des Notaires, qui sont les vrays sangsues du bien d'autruy, et certainement la peste de la vie humaine. Car estans accordez et bandez à la ruine de l'une et l'autre des deux parties comme affamez vautours ne cessent de les manger et devorer avec leurs tromperies et trahisons, en deniant la justice, et monstrant le faux pour le vray. Et ces pauvres miserables plaideurs aveuglez de rage, jamais ne s'en apperçoivent, jusques à ce qu'ils se trouvent par les murailles et les portes excommuniez, maudits, et en la compagnie du diable. Et puis pour **[209 v°]** sortir hors des mains de sergeans, et n'estre confinez és prisons, ils se recommandent aux chapitres *Odo ardus*, et *Peruenit alternatiué*, et à *Cedo bonis* ou pour mieux dire, selon le Proverbe ancien, ils donnent du cul au lyon. Et souventesfois estans de grace receus aux hospitaux, meurent en grande necessité.

Que vous semble des mariniers ou navigans, gens audacieux et temeraires, continuellement soubmis à tant de divers perils, que non sans cause l'on dispute s'ils doyvent estre nombrez au rang des vifs ou des morts, pource que ils sont tousjours logez à trois doigts pres de la mort : Et quant à leur vie, elle est ordinairement reduite sous la puissance et discretion des eauës instables et des variables vents : Mais aveuglez de la convoitise et soif insatiable du gaing, ne craignent les ravissans et cruels corsaires : ne en cœur d'hyver **[210]** eux mettre (ô temerité incroyable, ou avarice insatiable) à naviger les mers incogneuës, et à cercher les nouveaux mondes : comme s'ils avoyent saufconduict de Neptune, et qu'ils tinssent les vents enclos et estouppez dedans bouteilles. En quoy faisant ils reçoyvent tant d'incommoditez et inconveniens, que le plus souvent ils perissent de faim et de soif : ce que encores je ne pourrois croire, si je ne l'eusse esprouvé, ayant navigué entre les colomnes d'Hercules. Et certes je pense que une grande fortune de mer ressemble fort à un enfer.

Le Ciel obscurci et tenebreux tonne, les foudres et les vents contraires se repercutent et correspondent, la mer troublee du profond de ses entrailles mugit et crie, la nef gemit, les antennes et les voilles fremissent, les cordages se rompent, les mariniers vaincus du vent et combatus de l'eauë, desesperez **[210 v°]** de salut, jettent à la furie en mer les precieuses marchandises, qui sont l'occasion de leur mal. L'un s'esgratine le visage, l'autre se bat la poictrine : l'un fait des vœuz, l'autre avec larmes se confesse : l'autre maudit, l'autre renie : et de moment en moment attendans à estre submergez, voyent la nef aller le dessus dessoubs : Et pour la fin du naufrage ils meurent miserablement sans sepulture, ou bien par une disgrace se sauvent, et vont demander tous nuds l'aumosne pour l'amour de Dieu.

Or il m'est advis que nous devons tels perilleux fols laisser à part, et retourner à nos aggreables et delectables folies : entre lesquelles il est impossible d'en trouver encores une plus belle que celle des Necromantiens et Magiciens qui s'abusent tant eux-mesmes, que veritablement ils pensent avec leurs cercles, caracteres, conjurations et pen- [211] tacules pouvoir troubler le Ciel, obscurcir la Lune et le Soleil, et faire trembler la mer, la terre, et tous les autres elemens, ressusciter les morts, et parler les ames, transformer les corps, passer tout par l'invisible, voller plus viste que le vent, et faire tous les songes, dont sont pleins les livres des chevaliers errans. Les autres pensent avoir dans des anneaux et en christalins les esprits familiers enfermez, comme perroquets en cage, et avec iceux trouver les tresors cachez, sçavoir secrets, acquerir l'amour des dames, la grace des seigneurs, estimans ces esprits estre du tout dediez à obeir et satisfaire à leurs commandemens, desirs et appetits.

Et certes à grand peine me puis-je tenir de rire quand je voy aucuns qui presument estre sages et advisez, lesquels toutesfois croyent que les basteleurs avec l'aide des esprits, font leurs [211 v°] jeux et tours de passe-passe, comme si de nostre temps le diable eust si peu d'autres affaires qu'il vousist se mettre à joüer et basteler.

Et que dictes vous de ceux qui en proferant ces paroles, vent sur vent porte moy aux nopces, pensent incontinent estre convertis en especes d'animaux, et aller par la cheminee au sabbat avec ceux de leur secte?

Aussi des autres qui pensent avec leurs enchantemens trouver les mettaux, les sources des eaux, les mettes de la terre, guarir blessures, oster la fievre et donner remedes jusques aux bestes. Certainement je pense que sans la pœur des inquisiteurs de la foy, ils ne se pourroyent garder qu'à la fin ils ne feissent miracles.

De ceste mesme espece sont quasi les Geomantiens qui avec leurs figures et points presument deviner les choses futures.

Et non moins delectablement **[212]** se repaissent le cerveau les Chiromantiens et Phisionomiens, pensans cognoistre avec leur art tout le discours de la vie des hommes : et toutesfois ils se trouvent aucunesfois tant fols que non seulement ils croyent indubitablement en cela mais encores à la bonne advenue des Bohemiens.

Or il faut que je die et confesse de bon cœur, que si j'eusse creu la Mer des folies estre tant spacieuse et profonde comme je la treuve, jamais avec la fragile barque de mon debile entendement je n'y fusse entré. Et certainement si la Folie qui m'y a induit, ne m'eust de sa grace et faveur porté et conduict sans jamais quasi m'abandonner, me baillant continuellement secours, j'eusse desja plusieurs fois interrompu cest ouvrage : pource que tant plus je vay considerant les actions des hommes, plus je cognois clairement nostre vie n'estre autre **[212 v°]** chose que folie, folie, folie. Et qui est-ce qui en si grande multitude ne se perdroit et abismeroit? Ou bien qui se pourroit tenir d'en rire sans cesse, comme Democritus, ou bien crever de rire comme les Margites?

Je voy certains monstres qui pensent estre des Narcissus : un qui aura sa femme ressemblant à un singe, l'estimera toutesfois plus belle que Venus. Cestuy-là par jalousie comme Argus la gardera : l'autre par avarice exposera la sienne aux plaisirs d'autruy : l'un prend le dot et non la femme : Cestuy-cy se fera amoureux de la vefue, l'autre de la Damoiselle et souventesfois plus il ayme, plus il est hay.

Autres ignorans parleront avec les Latins des lettres Grecques, et avec les Grecs des lettres Latines : et tant moins sçauront en quelque profession que ce soit, plus en presumeront. Aucuns qui à peine sçauroyent tirer une ligne, **[213]** veulent apparoistre un Euclides : estans si hardis que de vouloir monstrer avec leur babil et belles bourdes, les spheres et mouvemens celestes.

L'autre qui sera plus peureux qu'un vieil connin, voudra tousjours faire le brave, et (comme s'il estoit un Hector) ne fera que se vanter. Un autre s'adonnera à l'oisiveté : cestuy-là à la gourmandise : L'un ne bouge de la taverne : l'autre dompte les chevaux : l'autre apprend aux oyseaux et aux chiens.

Plusieurs hommes legiers ne pensent à autre chose que à entendre et inventer des nouvelles, et ne tiendront autres propos, que du Concile, du Pape, de l'Empereur, du Roy, et du Turc comme s'ils estoyent de leur conseil privé : et feront des discours, ou si la paix demeurera ferme, ou si la France et l'Angleterre se feront guerre, babillans follement des choses publiques, qui en riens ne leur touchent. **[213 v°]**

Autres desirent la guerre, autres veulent la paix. Cestuy-ci court par les postes pour se rompre le col, l'autre en une lictiere va dormant, l'un fait semblant de plorer et rit au cœur, l'autre par le vilage monstre estre joyeux, et en l'estomach creve de douleur.

Vous en verrez aussi un autre qui aux despens de ses heritiers gaudist et triomphe. Autre pour mourir riche travaille outre mesure, et ayant caché ses tresors, se plaint de pauvreté. L'un fera le belistre en la maison, et dehors se monstrera riche et puissant : l'autre avec usures et interests accumulera infinies richesses. Autre changera et rechangera tant, qu'à la fin il se reduira en zero.

Cestuy-ci se plaint, cestuy-ci se lamente, cestuy rit, cestuy chante, cestuy sonne d'instruments, l'autre passe le temps, et l'autre avec trop grande solicitude continuellement se ronge l'esprit.

Mais où est-ce que par la Folie je me **[214]** laisse transporter, perdant le temps à raconter telles petites, et presque communes folies, qui comme les estoilles du ciel sont innumerables? Certes il vaut beaucoup mieux deviser de celles que font les homes qui s'estiment, et entre les autres pensent estre les plus sages : dont j'estime pour les premiers de ceste folle bande les Grammariens Pedants affamez, mendians et morts de faim, qui travaillent ordinairement en ce fascheux exercice de regenter et enseigner les escoliers : qui est une fatigue sur toutes les autres tresmoleste. Toutesfois, par le benefice de la Folie, voyans en leurs escolles une grande caterve de jeunes enfans, qu'ils font trembler et espouventer avec leurs visages et voix horribles, leurs faisant à tout propos sentir leurs cruelles verges : ils pensent et croyent que ils sont quelques grands Princes, et que ceste miserable servitude soit un grand Royaume : [214 v°] Tellement qu'ils ne voudroyent pas ceder à Phalare, ne à Denis le tyran.

Et ceste tant leur folle persuasion ne se pourroit facilement comporter, si d'autre part ils ne s'estimoyent encores plus, pensans la leur profession, qui n'est autre chose, qu'une observation de fadaises et baboineries, estre le plus excellent art qui se puisse trouver, la nommant le fondement de toutes disciplines, et la science des sciences : et puis tout le temps de leur vie ils se trouvent enveloppez avec les accents et syllabes, avec les adverbes et conjonctions, s'allambiquant et minant le cerveau avec vocables et constructions, et cent mille autres barboüilleries de nulle importance. Et quant ils viennent à disputer des patronimiques, des figures et autres semblables mocqueries, Dieu sçait avec quelles vilaines paroles et venimeuses invectives ils s'injurient, et bien souvent des paroles ils [215] viennent au poil, de sorte qu'ils font si beau jeu, que ceux qui les voyent n'ont point faute de matiere pour rire. Mais c'est tout le bon, qu'au sortir de là chacun d'eux presume avoir vaincu son adversaire : Ils s'en vont pourmener par toutes les places, carrefours, et lieux publics, pour racompter telles et belles victoires, qui sont pures folies : et en veulent triompher et gaudir comme s'ils avoyent surmonté et debellé le grand Turc.

Et si ces folies des Grimaux Latins ne suffisent, il s'en presente une autre secte de vulgaires, non moins sotte que ridicule, lesquels ont leurs boutiques toutes pleines de Grammaires vulgaires, de inventions de nouvelles lettres, et d'observations de la langue Tuscane, dont ils font autant de vente et de profit, comme je ferois de ceste mienne Folie, si j'estois si fol qu'il me vint envie de l'envoyer pourmener par la

ville **[215 v°]** és mains des porte panniers, pour l'exposer en
vente : car à grand peine trouveroit elle à qui se vendre et faire
acheter, si ce n'estoit à quelque bon fol aveuglé, qui n'entend
rien : Tout ainsi est-ce de leurs beaux livres, lesquels à la fin se
trouvent amassez és mains de certains ignorans curieux, comme
les Regnards chez le pelletier. Et pource qu'ils ne se peuvent
faire entendre, et qu'ils trouvent inutiles bien souvent, ils sont
reduits de livres en quarterons.

Par ainsi, ma douce Folie, demeure tout coy en mes
coffres, afin qu'ils ne te adviene comme à ces livres là :
ausquels encores qu'ils soyent de belle estampe et bien
imprimez, l'on ne peut pardonner, ne faire qu'il ne leur advienne
comme j'ay dit ci dessus. Et n'est pas de merveilles : car ils
veulent imposer certaines nouvelles loix et reigles de parler hors
de propos : et veulent qu'en leur escrire se facent les accens
graves, agu **[216]** et circonflexes, avec les collisions des
vocables : et veulent qu'en la prose s'observe le nombre de
pieds avec les desinances et respondances, comme l'on a
accoustumé de faire en la rithme, et qu'au parler l'on garde les
cas droits et obliques, et que l'on use de vocables affectez, et de
peu de gens entendus : lesquels ne donnent moindre peine à
ceux qui les dient et prononcent, comme ils font de fascherie et
ennuy à ceux qui les oyent dire et prononcer. Et les pauvres fols
ne s'advisent pas que la langue vulgaire est dite vulgaire, pource
qu'elle est en usage au vulgue, et à la plusgrand part commune :
Et ceux cy veulent que l'on escrive et que l'on parle à une
certaine leur nouvelle mode, dont chacun se mocque d'eux,
d'autant que ils ne pourroyent nier que la langue vulgaire ne soit
nee et derivée de la corruption de la Latine, comme les fleuves
premierement proviennent **[216 v°]** des fontaines : Car la langue
Latine fut autresfois commune à tout le peuple Romain, et
depuis par les Barbares et gens serviles corrompue et gastee :
Ainsi cerche l'on encores de present de depraver et corrompre
celle qui nous est demeuree, usans de tels estranges vocables,
avec lesquels et leurs sotties et ignorances, ils ont alteré le goust

et le jugement des hommes curieux. Imitant un grand seigneur d'Italie, qui vouloit prendre un Secretaire, auquel il dit que avant que le prendre il vouloit voir une sienne lettre : Et le Secretaire, qui estoit homme docte et expert, luy feit une bien belle et elegante epistre. Et apres que le seigneur (lequel, Dieu mercy, n'avoit pas grande intelligence en cela, et presumoit toutesfois beaucoup de soy) l'eut veuë, il dit qu'il n'en vouloit point pource qu'il n'escrivoit point correct. Et quand on luy vint à demander les erreurs qu'avoit faites ledit Se- [217] cretaire en sadicte Epistre, il repondit qu'il estoit escrit *benevolence* pour *benivolence*, *sanè* et *penè* par deux *nn*, qui sont deux mots Latins marquez d'un accent chacun sur les deux, et pensant que lesdits accens fussent tiltres : Et pour cela ne voulut accepter ledit Secretaire.

Il y en a encores beaucoup d'autres de nos Italiens, qui estiment grossiers et ignorans ceux qui n'escrivent *strumento* pour *instrumento* : *aldace* pour *auldace* : *menemo* pour *minimo* : *segretario* pour *secretario* : *ufficio* pour *officio* : *Gulio* pour *Julio* : *Gerolamo* pour *Hieronimo* : *eglino* pour *egli*, et autres semblables inepties. Et en ceste sorte ayans la copie des beaux, intelligibles et elegans vocables, comme l'on voit souventesfois, ils se repaissent de cela : Mais pour estre comme les heretiques, ja faits incorrigibles, et en trop grand nombre, afin que ils ne sement autre plus mauvaise [217 v°] et pernicieuse erreur et zizanie, laissons les joüir du privilege de la vraye Folie : qui est tel. Que celuy-là est le plus fol qui se repute le plus sage : et comme plus il se trompe, tant plus il s'en resjoüit et pense affiner les autres[*] .

---

[*] A la fin des *Louanges de la Folie* de 1575, on lit : «Fait et composé en Indie Pastinaque, par monsieur Ne me blasmez, à l'issue des masques et folies de Caresme-prenant, avec grace et privilege de tous les nouveaux Heteroclites, et expresse protestation, que quiconques de ceste Folie dira mal, qu'il s'asseure de là en apres estre un vray fol, encores que pour tel n'eust esté jamais cogneu.».

Interlocuteurs.

CHAPITRE XXVIII.

Que la vraye richesse consiste en vertu
et en contentement.

Le Content et L'insatiable[†] .

Il n'est plus belle chose que de vivre par contentement.
I. On dira ce qu'on voudra, mais il n'est rien meilleur que d'en
avoir. **C.** Le content seul est riche. **I.** Le seul pauvre est
mesprisé. **C.** Heureux celuy qui se contente. **I.** Baste qu'il en
faut avoir, et s'aille cacher Socrates [218] avec son beau Platon
in Phedro. **C.** Qu'en dit donc Socrates. **I.** Il dit que celuy seul est
riche, qui merite de l'estre par sa seule sagesse. **C.** Ce qui est
vray. **I.** J'ay ouy dire que quelquefois on luy demanda, s'il
cognoissoit homme plus riche que Crœsus. **C.** Quelle response.
I. Il respondit qu'il ne sçavoit de combien de vertus ce Crœsus
estoit possesseur. **C.** Il vouloit donc inferer qu'il ne cognoissoit
nulle richesse que celle là de la vertu. **I.** Voire mais, va t'en en
la boutique d'un marchant avec la sagesse de Salomon, et tu
verras combien de marchandise tu en rapporteras. **C.** Tu dis
vray, mais je ne laisseray pas de vivre avec honneur et
reputation. **I.** Voire, mais aussi tu ne laisseras pas d'estre reputé
par tout comme un sot. **C.** Et si j'ay de la science. **I.** Au regnard,
la race en est perdue, il n'y a science que d'escus. **C.** Et si j'ay
beaucoup veu, et que j'aye beaucoup de langues en main. **I.** [218
v°] Quelles langues en main, je ne vey jamais que les hommes
eussent des langues en main. **I.** J'entens langues en ma
disposition, comme on pourroit dire, les langues Grecque,
Latine, Italienne, Françoise ou Germanique, ne seray-je pas bien

---

† Pour faciliter la lecture, nous signalons en caractères gras les signes («I.» et
«C.») représentant les interlocuteurs.

venu en toute bonnecompaignie? **I.** Mais avec une bonne langue
de bœuf, on ne tient compte que de richesse. **C.** Il me souvient
d'avoir leu que Giges fut au royaume de Lydie un merveilleux
homme en richesse, et si outrecuidé pour cela qu'il se voulut
informer vers Apollo Pithius, s'il sçavoit homme vivant plus
heureux que luy. **I.** Et bien. **C.** Et bien, il entendit par le secret
de l'oracle qu'un pauvre diable nommé Psophidius luy estoit
preferé en felicité, et notez que ce Psophidius estoit le plus
pauvre de toute l'Arcadie. **I.** Pourquoy donc estoit-il estimé plus
heureux que luy. **C.** Pource qu'ayant fort longuement vescu il
n'a- **[219]** voit jamais excedé les limites de son territoire, mais y
vivoit avec contentement du fruict et de la volupté de son petit
labourage. **I.** Or quant à moy, j'aymerois mieux estre Giges que
Psophidius, sauf l'honneur et reverence de monsieur Apollo. **C.**
Cicero en son Paradoxe ne prouve-il pas celuy estre riche, qui
n'est possesseur de beaucoup, mais qui est vivant avec
contentement et satisfaction de soy mesmes, et apres estre celuy
là seul riche, qui est maistre et possesseur de la vertu,
confirmant en cela l'opinion de Socrates. **I.** Et Cicero ne
semble-il pas ce juge qui disoit en pleine audience à un plaideur,
Mort Dieu coquin, vous jurez, par le sang Dieu, je vous feray
mettre en lieu où vous apprendrez à blasphemer ainsi le nom de
Dieu. Cicero estoit un belistre qui en un moment se fit si riche,
que Saluste mesmes luy reprocha d'avoir achepté la maison de
Crassus, et estoit **[219 v°]** si outrecuidé d'y faire sa demeure : et
maintenant quand il est saoul, il vient à nous louer la sobrieté, et
le contentement, et nous faire croire, que vessies sont lanternes.
Je n'en feray rien, j'en veux avoir, et laissez moy ceste science à
part et ceste sagesse pour les docteurs pedantesques. Les
Romains estoyent comme les Atheniens, ils disoyent et
enseignoyent assez comme il falloit vivre : mais ils faisoyent
tout le contraire, tesmoing ceste loy Julia, des adulteres, qui fut
faite par l'un des plus grands paillards, qui fust de ce temps là, à
Colombs saouls sont les cerises ameres, et volontiers ceux aussi
semblablement lesquels ne peuvent avoir du bien, font comme le

regnard, qui ne pouvoit attaindre à l'arbre, pour manger du
fruict, et disoit : Voila une viande mauvaise et dangereuse. Mais
quant à moy (comme je vous dis) j'en veux avoir. **C.** Dequoy
donc? de science. **I.** Non, non, des richesses. **C.** [220] Viença
Insatiable, celuy qui rien ne desire a il faute de quelque chose. **I.**
Non : **C.** Non ce me semble, car il est plus asseuré de ce qu'il a
que n'est celuy qui est possesseur de beaucoup. **I.** Et pourquoy.
C. Et pource que la domination de toutes choses se peut perdre.
Mais la joüissance d'une bonne volonté ne peut recevoir
incursion ne impetuosité de plus triste fortune. **I.** Mais je desire
d'en avoir. **C.** Ergo tu es pauvre d'autant que monte la somme
de ce que tu desires, et tant plus tu auras de biens, et plus tu en
voudras avoir. Et par ainsi tant plus tu seras riche, et tant plus tu
seras pauvre. **I.** Mais aussi je disneray comme riche, et quant je
seray bien saoul je disneray comme pauvre. **C.** Mais aussi tu
disneras comme belistre sans plaisir, et apres creveras comme
poltron, sans aucun contentement. Prens exemple je te prie à ce
Marcus Crassus qui par sa seule vilennie d'avarice ecclipsa tant
[220 v°] d'autres vertuz qu'il avoit de bonne et louable nature,
ce qui ne peut estre plus clairement tesmoigné, que par la
grandeur des richesses excessives, qu'il avoit en peu de temps
accumulez. Voy je te prie comme Pline l'acoustre avec Pompee,
pour avoir desrobbé au Capitolle en la cave de Jupiter la somme
de deux mil livres d'or, et comme il estoit suspect de s'enrichir
par testamens supposez. Et prens ton theme sur Marcus Curius,
qui ayant subjugué beaucoup de peuples, triumphé trois fois, fut
en fin possesseur d'un petit territoire avec une simple maison.
En laquelle ayant esté surprins par deux Ambassadeurs
Samnites, comme il rostissoit une rave pour son soupper, luy
presentans un grand thresor de la part des Samnites, il le refusa,
et leur dit que celuy qui se pouvoit contenter d'un tel soupper
n'avoit que faire de leurs richesses.

Index nominum et rerum

Cet index renvoie au texte de l'édition critique uniquement (appendices exclus). En règle générale, les graphies divergentes d'un seul et même nom sont harmonisées. Lorsque l'entrée, telle qu'elle se présente d'après le texte, n'est pas assez claire, nous l'explicitons en caractères italiques, et lorsque le nom ne figure que dans une note explicative nous le mettons entre crochets. Les noms géographiques, y compris les substantifs de nationalité, figurent en petites capitales.

Table des matières

IMPRIME
RIE MEDE
CINE m+h
HYGIENE

octobre – 1998